KB197981

NCS 국가직무능력표준
National Competency Standards

2025 개정

국가공인 회계관리2급

회계원리

삼일회계법인 저

국가공인 회계관리2급 자격시험 신유형 반영
핵심이론을 정리한 기본편과 시험에 강한 실전편 구성

삼일회계법인
삼일인포마인

머리말

회계의 투명성이 강조되는 사회적 분위기와 함께 기업에서도 회계이론과 실무능력을 갖춘 인재에 대한 수요가 급증하고 있습니다. 그런데 신규직원 채용시 기업에서는 어느 정도 실력이 검증된 사람을 찾으려는 경향이 두드러지고 있는 반면, 회계실력을 객관적으로 측정할 수 있는 제도가 미흡하다는 아쉬움이 있습니다. 또한, 학교에서 가르치는 교과과정이 실무와 상당한 차이가 있어서 기업에서는 신규직원 채용 후 재교육에 많은 시간과 비용을 지출하고 있는 것이 현실입니다.

이러한 문제를 해결하기 위하여 저희 삼일회계법인은 이론과 실무능력을 겸비한 재경전문가를 양성하는 국가공인 회계관리자격제도를 시행하고 있습니다. 회계관리자격제도는 수준에 따라 회계관리 2급, 회계관리 1급, 재경관리사로 나뉘어집니다.

회계관리 2급은 전사원의 회계마인드 함양을 위하여 기업의 의사소통 수단인 회계의 기초지식을 검증하는 단계로서, 재무제표에 대한 기본적인 이해와 분석능력을 습득하였는지를 검증하는 과정입니다.

회계관리 2급 시험은 시대의 흐름에 맞춰 종합적인 사고와 문제해결 능력을 평가하는 방향으로 변화해 왔으며, 본서는 이러한 변화를 적극 반영하여 실무중심의 다양한 사례를 제시하고 사례를 풀어가는 방법을 이론과 연계하여 알기 쉽게 해설했습니다.

본서를 통해 수험생은 계정과목과 결산까지의 회계 순환과정, 재무제표를 읽는 방법 등 회계의 기본지식을 탄탄히 다질 수 있을 것입니다.

본서는 회계관리 2급 시험에 대비한 교재이지만, 그 동안 저희 삼일회계법인이 쌓아온 지식과 경험을 바탕으로 실무중심의 사례를 곁들여 알기 쉽게 설명하였기 때문에 회계를 처음 접하는 분들을 위한 회계의 길잡이로 활용할 수 있을 것입니다.

끝으로 이 책이 나오기까지 수고해주신 집필진 여러분께 심심한 사의를 표하며, 본 책자가 수험생 여러분의 합격을 앞당기는 길잡이가 되기를 희망합니다.

삼일회계법인 대표이사 윤 훈 수

회계관리2급 자격시험 안내

■ 개요

회계, 세무, 원가, 경영관리 등 재경분야의 실무 전문가임을 인증하는 삼일회계법인 주관 자격시험으로 수준에 따라 재경관리사 / 회계관리 1급 / 회계관리 2급으로 구분됩니다.

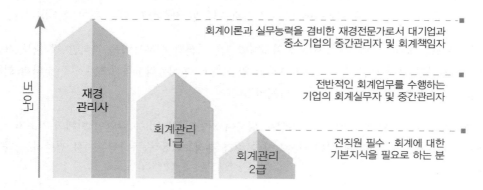

재경관리사 — 회계이론과 실무능력을 겸비한 재경전문가로서 대기업과 중소기업의 중간관리자 및 회계책임자

회계관리 1급 — 전반적인 회계업무를 수행하는 기업의 회계실무자 및 중간관리자

회계관리 2급 — 전직원 필수 · 회계에 대한 기본지식을 필요로 하는 분

■ 2025년 시험안내

	재경관리사	회계관리 1급	회계관리 2급
자격종류	국가공인 등록 민간자격		
공인번호	금융위원회 제2022-2호	금융위원회 제2022-3호	
등록번호	금융위원회 제2008-0106호	금융위원회 제2008-0105호	
시험과목	재무회계 세무회계 원가관리회계	재무회계 세무회계	회계원리
시험시간	14:00 ~ 16:30 (150분)	14:00 ~ 15:40 (100분)	11:00 ~ 11:50 (50분)
평가 및 합격	객관식 4지선다형 40문항 / 과목별 70점(100점 만점) 이상 합격		
시행지역	서울, 인천, 경기, 부산, 대구, 광주, 대전, 천안, 청주, 익산, 창원, 울산 외		
응시료	7만 원	5만 원	3만 원
환불규정	접수기간 내 100% 환불 / 접수취소기간 내 50% 환불 / 접수취소기간 종료 이후 환불불가		
자격발급기관	삼일회계법인		

■ 회계관리2급 시험일자

정기회차	원서접수기간	시험일	합격자발표
1회차	2024. 12. 31 ~ 2025. 01. 07	01. 18 (토)	01. 24 (금)
2회차	2025. 02. 20 ~ 02. 27	03. 22 (토)	03. 28 (금)
3회차	2025. 04. 17 ~ 04. 24	05. 17 (토)	05. 23 (금)
4회차	2025. 05. 27 ~ 06. 03	06. 21 (토)	06. 27 (금)
5회차	2025. 07. 01 ~ 07. 08	07. 26 (토)	08. 01 (금)
6회차	2025. 08. 28 ~ 09. 04	09. 27 (토)	10. 02 (금)
7회차	2025. 10. 23 ~ 10. 30	11. 22 (토)	11. 28 (금)
8회차	2025. 12. 02 ~ 12. 09	12. 20 (토)	12. 26 (금)

* 홈페이지(www.samilexam.com)에서 시험일정과 장소 관련 자세한 정보를 확인할 수 있습니다.

■ 시험문의

홈페이지	www.samilexam.com
연락처	070-4412-3131, kr_samilexam@pwc.com

■ 회계관리2급 평가범위

과목		평가범위	
회계원리	1. 회계의 첫걸음	회계의 개념	회계의 개념, 재무제표의 의의 및 구성요소, 복식부기의 원리
		회계의 흐름	부기의 개념, 종류, 원리
			회계의 순환과정
			거래의 이중성과 8요소
			분개장과 총계정원장
	2. 계정과목 이해하기	자산계정 살펴보기	자산계정과목 이해
		부채계정 살펴보기	부채계정과목 이해
		자본계정 살펴보기	자본계정과목 이해
		수익계정 살펴보기	수익계정과목 이해
		비용계정 살펴보기	비용계정과목 이해
	3. 결산마무리	정리, 그리고 완성-결산	결산의 의의 및 절차
		시산표로 다시 보기	시산표의 의의 및 작성절차
		결산정리사항 살펴보기	계정과목별 결산 검토사항 및 결산수정분개
		회계장부 끝맺음	재무상태표 계정의 마감
			손익계정의 마감
	4. 재무제표 쉽게 읽는 법	재무제표 둘러보기	재무제표의 개념 정리
		감사의견 확인하기	감사의견 확인하는 방법 이해
		재무상태표 바로보기	재무상태표 해석하는 방법 이해
		손익계산서 바로보기	손익계산서 해석하는 방법 이해

NCS(국가직무능력표준) 능력단위요소별 출제범위

■ 회계·감사 분야 전체 출제범위

구분	능력단위	능력단위요소	수준	회계관리 2급 출제범위
회계	전표관리	01. 회계상 거래 인식하기	3	○
		02. 전표작성하기	3	○
		03. 증빙서류 관리하기	3	○
	자금관리	01. 현금시재 관리하기	3	○
		02. 예금 관리하기	3	○
		03. 법인카드 관리하기	3	○
		04. 어음수표 관리하기	3	○
	원가계산	01. 원가요소 분류하기	3	×
		02. 원가배부하기	3	×
		03. 원가계산하기	4	×
		04. 원가정보 활용하기	4	×
	결산관리	01. 결산분개하기	3	○
		02. 장부마감하기	3	○
		03. 재무제표 작성하기	4	○
	회계정보시스템 운용	01. 회계관련DB마스터 관리하기	3	×
		02. 회계프로그램 운용하기	3	×
		03. 회계정보 활용하기	3	×
	재무분석	01. 재무비율 분석하기	4	○
		02. CVP 분석하기	4	×
		03. 경영의사결정 정보 제공하기	5	×
	회계감사	01. 내부 감사 준비하기	5	×
		02. 외부 감사 준비하기	4	○
		03. 재무정보 공시하기	4	○
	사업결합회계	01. 연결재무정보 수집하기	4	×
		02. 연결정산표 작성하기	5	×
		03. 연결재무제표 작성하기	6	×
		04. 합병분할회계 처리하기	6	×
	비영리회계	01. 비영리 대상 판단하기	4	×
		02. 비영리회계 처리하기	4	×
		03. 비영리 회계보고서 작성하기	4	×

이 책의 구성과 특징

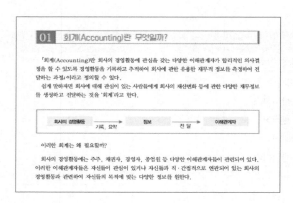

1 본문 학습

본격적인 학습이 진행되는 본문학습은 이론내용을 도표와 사례를 곁들여 체계적이면서도 쉽게 이해할 수 있도록 서술되었습니다. 회독을 높이면서 모든 내용을 꼼꼼하게 학습해보세요.

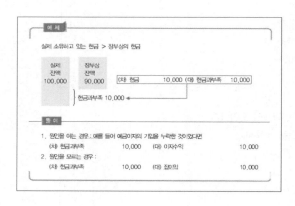

2 예제

본문학습에서 배운 이론을 보다 확실하게 이해하고 싶다면 함께 제시되는 예제를 풀어보세요.
친절한 풀이도 함께 볼 수 있어서 혼자서도 충분히 이해할 수 있습니다.

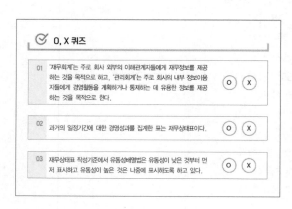

3 O, X 퀴즈

챕터가 끝날 때마다 학습한 내용을 잘 이해했는지 스스로 확인해볼 수 있는 퀴즈입니다.
혹시 틀린 문항이 있다면, 관련된 본문학습으로 잠시 돌아가 복습해보세요.

4 핵심요약노트

챕터별 핵심내용을 정리한 코너입니다.
학습 전 새로운 내용에 대한 기대감으로 핵심내용을 미리 살펴보고, 시험 당일에는 핵심요약노트만 빠르게 훑어보며 최종 정리에 활용해보세요.

5 연습문제 및 모의고사

연습문제는 챕터별 내용을 총정리하며 풀고, 모의고사는 시험과 유사한 환경에서 실전처럼 풀어보세요.
신유형 회계관리 자격시험이 반영된 문항도 눈여겨봐 두세요.

CONTENTS

Chapter 3 결산마무리

Chapter 4 재무제표 쉽게 읽는 법

PART Ⅱ. 실전편

핵심요약노트　243

연습문제

모의고사

Part 1
기본편

Chapter

1

회계의 첫걸음

I 회계의 개념

01 회계(Accounting)란 무엇일까?

「회계(Accounting)란 회사의 경영활동에 관심을 갖는 다양한 이해관계자가 합리적인 의사결정을 할 수 있도록 경영활동을 기록하고 추적하여 회사에 관한 유용한 재무적 정보를 측정하여 전달하는 과정」이라고 정의할 수 있다.

쉽게 말하자면 회사에 대해 관심이 있는 사람들에게 회사의 재산변화 등에 관한 다양한 재무정보를 생성하고 전달하는 것을 '회계'라고 한다.

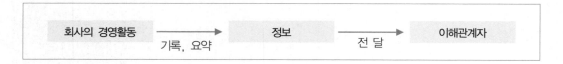

이러한 회계는 왜 필요할까?

회사의 경영활동에는 주주, 채권자, 경영자, 종업원 등 다양한 이해관계자들이 관련되어 있다. 이러한 이해관계자들은 자신들이 관심이 있거나 자신들과 직·간접적으로 연관되어 있는 회사의 경영활동과 관련하여 자신들의 목적에 맞는 다양한 정보를 원한다.

이해관계자	정보이용목적
주주	올해 배당금은 얼마나 될까?
채권자	돈을 빌려주어도 되는 회사일까?
경영자	올해 회사의 실적은 얼마나 될까?
종업원	올해 성과금은 얼마나 받을까?
거래처	이 회사와 거래를 해도 될까?
과세당국	올해 세금은 얼마나 걷을 수 있을까?

회사는 이러한 이해관계자들의 다양한 목적을 충족시켜 주기 위해 제공하는 회사의 경영활동에 관해 믿을 수 있는 재무정보를 '회계'라고 한다.

한편, 산출되는 정보의 유형에 따라 회계를 '재무회계'와 '관리회계'로 나누기도 하는데, '재무회계'는 주로 회사 외부의 이해관계자들에게 재무정보를 제공하는 것을 목적으로 하고, '관리회계'는 주로 경영진과 같은 회사 내부 정보이용자들에게 경영활동을 계획하거나 통제하는데 유용한 정보를 제공하는 것을 목적으로 한다.

회계 정의	정보이용자가 의사결정을 할 수 있도록 목적적합한 정보를 제공하는 것		
목적	(기업)외부공표 목적	과세정보 제공	내부관리목적
정보 이용자	주주, 채권자, 정부기관, 협력업체 등	세무서	경영자, 관리자/실무자, 노동조합
제공되는 정보내용	▷재무상태표 ▷손익계산서 ▷현금흐름표 ▷자본변동표 ▷주석		▷사업부별 손익정보 ▷자가제조·외부구입 의사결정 ▷전략수립·평가 ▷사업타당성 분석 ▷성과평가를 위한 정보
정보 유형	법규나 규정에 따름 →안 지키면 제재(불이익)를 당함.		정보이용자의 요구에 따라 다양
작성 기준	기업회계기준		자체 기준
보고 시점	보통 1년 단위(또는 분기, 반기)		필요시 또는 요구시
	재무회계		관리회계

│ 회계는 언제부터 생겨났을까? │

상업이 발달하고 지중해 무역이 융성하던 중세 후기 이탈리아에서 '코멘다'라는 상인계층이 생겼는데, 이들은 자신의 돈으로 장사를 하지 않고 타인에게서 돈을 받아 운영했다고 한다.
타인의 돈으로 이익을 내고 이를 투자자와 나누어 가졌는데, 투자자들에게 운영한 결과를 보고하기 위해 영업내용을 기록하기 시작하였으며, 이것이 오늘날 전세계가 사용하는 회계기록방식의 모태를 이루었다.

회사는 다양한 이해관계자들의 정보이용목적을 충족시키기 위해 어떻게 정보를 전달할까?

모든 정보이용자가 전문적인 내용의 재무정보를 쉽게 사용할 수 있을 만큼 전문가인 것은 아니다. 그래서 '기업회계기준'이라는 통일된 기준에 따라, 일정한 양식으로 재무정보를 전달하는 수단인 '재무제표'를 사용한다.

'재무제표(Financial Statements : F/S)'란 일정회계기간 동안 회사의 경영성과와 동 기간말의 재무상태 등에 관한 회계정보를 주주, 채권자와 같은 이해관계자에게 보고하는 각종의 보고서이다. 즉, 재무제표는 정보이용자들이 알고 싶어하는 정보를 일목요연하게 집계한 표인 것이다.

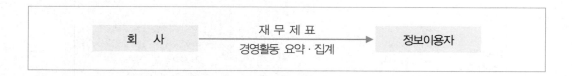

1 기업회계기준

'기업회계기준(Generally Accepted Accounting Principles : GAAP)'이란 회사가 다양한 경영활동을 재무제표에 기록하고 보고하는 데 사용하는 기준으로서 회사가 사용하는 공용어 같은 것이다.

우리나라의 기업회계기준은 상장기업들이 의무적으로 적용하여야 하는 한국채택국제회계기준(이하 K-IFRS)과 비상장기업들의 회계처리부담을 줄여주기 위하여 제정된 일반기업회계기준으로 이원화되어 있다. 다만 비상장기업도 원하는 경우에는 K-IFRS를 선택하여 적용할 수 있다.

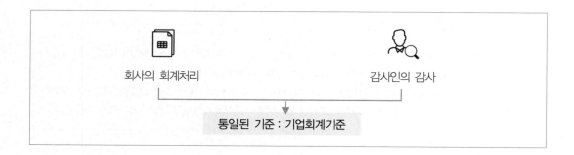

분식회계란?

매스컴을 통해 많이 듣게 되는 분식회계란 무엇일까? 앞서 살펴본 바와 같이 회사는 회계정보를 이해관계자들에게 전달하기 위한 수단으로 재무제표를 작성하고, 이러한 재무제표를 작성할 때는 기업회계기준이라는 통일된 규정을 준수해야 한다. 만약, 회사가 이를 따르지 않고 제멋대로 재무제표를 만든다면 이를 이용하는 정보이용자들은 잘못된 의사결정을 내릴 것이고, 이로 인한 손실은 엄청난 규모에 이를 수도 있다.

분식회계란 이와 같이 잘못된 회계정보, 즉, 기업회계기준을 위반한 회계정보를 의미한다.

대부분의 국가들에서는 분식회계에 따른 사회적 손실이 커짐에 따라 기업회계기준을 위반하여 분식한 기업을 매우 엄중하게 처벌하고 있다.

실제로 미국의 월드컴이라는 회사는 무려 110억 달러 규모의 분식으로 2002년 파산하여 83만 명이나 되는 월드컴 투자자들과 2천만 명의 고객 및 5만여 명의 직원들에게 엄청난 피해를 입혔다. 이를 선두에서 지휘한 에버스 회장에 대해 63세라는 나이에도 불구하고 2005년 판결에서 무려 25년의 실형을 선고하였고, 감사회사 및 임원과 공동으로 총 61억 달러의 손해를 배상토록 하였다.

뿐만 아니라, 월드컴 투자자들은 집단소송을 제기하여 주식공모에 충분한 주의를 기울이지 않았던 시티그룹과 JP모건 등에 대해 약 60억 달러의 손해배상을 물게 하였다.

2 재무제표

회사는 주주, 채권자, 거래처 등과 같은 이해관계자들에게 회사의 경영활동과정에 관한 정보를 전달하기 위해 재무제표를 작성하여 제공하고 있다.

재무제표는 회사의 경영활동에 관한 정보를 보고하기 위한 수단으로 작성되는 보고서로서 다음과 같은 다양한 정보를 포함하고 있다.

재무제표의 종류	정보
재무상태표	회사의 재무상태를 보고
손익계산서	일정기간의 경영성과를 보고
현금흐름표	일정기간의 현금 유출입 내역을 보고
자본변동표	자본의 크기와 그 변동에 관한 정보 보고
주석	재무제표상에 필요한 추가적인 정보 보고

1) 재무상태표(Statement of Financial Position)

재무상태표는 일정시점에 있어서 회사의 재무상태를 나타내는 보고서이다. 여기에서 재무상태란 현금, 토지, 건물, 기계장치 등 회사가 소유하고 있는 재산에 해당하는 자산(asset)과 동 자산을 구입한 자금의 출처에 따라 타인에게서 조달한 부채(liability) 및 회사의 실질적 소유자인 주주로부터 조달한 자본(owner's equity)을 의미한다. 즉, 재무상태표는 보고기간종료일 현재의 모든 자산, 부채 및 자본을 나타내는 정태적보고서이다.

① 재무상태표		
② 20×1년 12월 31일 현재		
③ ××회사		④ 단위 : 원
자산	부채	
	자본	

재무상태표에는 ① 표의 명칭(재무상태표) ② 보고기간종료일(20×1년 12월 31일) ③ 상호(기업의 명칭) ④ 측정단위를 표시하여야 한다.

회사의 재무상태를 보여주는 데 있어 자산을 구입하기 위한 자금의 출처까지 동시에 보여주는 이유는 무엇일까?

여러분이 은행에서 돈을 빌려주는 위치에 있다고 가정해보자.

만약, 재무상태표상에 10억 원의 자산을 보고하고 있는 다음의 두 회사가 여러분에게 대출신청을 하는 경우 어느 회사에 대출해 주는 것이 좋을까?

두 회사는 모두 출판업을 하고 있으며, 사용하고 있는 기계장치와 공장규모도 거의 비슷하여 외형만 보고 어느 회사가 좋은지 판단하기 어려운 상황이다.

그러나 재무상태표를 확인할 수 있다면 두 기업의 차이점을 쉽게 알 수 있을 것이다. 부채의 비율이 더 낮은 A기업이 B기업에 비해서 앞으로 갚아야 할 돈이 적으므로 A기업에 대출해 주는 것이 보다 안정적일 것이다.

〈A기업의 재무상태표〉

자산 10억 원	부채 2억 원
	자본 8억 원

〈B기업의 재무상태표〉

자산 10억 원	부채 8억 원
	자본 2억 원

    이와 같이 한 회사의 재무상태를 파악하기 위해서는 단순히 자산의 내역뿐만 아니라 이들 자산의 자금조달원천까지 함께 보고해야 이해관계자의 의사결정에 보다 유용한 정보가 될 수 있다.
    여기에서 자산은 부채와 자본의 합과 일치하게 되는데, 이를 재무상태표 등식이라고 한다.

① 자산(asset)

    기업은 경영활동을 하면서 현금을 받고 상품을 판매하면 현금이 생기고 외상으로 판매하면 그 외상대금을 받을 권리인 매출채권이라는 채권이 생긴다. 또한 영업활동을 계속 유지하기 위해 건물이나 창고를 소유하기도 한다. 현금, 매출채권, 건물, 창고 등과 같이 기업이 경영활동을 위하여 소유하고 있으며 금전적인 가치가 있을 뿐만 아니라 앞으로도 유용하게 사용할 수 있는 회사의 재산을 '자산'이라고 한다.

재무상태표 등식(자산총계 = 부채총계 + 자본총계)

만약 여러분이 3억 원짜리 집을 한 채 구입하였는데, 실제 지출한 돈은 2억 원이고 나머지 1억 원은 은행에서 주택담보대출을 받은 경우 재무상태표는 어떻게 만들어질까?

(차변)		(대변)	
자산	3억 원	부채	1억 원
		자본	2억 원
3억 원	=	1억 원 + 2억 원	

자산합계액과 부채와 자본합계액은 재무상태표등식에 의하여 반드시 일치한다.

> - 현금 : 지폐와 동전 등 일상적으로 사용되는 화폐
> - 예금 : 은행 등의 금융기관에 예금하고 있는 금액
> - 매출채권 : 상품을 외상으로 판매한 금액
> - 대여금 : 남에게 빌려준 금액
> - 상품 : 판매할 목적으로 소유하고 있는 물건
> - 건물 : 영업활동을 위해 소유하고 있는 건물
> - 토지 : 영업활동을 위해 소유하고 있는 땅
> - 비품 : 영업활동을 위해 소유하고 있는 책상·의자 등

② 부채(liability)

기업이 경영활동을 하면서 판매를 목적으로 거래처로부터 상품을 외상으로 매입하는 경우 매입채무라는 채무가 발생한다. 또한 기계를 구입하기 위한 돈이 없는 경우에는 은행으로부터 차입하기도 한다. 이러한 매입채무, 차입금과 같이 미래에 일정한 금액을 갚아야 할 의무가 있는 기업의 채무를 회계에서는 '부채'라고 한다.

> - 매입채무 : 상품을 외상으로 구입한 금액
> - 차입금 : 남에게 빌린 돈
> - 선수금 : 상품을 사고자 하는 사람에게 미리 받은 계약금
> - 미지급금 : 상품 이외의 물건을 외상으로 구입한 금액

③ 자본(owner's equity)

자본은 회사 소유주인 주주들의 순자산(net asset)으로 총자산에서 타인에게 갚아야 할 총부채를 차감한 잔액이다.

예 제

(주)삼일의 현재 재산상태가 다음과 같은 경우 자본은 얼마인가?

현금	600,000원	매입채무	1,000,000원
토지	1,400,000원	차입금	1,300,000원
매출채권	450,000원	건물	2,000,000원

풀 이

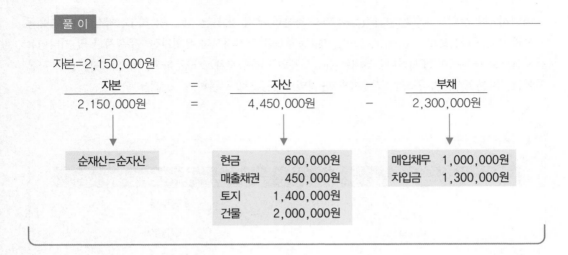

자본=2,150,000원

자본	=	자산	–	부채
2,150,000원	=	4,450,000원	–	2,300,000원

순재산=순자산

현금	600,000원
매출채권	450,000원
토지	1,400,000원
건물	2,000,000원

매입채무	1,000,000원
차입금	1,300,000원

2) 재무상태표의 작성기준

재무상태표의 작성기준은 구분표시원칙, 총액주의원칙, 1년 기준, 유동성배열법, 잉여금구분의 원칙, 미결산항목 및 비망계정의 표시방법 등이 있다.

구분표시	재무상태표 항목을 적절히 구분·표시하여 이해하기 쉽도록 한다.
총액주의	자산·부채·자본은 순액으로 표기하지 않고 총액으로 기재한다.
1년 기준	자산과 부채는 결산일 현재 1년 또는 영업주기를 기준으로 구분·표시된다.
유동성배열법	자산·부채는 환금성이 빠른 순서로 배열한다.
잉여금구분의 원칙	자본항목 중 잉여금은 주주와의 거래인 자본잉여금과 영업활동의 결과인 이익잉여금으로 구분하여 표시한다.
미결산항목 및 비망계정 표시금지	가지급금, 가수금 등의 미결산계정은 그 내용을 나타내는 적절한 계정과목으로 표시하여야 한다.

① 구분표시원칙

구분표시원칙이란 재무상태표상에 자산·부채 및 자본을 종류별, 성격별로 적절히 분류하여 일정한 체계하에 구분·표시함으로써 기업의 재무상태를 명확히 표시할 수 있도록 작성하여야 한다는 것이다.

따라서 재무상태표에서는 일반적으로 먼저 자산과 부채 및 자본으로 구분하고, 자산은 다시 유동자산과 비유동자산으로 구분한다. 또한, 비유동자산은 투자자산과 유형자산, 무형자산 및 기타비유동자산으로 구분하여 표시한다. 부채는 유동부채와 비유동부채로 구분하고, 자본은 자본금과 자본잉여금, 자본조정, 기타포괄손익누계액과 이익잉여금으로 구분하여 표시한다.

구분표시원칙

자산		부채 · 자본	
유동자산		부채	유동부채
	당좌자산		
	재고자산		비유동부채
비유동자산		자본	자본금
	투자자산		자본잉여금
	유형자산		자본조정
	무형자산		기타포괄손익누계액
	기타비유동자산		이익잉여금

② **총액주의원칙**

총액주의원칙이란 차변과목에 해당하는 자산항목과 대변과목에 해당하는 부채 또는 자본항목을 각각 총액으로 표시하여야 하며, 이들을 상계하여 순액만으로 나타내어서는 안된다는 것이다. 재무상태표는 기업의 자금상황을 구체적인 운용형태로 표시하는 자산과 이에 대응하는 조달원천을 부채와 자본의 두 측면에서 대조형식으로 표시함으로써 기업의 재무상태를 보고하는 표이다. 따라서 구체적인 자산계정과 그의 원천인 부채와 자본계정이 서로 상계되어 제외된다면 기업의 자금규모총액을 파악할 수 없게 되어 회계정보의 유용성이 저하될 우려가 있다.

㉠ 자산항목과 부채항목간의 상계금지 : 예를 들어, 당좌예금(A은행)과 당좌차월(B은행) 금액을 서로 상계하여 순액만을 예금 또는 당좌차월 과목으로 표시하는 것과 서로 다른 거래처의 외상매출금과 선수금을 상계하여 순액만을 표시해서는 안된다.

㉡ 조정항목의 총액표시 : 재무상태표를 표준식으로 작성하는 경우 자산항목과 그 자산의 차감항목(예 : 매출채권과 대손충당금) 또는 부채항목과 그 부채의 차감항목(예 : 사채와 사채할인발행차금), 자본항목과 자본의 차감항목(예 : 자본과 자본조정) 등의 상계하여 순액만 표시해서는 안된다.

③ 1년 기준

1년 기준이란 자산 및 부채를 유동자산·유동부채 항목과 그 밖의 항목으로 구분하는 것은 1년을 기준으로 한다는 것이다.

즉, 자산 중 1년 내에 현금화되는 것에 한해서 유동자산으로 분류하고, 그렇지 않은 것은 비유동자산으로 분류하여야 하며, 부채 중 1년 내에 지급할 것에 한해서 유동부채로 분류하고 그렇지 않은 것은 비유동부채로 분류하여야 한다.

다만, 정상적인 영업주기 내에 현금화되는 매출채권, 재고자산, 매입채무 등의 영업 관련 자산과 부채는 1년을 초과하는 경우라도 유동항목에 포함시킬 수 있다.

이때 영업주기란, 제조업의 경우에 제조과정에 투입될 재화나 용역을 취득한 시점부터 제품의 판매로 인한 현금의 회수완료시점까지 소요되는 기간을 나타낸다.

④ 유동성배열법

유동성배열법이란 재무상태표상 자산·부채의 과목을 유동성이 높은 것부터 먼저 표시하고 유동성이 낮은 것은 나중에 표시하는 방법이다. 여기에서 유동성이란 현금화되는 속도를 의미한다.

⑤ 잉여금구분의 원칙

잉여금구분의 원칙이란 자본거래에서 발생한 잉여금은 자본잉여금으로 기재하고 손익거래에서 발생한 잉여금은 이익잉여금으로 구분·표시하여야 한다는 것이다.

⑥ 미결산항목 및 비망계정의 표시금지

일반적으로 기업에서 가지급금계정에 처리하고 있는 내용은 주주·임원·종업원 일시대여, 여비전도 또는 업무경비선급분 미정산액이 대부분인데, 이는 그 성격에 따라 비용화시키거나 선급금 또는 단기대여금 등으로 대체처리하여야 한다.

가수금계정은 원인불명의 입금액 등을 일시적으로 처리하는 계정인데 적어도 결산시점에서는 그 성격에 따라 수익으로 처리하거나 단기차입금 또는 예수금 등의 과목으로 대체처리하여야 한다.

3) 손익계산서(Income Statement : I/S)

손익계산서는 일정기간동안 회사가 달성한 경영성과를 나타내는 보고서이다. 여기에서 경영성과란 일정기간에 실현된 수익(revenue)에서 발생된 비용(expense)을 차감하여 순이익(net income)을 산출한 것이다. 즉, 손익계산서는 일정기간 동안의 기업의 순자산의 변동원인을 보고하는 기본 재무제표이며 일정기간 동안의 영업활동흐름을 나타내는 동태적 보고서이다.

이렇게 산출된 당기순이익은 회사 이해관계자들의 의사결정에 매우 유용한 정보가 된다.

예를 들어 동일한 업종을 영위하는 비슷한 규모의 회사와 비교하여 당기순이익이 높은 회사는 미래에도 이러한 수익률이 지속될 것이라는 기대감 때문에 회사에 대한 평가가 좋아지고 주가도 높게 형성될 것이다. 만약 반대의 경우라면 아무리 미래에 대한 청사진을 제공한다 할지라도 쉽게 회사에 대해 높은 평가를 내리기 어려울 것이다.

즉, 과거의 일정기간에 대한 회사의 경영성과를 집계한 손익계산서를 보고 미래에 대한 예측을 위한 기초자료로 사용하는 것이다. 이렇듯 손익계산서는 여러 이해관계자들의 의사결정에 중대한 영향을 미치기 때문에, 보다 합리적인 경영성과를 측정하기 위한 노력이 회계의 역사와 함께 계속되고 있다.

① **손익계산서**

② 20×1년 1월 1일부터 20×1년 12월 31일까지

③ ××회사   ④ 단위 : 원

수익	×××
비용	×××
이익(손실)	×××

손익계산서에는 ① 표의 명칭(손익계산서) ② 회계기간(20×1년 1월 1일부터 20×1년 12월 31일까지) ③ 상호(기업의 명칭) ④ 측정단위를 표시하여야 한다.

① 수익(revenue)

수익이란 회사의 지속적인 영업활동의 결과로서 획득하거나 실현한 금액으로서, 제품을 판매하여 얻은 매출, 서비스를 제공하고 받은 용역수수료 등과 같은 것이다.

수익은 외상으로 판매하거나 빚을 탕감하는 대가로 제품을 판매하는 것과 같이 직접 현금을 수반하지 않는 경우도 있으나 수익이 발생하면 어느 경우에나 회사의 순자산이 증가하게 된다. 수익에 해당하는 대표적인 항목을 살펴보면 다음과 같다.

- 매출액 : 상품이나 용역을 제공하고 받은 대가
- 임대료 : 점포와 사무실 등의 부동산을 빌려주고 받은 대가
- 이자수익 : 은행에 예금하거나 돈을 빌려준 경우 발생하는 이자

② 비용(expense)

비용이란 수익을 얻기 위해 지출하거나 발생한 금액으로서, 매출한 물품의 원가 또는 판매수수료, 광고선전비, 운반비 등과 같은 것이다.

비용은 외상으로 매입하거나 사전에 구입한 자산을 사용하는 등과 같이 직접 현금이 지출되지 않는 경우도 있으나, 비용이 발생하면 어느 경우에나 회사의 순자산이 감소하게 된다.

비용에 해당하는 대표적인 항목을 살펴보면 다음과 같다.

- 매출원가 : 매출된 상품이나 용역의 원가
- 급여 : 종업원에게 지급하는 근로의 대가
- 광고선전비 : 광고선전에 드는 비용
- 임차료 : 부동산과 점포, 사무실 등을 빌린 경우에 지급하는 대가
- 감가상각비 : 건물 등 유형자산에 대한 가치감소액
- 이자비용 : 차입금에 대해 발생하는 이자

4) 손익계산서의 작성기준

손익계산서의 작성기준은 다음과 같다.

발생주의	수익과 비용은 그것이 발생한 기간에 정당하게 배분되도록 처리한다.
실현주의	수익은 실현시기를 기준으로 계상한다.
수익·비용대응의 원칙	비용은 관련수익이 인식된 기간에 인식한다.
총액주의	수익과 비용은 총액으로 기재한다.
구분표시의 원칙	손익은 매출총손익, 영업손익, 법인세비용차감전순손익, 당기순손익으로 구분하여 표시한다.

① 발생주의

  회사의 이익창출활동은 계속적으로 수행되므로 각 회계기간의 경영성과를 보고하기 위해서는 이러한 활동을 일정기간 단위로 분할하여 기간손익을 결정해야 한다.

  이 경우 연속적인 이익창출활동을 어떤 기준으로 나누어 각각의 회계기간에 귀속시킬 것인가를 결정해야 하는데, 여기에는 현금주의와 발생주의가 있다.

현금주의	현금을 수취한 때에 수익으로 인식하고 현금을 지출한 때에 비용으로 인식하는 방법
발생주의	현금의 유·출입시점에 관계없이 경제적 사건이 발생한 회계기간에 수익·비용을 인식하는 방법

  일반기업회계기준은 현금주의와 발생주의 중 발생주의를 원칙으로 삼고 있다.

  쉽게 말해, 비록 현금이 오고 가지 않았어도 수익 또는 비용의 발생요건이 성립하면, 해당 발생기간의 수익과 비용으로 처리해야 한다.

예 제

20×1년 7월 1일에 향후 1년간의 보험료 100,000원을 선급한 경우 현금주의와 발생주의에 의해 20×1년에 인식해야 할 비용은 각각 얼마인가?

풀 이

• 현금주의 ⇒ 20×1년에 현금으로 지급한 100,000원을 모두 비용으로 인식
• 발생주의 ⇒ 20×1년에는 20×1년의 보험기간에 해당하는 보험료 50,000원만 비용으로 인식하고 다음연도의 보험료에 해당하는 50,000원은 선급비용(자산)으로 처리한다.

---

② 실현주의

  수익을 인식하는 데 있어서는 발생주의보다 구체적인 기준인 실현주의를 채택하고 있다.

  '실현주의'란 경제적 효익의 유입가능성이 매우 높고 그 효익을 신뢰성 있게 측정할 수 있을 때 수익을 인식하는 것으로, 구체적으로는 수익창출활동이 거의 완료되고 그로 인한 현금유입액을 합리적으로 측정할 수 있는 때를 의미한다.

  예를 들어, 소형가전제품을 생산하여 판매하고 일정기간 이후에 대금을 수령하는 회사를 가정해 보자. 이 회사가 실현주의에 의해 수익을 인식하는 시점은 언제일까?

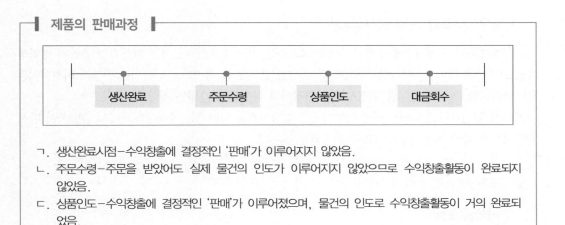

제품의 판매과정

생산완료   주문수령   상품인도   대금회수

ㄱ. 생산완료시점–수익창출에 결정적인 '판매'가 이루어지지 않았음.
ㄴ. 주문수령–주문을 받았어도 실제 물건의 인도가 이루어지지 않았으므로 수익창출활동이 완료되지 않았음.
ㄷ. 상품인도–수익창출에 결정적인 '판매'가 이루어졌으며, 물건의 인도로 수익창출활동이 거의 완료되었음.

따라서 상품을 인도하는 시점이 가장 합리적인 시점이다.

일반적으로 제품이 고객에게 인도되는 시점 또는 용역제공이 완료되는 시점이 수익창출활동이 완료되고, 그로 인한 현금유입액을 합리적으로 측정할 수 있는, 다시 말해 수익이 실현되는 때이다.

③ 수익 · 비용대응의 원칙

발생주의의 전제 하에서 수익에 대해서 실현주의가 적용되는 것처럼 비용에 대해서는 수익 · 비용대응의 원칙이 적용된다.

수익 · 비용대응의 원칙이란 수익을 창출하기 위하여 발생된 비용을 관련수익이 인식되는 기간에 인식하는 것이다. 즉, 비용은 수익이 인식된 기간에 수익을 얻기 위해 지출된 금액 또는 지출될 것으로 예상되는 금액으로 인식한다.

④ 총액주의

일반기업회계기준에서는 수익과 비용항목을 상계하여 그 전부 또는 일부를 손익계산서에서 제외하지 않도록 규정하고 있다. 즉, 수익과 비용을 총액으로 기재하는 것을 원칙으로 하고 있다.

예를 들면 이자수익과 이자비용의 경우 서로 상계하지 않고 각각 총액으로 영업외수익과 영업외비용으로 기재하여야 한다.

⑤ 구분표시의 원칙

손익계산서는 매출총손익, 영업손익, 법인세비용차감전순손익, 당기순손익으로 그 손익을 구분표시하여야 한다.

5) 재무상태표와 손익계산서의 관계

재무상태표는 일정시점에서 재무상태를 보고하는 것이고 손익계산서는 일정기간 동안의 경영성과를 보고하는 것이다. 여기에서 시점이란 특정한 한 시간을 의미하고 기간이란 시간과 시간사이를 의미한다. 즉, 일정기간이란 일정시점과 일정시점 사이를 나타내는 것이다.

따라서 일정기간을 나타내는 손익계산서는 일정시점을 나타내는 재무상태표에서 출발하여 다시 일정시점을 나타내는 재무상태표와 연결되는 것이다.

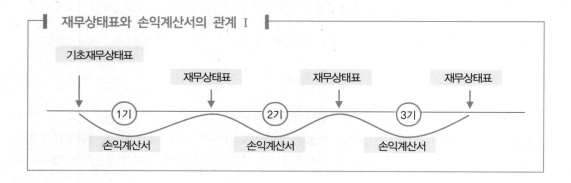

재무상태표와 손익계산서의 관계 Ⅰ

쉽게 말해, 재무상태표를 스냅사진이라고 한다면, 손익계산서는 동영상화면으로 비유할 수 있을 것이다.

예를 들어, 1월 1일 자산 3억 원, 부채 1억 원, 자본 2억 원의 재무상태로 창업한 (주)삼일에 1월 1일에서 12월 31일까지 수익 5억 원과 비용 3억 원이 발생하였다고 가정하자. 12월 31일 (주)삼일의 재무상태는 어떻게 변했을까?

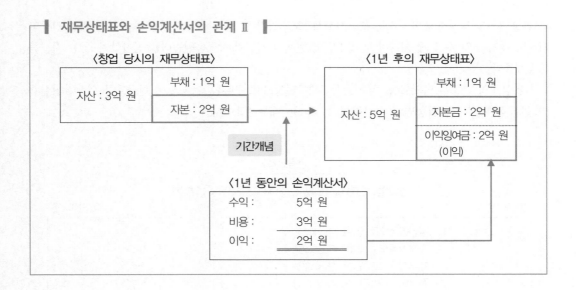

재무상태표와 손익계산서의 관계 Ⅱ

즉, 수익에서 비용을 차감한 금액은 도중에 추가적인 자본출자가 없다면 자본의 증가액과 정확히 일치하는 것이다.

> 수익 − 비용 = 이익
> 기말자본 − 기초자본 = 이익

개성상인들의 송도사개치부(松都四介治簿)

고려시대 개성상인들이 사용했다고 전해지는 송도사개치부는 고려청자, 금속활자에 더불어 고려시대의 위대한 유물로 역사책에 자주 등장한다. 송도사개치부란 우리나라 고유의 회계기록장부로서 자산−부채−수익−비용에 해당하는 사개(현대의 계정에 해당하는 것)를 사용하여 더욱 더 유명한 것이다.

또한, 현대의 대부분의 회계기록방식으로 사용하는 이탈리아 상인들의 방식보다 무려 200여년이나 앞서 사용한 것이라 예나 지금이나 한민족의 저력은 대단한 것이 아닐 수 없다.

문헌에 의하면 이러한 송도사개치부 방식은 1900년대 초까지 상업계산이나 장부계산 방식으로 널리 사용되었다고 한다.

6) 현금흐름표

현금흐름표(statement of cash flows 또는 cash flow statement)란 기업의 현금흐름을 나타내는 표로서 현금의 변동내용을 명확하게 보고하기 위하여 당해 회계기간에 속하는 현금의 유입과 유출내용을 적정하게 표시하는 보고서로서, 보고기간 말 현재 현금의 유동성 확보를 위한 기중의 거래별 내역을 알 수 있게 해주며 보고기간 말 현재의 기업의 자금동원능력을 평가할 수 있는 자료를 제공해준다.

기업실체의 활동은 영업활동, 투자활동, 재무활동으로 구분할 수 있으며 현금흐름표는 기업실체의 현금흐름을 이들 활동별로 구분하여 보고하는 재무제표이다.

---

① 현금흐름표

② 20×1년 1월 1일부터 20×1년 12월 31일까지

③ XX회사   ④ 단위 : 원

Ⅰ. 영업활동으로 인한 현금흐름	×××
Ⅱ. 투자활동으로 인한 현금흐름	×××
Ⅲ. 재무활동으로 인한 현금흐름	×××
Ⅳ. 현금의 증가(감소)(Ⅰ + Ⅱ + Ⅲ)	×××
Ⅴ. 기초의 현금	×××
Ⅵ. 기말의 현금	×××

현금흐름표에는 ① 표의 명칭(현금흐름표) ② 회계기간(20×1년 1월 1일부터 20×1년 12월 31일까지) ③ 상호(기업의 명칭) ④ 측정단위를 표시하여야 한다.

---

① 영업활동

영업활동이란 기업의 이익에 직접적인 영향을 미치는 생산, 구매, 판매활동뿐만 아니라 주된 수익활동에 간접적으로 영향을 미친다. 경우에 따라서는 부수적으로 수반되기 마련인 제반활동 중에서 투자활동, 재무활동 이외의 거래를 모두 영업활동의 범주에 포함시키고 있다.

② 투자활동

투자활동이란 현금의 대여와 회수활동, 유가증권·투자자산·유형자산 및 무형자산의 취득과 처분활동 등을 말한다.

③ 재무활동

재무활동이란 현금의 차입 및 상환활동, 신주발행이나 배당금의 지급활동 등과 같이 부채 및 자본계정에 영향을 미치는 거래를 말한다.

7) 현금흐름표의 작성법

현금흐름표의 작성법에는 영업활동으로 인한 현금흐름을 보고하는 형식에 따라 직접법과 간접법이 있다.

① 직접법

직접법이란 매출액, 이자수익 등 영업활동 거래의 원천별로 유입된 현금의 흐름에서 매출원가, 이자비용, 법인세비용 등 영업활동으로 인한 현금의 유출액을 차감하여 현금주의에 의한 영업이익을 구하는 방식이다. 이는 영업거래의 다양한 원천별 현금의 흐름내역을 일목요연하게 제시해 줌으로써 진정한 의미에서의 현금흐름을 파악할 수 있는 방법이다.

② 간접법

간접법이란 당기순이익에서 출발하여 현금의 유출이 없는 비용 등을 가산하고 현금의 유입이 없는 수익 등을 차감하고 영업활동으로 인한 자산·부채의 변동을 가감하여 영업활동으로 인한 현금의 흐름을 계산하는 방식으로서 발생주의에 의한 당기순이익에서 어떠한 조정을 거쳐 현금의 흐름이 산출되는지에 보여주어 재무상태표와 손익계산서간의 연관성을 제시해 준다.

8) 자본변동표

자본변동표(statement of changes in financial position)란 기업의 재무상태표에 표시되어 있는 자본의 변화내역을 자본구성요소별로 보여주는 재무보고서이다. 자본변동표에서는 신주발행, 배당금지급 등의 내용을 파악할 수 있다.

9) 주석

주석은 재무제표 본문에 표시된 정보를 이해하는 데 도움이 되는 추가적인 정보를 제공한다. 중요한 회계방침이나 자산 및 부채에 대한 대체적 측정치에 대한 설명 등과 같은 주석은 재무제표가 제공하는 정보를 이해하는 데 필수적인 요소로서 회계기준에 따라 작성된 재무제표의 중요한 부분이다.

> **재무제표는 비교형식으로 작성해야 한다**
>
> 앞에서 살펴본 재무제표를 자세히 보면 모두 당기와 전기의 재무제표가 동시에 작성되어 있음을 알 수 있다. 이는 기간별로 비교가능성을 높이고 추세를 예측하는 것이 쉽도록 하기 위함이다. 기업회계기준에서도 재무제표를 비교형식으로 작성할 것을 의무화하고 있다.

재무상태표

자산		부채	
Ⅰ. 유동자산	11,000	Ⅰ. 유동부채	10,500
현금및현금성자산	3,400	Ⅱ. 비유동부채	7,000
⋮			
Ⅱ. 비유동자산	23,000	**자본**	
		Ⅰ. 자본금	10,000
		Ⅱ. 자본잉여금	2,000
		Ⅲ. 자본조정	300
		Ⅳ. 기타포괄손익누계액	200
		Ⅴ. 이익잉여금	4,000
		(당기순이익 :	2,200
계	34,000	계	34,000

손익계산서

Ⅰ. 매출액	10,000
Ⅱ. 매출원가	(6,200)
Ⅲ. 매출총이익	3,800
Ⅳ. 판매비와관리비	(1,200)
Ⅴ. 영업이익	2,600
Ⅵ. 영업외수익	300
Ⅶ. 영업외비용	(200)
Ⅷ. 법인세비용차감전순이익	2,700
Ⅸ. 법인세비용	(500)
Ⅹ. 당기순이익	2,200

현금흐름표

Ⅰ. 영업활동으로 인한 현금흐름		1,800
1. 당기순이익	2,200	
2. 현금유출없는 비용 등의 가산	300	
3. 현금유입없는 수익 등의 차감	(200)	
4. 영업활동으로 인한 자산·부채변동	(500)	
Ⅱ. 투자활동으로 인한 현금흐름		(1,300)
1. 투자활동으로 인한 현금유입액	2,000	
2. 투자활동으로 인한 현금유출액	(3,300)	
Ⅲ. 재무활동으로 인한 현금흐름		700
1. 재무활동으로 인한 현금유입액	1,500	
2. 재무활동으로 인한 현금유출액	(800)	
Ⅳ. 현금의 증가		1,200
Ⅴ. 기초의 현금		2,200
Ⅵ. 기말의 현금		3,400

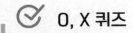 **O, X 퀴즈**

01 '재무회계'는 주로 회사 외부의 이해관계자들에게 재무정보를 제공하는 것을 목적으로 하고, '관리회계'는 주로 회사의 내부 정보이용자들에게 경영활동을 계획하거나 통제하는 데 유용한 정보를 제공하는 것을 목적으로 한다.

02 과거의 일정기간에 대한 경영성과를 집계한 표는 재무상태표이다.

03 재무상태표 작성기준에서 유동성배열법은 유동성이 낮은 것부터 먼저 표시하고 유동성이 높은 것은 나중에 표시하도록 하고 있다.

04 발생주의에 따라 수익과 비용은 그것이 발생한 기간에 정당하게 배분되도록 처리한다. 구체적으로는 수익을 실현주의에 따라 인식한 뒤 비용을 수익·비용대응의 원칙에 따라 관련수익이 인식된 기간에 인식한다.

05 기업의 재무상태표에 표시되어 있는 자본의 변화내역을 자본구성요소별로 보여주는 재무보고서는 자본변동표이다.

01	○	정보이용자의 유형에 따라 회계를 '재무회계'와 '관리회계'로 나눈다.
02	×	손익계산서에 대한 설명이다. 재무상태표는 일정기간이 아니라 일정시점에 있어서 회사의 재무상태를 나타내는 보고서이다.
03	×	유동성이 높은 것부터 먼저 표시하고 낮은 것은 나중에 표시한다.
04	○	수익은 실현주의에 따라, 비용은 수익·비용대응의 원칙에 따라 인식한다.
05	○	자본의 변화내역을 자본구성요소별로 보여주는 재무보고서는 자본변동표이다.

II 회계의 흐름

01 부기란 무엇일까?

1 부기의 개념

부기(Bookkeeping)란 장부기입(帳簿記入)이라는 어원에서 만들어진 용어로 어원 그대로 설명하자면 어떠한 사건에 대하여 그 사실을 요약하고 정리하여 장부에 기입하는 것이라고 정의할 수 있다. 즉, 기업이 가지고 있는 자산, 부채 및 자본의 증감과 수익, 비용 등의 발생내역을 일정 원칙에 따라 요약하고 정리하는 방법이다.

반면 회계(accounting)란 보다 넓은 개념으로 회사의 경영활동에 대한 유용한 정보를 이해관계자들에게 전달하는 일련의 과정을 의미한다. 즉, 회계의 한 과정에 부기가 있는 것이다.

▌ 부기와 회계의 관계 ▐

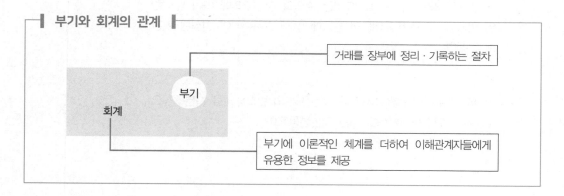

2 부기의 종류

1) 단식부기(single-entry bookkeeping)

단식부기는 현금의 유입과 지출이 있을 때마다 장부에 기록하는 방식으로 자산, 부채, 자본, 수익, 비용의 증감을 별도로 표시하지 않고 단순히 현금의 수입과 지출 및 현금잔액에 관한 단순한 정보만 알 수 있다.

이러한 단식부기는 기록방법이 쉽고 간단하다는 장점이 있는 반면, 기록상의 오류가 있다 할지라도 스스로 검증할 수 없고, 재산의 상태와 변화과정에 대한 상세한 정보를 얻기 어렵다는 단점이 있다.

2) 복식부기(double-entry bookkeeping)

복식부기란 회사의 재산에 영향을 미치는 모든 거래를 파악하여 재산이 변화한 원인과 그로 인한 결과를 동시에 기록하는 방법이다. 즉, 자산, 부채, 자본의 증감이나 수익, 비용의 발생을 일정한 작성원리에 따라 차변과 대변으로 분리하여 이중으로 기록한다.

이러한 복식부기는 이중기록방식으로 인해 기록상의 오류가 있는 경우 대차평균의 원리에 따라 스스로 그 오류를 발견할 수 있는 자기검증능력이 있다는 장점을 가지고 있다. 따라서 단식부기에 비해 기록방식이 복잡함에도 불구하고 거의 대부분의 기업이 이 방법을 널리 채택하고 있다.

3 복식부기의 원리

복식부기란 회사의 경영활동으로 인한 재산의 변화, 구체적으로 자산, 부채 및 자본의 증감과 수익, 비용의 발생내역을 발생원인과 발생결과에 따라 각각 차변과 대변으로 나누어 이중으로 기록하는 방식이다.

다시 말하자면 복식부기란 재무상태표의 구성요소인 자산, 부채, 자본과 손익계산서의 구성요소인 수익, 비용의 변화내역을 기록하는 것이며, 이러한 기록을 요약하면 결국 재무제표가 완성되는 것이다.

결국, 재무제표를 작성하기 위해 부기를 한다고 해도 과언이 아닐 것이다.

그럼, 복식부기를 하는 데 있어서 자산, 부채, 자본 및 수익, 비용의 변화내역을 기재하는 일정한 원리는 무엇인가?

왜 복식부기를 하는지를 물어보면 쉽게 그 원리를 이해할 수 있을 것이다. 해답은 재무제표의 작성이다.

그럼 어떻게 기록해야 할 것인가? 이 또한 재무제표 모양대로 하면 된다. 그럼 앞서 설명한 재무제표의 구조를 다시 한번 떠올려보자.

재무상태표			손익계산서	
(차변)	(대변)		(차변)	(대변)
자산	부채		비용	수익
	자본			

앞에서 수익은 순자산(자본)의 증가를 가져오고 비용은 순자산(자본)의 감소를 가져온다고 하였다. 따라서 손익계산서를 차변과 대변으로 나누어 수익을 자본과 같은 방향에 비용을 반대방향에 표시하였다.

다음으로 재무제표를 작성하기 위해 회사의 경영활동을 장부에 기록하는 방법은 재산의 변화와 이러한 재산의 변화를 가져온 원인을 차변과 대변으로 나누어, 각자 상기 재무제표에서 표시된 구성요소의 위치에 맞추면 된다. 이때 주의할 것은 (−)를 표시하는 경우에는 반대편에 위치시키는 것이다. 예를 들어 자산이 증가(+)하는 것은 차변에 기록하는 것이나 감소(−)하는 경우에는 반대편인 대변에 기록하는 것이다.

〈복식부기원리〉	
(차변)	(대변)
자산(+)	자산(−)
부채(−)	부채(+)
자본(−)	자본(+)
비용(+)	수익(+)

이 과정을 차례대로 연습해 보자. 예를 들어 은행에서 현금 1억 원을 차입한 경우 복식부기원리에 따라 기록해보면,

첫째, 회사 재산의 변화를 살펴보자. 우선, 회사의 자산(현금)이 1억 원 늘어나고 동시에 부채(차입금) 1억 원이 생겨났다.

> 재산변화의 결과 – 자산 1억 원 증가
> 재산변화의 원인 – 부채 1억 원 증가

둘째, 재산의 변화와 그 원인을 차변과 대변에 나누어 보자. 재무제표의 모양을 떠올리면 자산은 차변에 부채는 대변에 위치하므로 각자 배정하면 된다.

> 재산변화의 결과 – 자산 1억 원 증가 – 차변
> 재산변화의 원인 – 부채 1억 원 증가 – 대변

이를 요약하면 다음과 같다.

> (차변) 자산 1억 원 　　　　　　　　 (대변) 부채 1억 원

보다 자세한 내용은 회계의 순환과정에서 다루도록 하겠다.

02 회계의 순환과정

1 회계순환과정(會計循環過程, accounting cycle)

회계의 순환과정이란 거래의 발생에서 재무제표작성에 이르기까지의 과정을 의미한다.

일정한 회계기간(대부분 1년을 단위로 구분하므로 회계연도라고 한다) 중에 거래가 발생하면 이를 분석하여 분개장이라고 하는 장부에 기입하고 원장에 전기하는 과정을 반복한다. 보고기간 말에는 장부를 마감하여 재무제표를 작성하는데 이를 결산이라고 한다.

회계는 일정한 회계기간을 하나의 주기로 하여 계속 순환하고 있는데 이를 그림으로 살펴보면 다음과 같다.

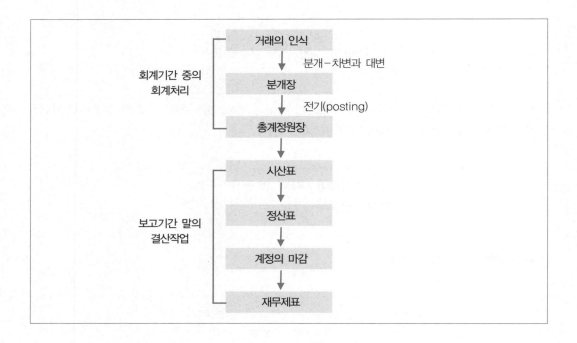

2️⃣ 회계의 기록대상 : 거래

1) 거래(transaction)의 정의

기업이 건물의 취득, 임차료의 지급, 상품의 매출 등과 같이 경영활동을 하면 기업의 재산상태에 변동이 생긴다. 이와 같이 기업의 재산상태에 변화를 일으키는 경제적 사건을 회계용어로 '거래'라 한다.

회계상 거래로 인식하기 위해서는 그 거래가 ① 회사의 재산상태에 영향을 미쳐야 하고 ② 그 영향을 금액으로 측정할 수 있어야 한다. 이 경우 거래의 영향을 금액으로 측정가능 해야 한다는 요건이 필요한 이유는 자산, 부채, 자본에 발생하는 변화의 크기를 금액으로 측정할 수 없다면 장부에 기록을 하고 싶어도 할 수가 없기 때문이다.

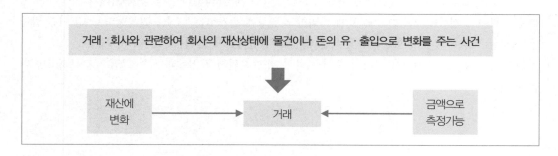

예를 들어 살펴보자.

case 1	① 외국에 기계를 사기 위해 주문을 하는 경우 ② 건물의 매각을 위해 계약을 하는 경우

위의 두 사례는 모두 회계상의 거래로 보지 않는다. 왜냐하면 주문이나 계약 자체의 행위만으로는 현금이 오간 것이 아니며 주문이나 계약만으로 물건이 자기소유가 되는 것은 아니므로 재산에 아무런 변화를 가져오지 못하기 때문이다. 즉 주문이나 계약으로 인하여 물건이 자기 소유로 되거나 현금이 증감하는 등의 재산의 변화가 없기 때문에 단순한 주문이나 계약은 회계상의 거래로 보지 않는다.

case 2	① 외국에 기계를 사기 위해 주문하면서 계약금을 지급한 경우 ② 건물의 매각을 위해 계약을 하면서 계약금을 받은 경우

회계상 거래에 해당된다. 그 이유는 계약금의 수령이나 지급은 재산에 변화를 가져오는 사건으로서 지급액 자체를 금액으로 표시할 수 있기 때문이다.

case 3	건물이 불에 탄 경우

화재로 인해 건물이라는 재산이 감소했고 감소한 정도를 금액으로 측정하여 표시할 수 있으므로 이는 회계상의 거래에 해당된다.

case 4	12월 급여를 아직 지급하지 않은 경우

회사의 입장에서 보면 이미 종업원들의 근로를 제공받고 지급해야 할 급여를 아직 지급하지 않은 것이므로 이는 부채가 발생한 것이며 미지급한 급여가 어느 정도인지 금액으로 측정가능 하므로 회계상의 거래에 해당한다.

다시 말하면 급여가 미지급되었으므로 돈의 유출은 없었지만, 부채의 증가로 인하여 회사의 순수한 재산인 자본의 감소를 가져오는 사건이므로 회계상의 거래에 해당한다.
⇨ 부채의 증가는 회사의 순수한 재산(순자산=자본)이 감소하게 되는 것임을 상기하자.

회사는 영업을 하기 위하여 수많은 활동을 하는데 이러한 활동이나 사건이 발생했을 때 그 사건이 회사의 재무제표에 영향을 주는 거래인지 아닌지를 판단하는 것이 매우 중요하다.

인식	→	기록	→	재무제표 작성	→	정보 제공
경제적인 사건, 활동		분개, 전기		결산		내·외부이용자

2) 거래의 이중성

예를 들어 은행에서 현금을 차입하는 경우, 회사의 자산(현금)의 증가라는 재산변화는 부채(차입금)의 증가에 의한 것이다. 이와 같이 모든 거래에는 재산변화의 원인과 결과라는 두 가지 측면이 존재하게 되는데 이를 거래의 이중성(duality)이라고 한다.

> 거래의 이중성 : 복식부기의 성격상 모든 거래는 이중성을 가지고 있으며, 따라서 자산, 부채, 자본, 손익의 증감
> 가운데 한 가지만 발생하는 거래는 존재하지 않는다는 것
> → 복식부기란 재산이 변화한 원인과 그로 인한 결과를 동시에 기록하는 것임을 상기하자.

앞에서 살펴본 바와 같이, 이러한 거래를 기록함에 있어서 재산의 변화라는 거래의 결과만을 기록하는 것을 단식부기라 하며, 거래의 발생원인과 거래의 결과를 동시에 기록하는 것을 '복식부기'라고 한다.

3) 거래의 8요소

부기상의 거래는 복식부기의 원리에서 살펴본 바와 같이 자산의 증가와 감소, 부채의 증가와 감소, 자본의 증가와 감소 및 수익의 발생과 비용의 발생이라는 8개의 요소로 구성되어 있으며, 이것을 '거래의 8요소'라고 한다.

즉, 거래의 8요소란 거래의 이중성이 다음과 같은 조합에 따라 이루어진다는 것이다.

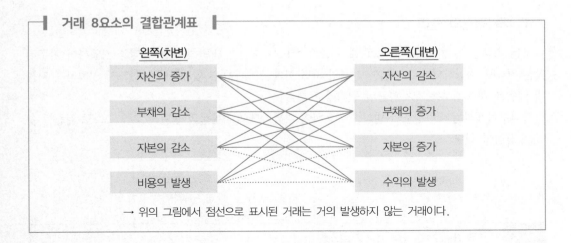

→ 위의 그림에서 점선으로 표시된 거래는 거의 발생하지 않는 거래이다.

모든 거래는 반드시 차변 요소와 대변 요소가 여러 가지 형태로 서로 결합되며, 같은 차변끼리 또는 같은 대변끼리는 절대로 결합될 수 없다. 그리고 거래는 양쪽의 한 개의 요소끼리 결합될 때도 있지만 둘 이상의 복잡한 결합을 이루기도 한다.

예 제

거래요소의 16가지 결합관계 중 몇 가지 예를 들어보자.

	왼쪽(차변)	오른쪽(대변)
① 건물을 취득하고 현금을 500,000원 지급하다.	자산의 증가-500,000 (건물)	자산의 감소-500,000 (현금)
② 상품 30,000원을 외상으로 구입하다.	자산의 증가-30,000 (상품)	부채의 증가- 30,000 (매입채무)
③ 현금 100,000원을 출자하여 회사를 설립하다.	자산의 증가-100,000 (현금)	자본의 증가-100,000 (자본금)
④ 소유하고 있던 건물의 임대료 20,000원을 받다.	자산의 증가-20,000 (현금)	수익의 발생-20,000 (임대수익)
⑤ 은행에서 빌린 40,000원을 갚다.	부채의 감소-40,000 (차입금)	자산의 감소-40,000 (현금)
⑥ 종업원 급여 50,000원을 현금으로 지급하다.	비용의 발생- 50,000 (급여)	자산의 감소- 50,000 (현금)
⑦ 이자 9,000원을 지급해야 함에도 불구하고 지급하지 않았다.	비용의 발생- 9,000 (이자비용)	부채의 증가- 9,000 (미지급금)

4) 대차평균의 원리

모든 거래는 거래 요소의 결합관계에 따라 반드시 차변과 대변에 같은 금액을 기입하며 아무리 많은 거래를 기입하더라도 기입한 전체의 차변 합계금액과 대변 합계금액은 반드시 일치하게 되는데 이것을 부기에서는 대차평균의 원리라고 한다.

복식부기에서는 대차평균의 원리를 이용하여 기록하므로 기록상의 정확 여부를 스스로 검증할 수 있는 장점이 있다.

03 분개장과 총계정원장

1 계정

1) 계정의 개념

앞에서 우리는 자산, 부채, 자본, 수익, 비용이라는 생소한 명칭을 접하면서 이들의 개념을 알아보았다. 현금은 자산에 속하는 것이고 차입금은 부채, 급여는 비용에 속하는 것이다.

이때 자산, 부채라고 일컫는 것들이 바로 계정(account)이라고 하는 것이다.

계정이란 거래의 성격을 이해하기 쉽게 표시하고 명확하게 기록하기 위하여 같은 종류 및 같은 성질을 가진 것을 항목별로 나누어 미리 정해 놓은 고유명칭이다. 또한 현금계정, 외상매출금계정 등과 같이 계정에 붙이는 이름을 계정과목이라고 하며 계정을 기입하는 자리를 계좌라고 한다.

계정은 자산, 부채, 자본, 수익 및 비용에 속하는 계정으로 분류된다. 재무상태표에 기록되는 자산, 부채, 자본에 속하는 계정을 재무상태표계정이라 하며, 손익계산서에 기재되는 수익과 비용에 속하는 계정을 손익계산서계정이라고 한다.

계정	계정과목
자산	현금, 매출채권, 대여금, 상품, 미수금, 미수수익 등
부채	매입채무, 선수금, 선수수익, 차입금 등
자본	자본금 등
수익	매출액, 이자수익, 임대료 등
비용	이자비용, 급여, 보험료, 임차료 등

2) 계정의 유용성

다음은 5월 한 달 동안에 발생한 (주)삼일의 거래이다.

case	• 5월 1일 : 은행에서 돈 2,000,000원을 빌렸다.

case	
	• 5월 1일 : 은행에서 돈 2,000,000원을 빌렸다. 　　　(차) 현금　　　　　　　2,000,000　　　(대) 차입금　　　　　2,000,000 • 5월 10일 : 현금 100,000원으로 컴퓨터를 구입하였다. 　　　(차) 컴퓨터　　　　　　　100,000　　　(대) 현금　　　　　　100,000 • 5월 13일 : 거래처인 (주)정일에 서비스를 제공하여 500,000원을 벌었다. 　　　(차) 현금　　　　　　　　500,000　　　(대) 수익　　　　　　500,000 • 5월 14일 : 빌린 돈 중에서 1,000,000원을 갚았다. 　　　(차) 차입금　　　　　1,000,000　　　(대) 현금　　　　1,000,000

　5월 한 달 동안 현금은 얼마나 증가하고 감소했으며 5월 말 현재 남아 있는 현금의 잔액은 얼마인가?

　위의 거래는 아주 간단한 사례로서 눈으로도 5월 말 잔액을 알 수 있지만 실제 회사에서 1년 동안 발생하는 거래는 헤아릴 수 없이 많기 때문에 현금계정의 변동내역과 잔액을 알기 쉽게 하기 위하여 현금의 내역만을 집계하여, 현금증가와 현금감소를 구분해서 차변(왼쪽)과 대변(오른쪽)에 나누어 기록하는 다음과 같은 양식을 사용한다.

	현금		흔히 T계정이라고 함.
5. 1	2,000,000	5. 10	100,000
5. 13	500,000	5. 14	1,000,000
		5. 31 잔액	1,400,000
	2,500,000		2,500,000

이러한 형태로 계정을 기록하게 되면, 계정모형이 T자형으로 나타나서 이런 계정을 T계정이라고 한다. 이와 같은 T계정에 현금의 증가와 감소를 구분해서 표시하면 증감이 모두 나타나고 5월 31일 현재의 현금의 잔액은 1,400,000원인 것으로 파악할 수 있다.

이와 같이 특정항목마다 하나씩의 계정을 설정하면 수많은 자산이나 부채의 증감이 일어나도 발생내역과 잔액을 쉽게 파악할 수 있다.

3) 계정기입의 규칙

모든 거래는 계정이라는 형식에 의하여 차변과 대변으로 나뉘어 기입된다. 계정의 종류와 거래의 성격에 따른 분개의 방향을 살펴보면 다음과 같다.

	차변	대변
① 자산계정 :	자산의 증가	자산의 감소
② 부채계정 :	부채의 감소	부채의 증가
③ 자본계정 :	자본의 감소	자본의 증가
④ 수익계정 :	수익의 감소	수익의 발생
⑤ 비용계정 :	비용의 발생	비용의 감소

2 분개

거래가 발생하였다면 이것을 장부에 기록해야 한다. 이때 어느 계정과목에 해당한 거래인지, 그 계정의 차변 또는 대변의 어떤 쪽인지, 얼마의 금액을 기록할 것인가를 결정하는 것을 분개 (journalizing)라 한다. 쉽게 말하면 분개란 거래를 차변과 대변으로 나누어 그 계정과목과 금액을 기입하는 작업이다.

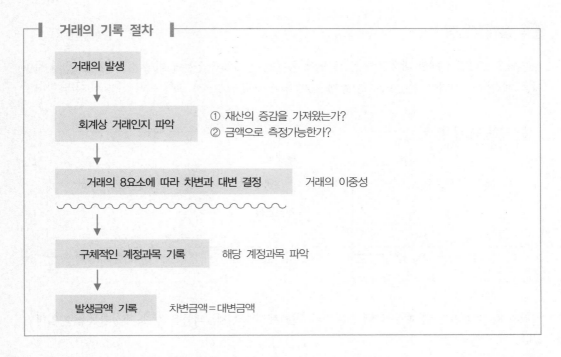

예를 들어 토지를 5천만 원에 취득하였다면, 이는 재산의 증감을 가져오고, 그 금액을 측정할 수 있으므로 회계상의 거래에 해당한다.

이 거래를 통해 토지라는 자산이 5천만 원 증가하고 현금이라는 자산이 5천만 원 감소한다. 회계의 기록방법에 따라 자산의 증가는 토지계정의 차변에 기록하고, 자산의 감소는 현금계정의 대변에 기록해야 한다. 그리고 기록할 금액은 대변과 차변 각각 5천만 원이다. 거래에 대한 분개과정을 나타내면 다음과 같다.

거래분석	토지의 증가	현금의 감소
차변과 대변 결정	차변	대변
계정과목의 결정	토지	현금
금액의 결정	50,000,000원	50,000,000원
분개의 내용	토지　50,000,000원	현금　50,000,000원

3 총계정원장

분개가 끝나면 분개한 내용을 계정과목별로 옮겨 놓는 절차가 있는데 이를 전기(posting)라 하며 이들 계정이 설정되어 있는 장부를 총계정원장(general ledger) 또는 원장(ledger)이라 한다.

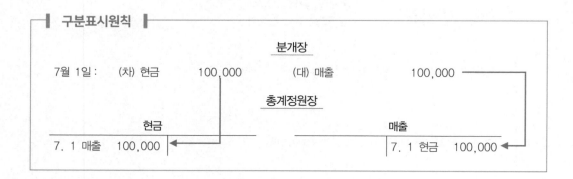

위와 같이 전기를 할 때는 금액은 자기금액을 기입하고 계정과목은 상대 계정과목을 기입하면 된다.

앞에서 계정을 공부하면서도 살펴보았지만, 전기를 함으로써 일정기간 동안의 해당 계정의 증가, 감소액을 파악할 수 있고 일정시점에서 해당계정의 잔액을 알 수 있다.

총계정원장을 이용하면 다음과 같은 효익을 얻을 수 있다.

① 계정과목의 증감변동상황을 쉽게 파악할 수 있고,
② 기말에 재무상태표와 손익계산서를 작성하는 데 필요한 기본적인 자료를 제공하며,
③ 회사 전체의 재무상태와 경영성과를 개괄적으로 파악할 수 있다.

예를 들어 6월 13일 상품을 50,000원에 외상으로 매입하였다면, 다음과 같이 총계정원장에 전기가 이루어진다.

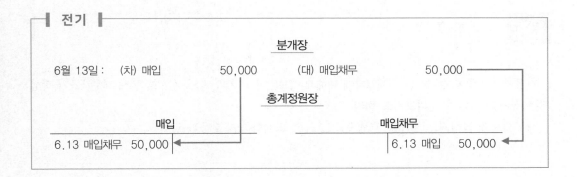

4 회계장부의 종류

회계장부란 회계상 인식된 모든 거래를 기록, 계산하여 보관하기 위한 모든 지면을 말한다. 기업에서는 재무제표로 일정시점의 재무상태와 일정기간의 경영성과를 보고하고 있는 바, 복식부기를 이용한 회계장부는 그 중간단계로서 중요한 기능을 수행한다.

회계장부는 거래내용을 명확히 보여줄 수 있도록 일반적으로 다음과 같이 분류할 수 있다.

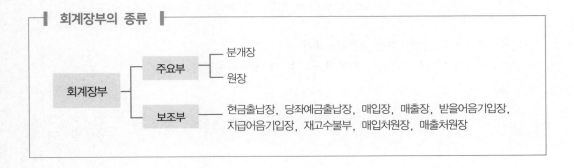

주요부는 회계연도 중 일어나는 모든 거래를 발생순서대로 기록하고 계산하는 장부이며, 보조부는 주요부에 요약된 내용을 보충하여 기록하는 장부로서 현금의 수입과 지출, 예금의 입금과 지출 등 특수한 거래 또는 그 내용에 대해서 상세히 기록하기 위해서 사용하는 장부이다.

04 사례 I

지금까지 기중에 수행하는 회계절차에 대해 알아보았다. 그러면 다음 사례를 통해 재무제표가 작성되는 절차를 간단히 살펴보기로 하자.

재무제표가 작성되는 절차를 그림으로 간단히 도식화하면 다음과 같다.

1 분개

컴퓨터 프로그램업체인 (주)삼일의 최초 영업개시연도의 거래이다.

거래 1	12월 1일 현금 100,000원을 출자하여 회사를 설립하였다.

- 분석 : 자산(현금)증가, 자본(자본금) 증가
- 원칙 : 자산의 증가는 차변에, 자본의 증가는 대변에 기록한다.
- 분개 :

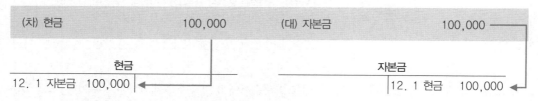

→ 거래를 분개하여 계정별 원장에 전기(posting)한다.

거래 2	12월 2일 컴퓨터를 70,000원에 구입하였다.

- 분석 : 자산(현금)감소, 자산(유형자산) 증가
- 원칙 : 자산의 증가는 차변에, 자산의 감소는 대변에 기록한다.
- 분개 :

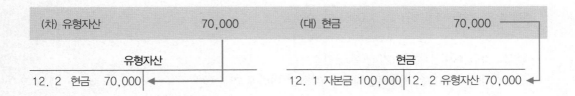

| (차) 유형자산 | 70,000 | (대) 현금 | 70,000 |

유형자산 | 현금

12. 2 현금 70,000 | 12. 1 자본금 100,000 | 12. 2 유형자산 70,000

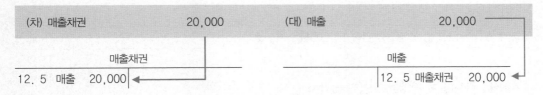

> **거래 3** 12월 5일 프로그램용역을 제공하고 용역제공대가 20,000원은 다음달에 받기로 하였다.

- 분석 : 자산(매출채권)증가, 수익(매출)발생
- 원칙 : 자산의 증가는 차변에, 수익의 발생은 대변에 기록한다.
- 분개 :

| (차) 매출채권 | 20,000 | (대) 매출 | 20,000 |

매출채권 | 매출

12. 5 매출 20,000 | | 12. 5 매출채권 20,000

→ 후에 매출채권 20,000원이 회수되면 현금이 증가하고 매출채권이 감소하게 되어 다음과 같이 분개한다.

| 자산증가 | 자산감소 |
| (차) 현금 | 20,000 | (대) 매출채권 | 20,000 |

수익은 손익계산서 항목이지만 이익을 증가시켜 궁극적으로는 재무상태표상의 자본을 증가시킨다. 즉, 수익의 발생은 다음과 같은 과정을 통해 손익계산서와 재무상태표에 영향을 미치는 것이다.

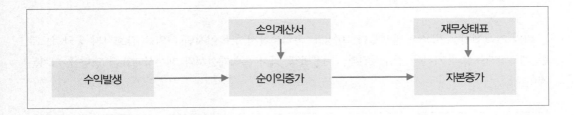

거래 4	12월 15일 현금 15,000원을 빌려주었다.

- 분석 : 자산(대여금)증가, 자산(현금)감소
- 원칙 : 자산의 증가는 차변에, 자산의 감소는 대변에 기록한다.
- 분개 :

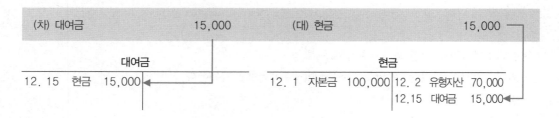

| (차) 대여금 | 15,000 | (대) 현금 | 15,000 |

대여금	현금
12. 15 현금 15,000	12. 1 자본금 100,000 12. 2 유형자산 70,000 12.15 대여금 15,000

거래 5	12월 25일 종업원 급여 10,000원을 지급했다.

- 분석 : 비용(급여)발생, 자산(현금)감소
- 원칙 : 비용의 발생은 차변에, 자산의 감소는 대변에 기록한다.
- 분개 :

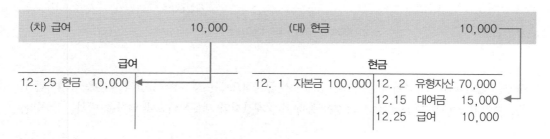

| (차) 급여 | 10,000 | (대) 현금 | 10,000 |

급여	현금
12. 25 현금 10,000	12. 1 자본금 100,000 12. 2 유형자산 70,000 12.15 대여금 15,000 12.25 급여 10,000

위의 거래에서는 비용이 발생했다. 비용도 손익계산서 항목이지만 이익을 감소시켜 궁극적으로는 재무상태표상의 자본을 감소시킨다. 비용발생 역시 손익계산서와 재무상태표에 영향을 미치는 것이다.

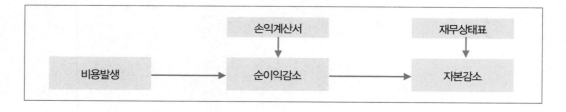

거래 6	12월 31일 회사는 다음달의 추가적인 자금사용에 대비하여 은행에서 현금 20,000원을 차입하였다.

- 분석 : 자산(현금)증가, 부채(차입금)증가
- 원칙 : 자산의 증가는 차변에, 부채의 증가는 대변에 기록한다.
- 분개 :

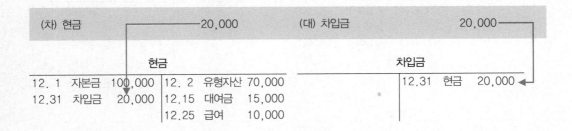

| (차) 현금 | 20,000 | (대) 차입금 | 20,000 |

현금

12. 1	자본금	100,000	12. 2	유형자산	70,000
12.31	차입금	20,000	12.15	대여금	15,000
			12.25	급여	10,000

차입금

			12.31	현금	20,000

▎ 재무상태표의 구성 ▎

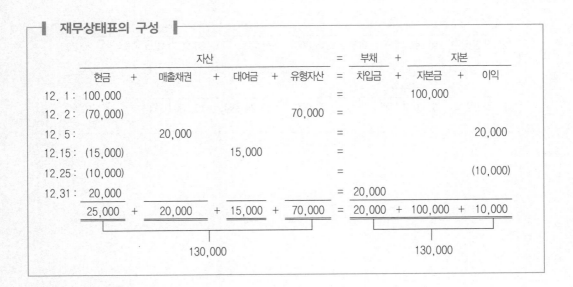

	자산				=	부채	+	자본	
	현금 +	매출채권 +	대여금 +	유형자산	=	차입금 +	자본금 +	이익
12. 1 :	100,000				=		100,000	
12. 2 :	(70,000)			70,000	=			
12. 5 :		20,000			=			20,000
12.15 :	(15,000)		15,000		=			
12.25 :	(10,000)				=			(10,000)
12.31 :	20,000				=	20,000		
	25,000 +	20,000 +	15,000 +	70,000	=	20,000 +	100,000 +	10,000
		130,000					130,000	

2 총계정원장에의 전기

각 계정들을 총계정원장에 모아 놓으면 다음과 같다.

┤ 총계정원장 ├

현금							
12. 1 자본금	100,000	12. 2 유형자산	70,000				
12.31 차입금	20,000	12.15 대여금	15,000				
		12.25 급여	10,000				
		잔액	25,000				

차입금			
잔액	20,000	12.31 현금	20,000

매출채권			
12. 5 매출	20,000	잔액	20,000

자본금			
잔액	100,000	12. 1 현금	100,000

대여금			
12.15 현금	15,000	잔액	15,000

매출			
잔액	20,000	12.5 매출채권	20,000

유형자산			
12. 2 현금	70,000	잔액	70,000

급여			
12.25 현금	10,000	잔액	10,000

3 재무상태표와 손익계산서의 작성

손익계산서

기간개념 ──────▶ 제1기 : 20××년 12월 1일부터
　　　　　　　　　　　20××년 12월 31일까지

수익 :		
	매출	20,000
비용 :		
	급여	10,000
이익 :		10,000

재무상태표

시점개념 ──────▶ 제1기 : 20××년 12월 31일 현재

자산 :			부채 :		
	현금	25,000		차입금	20,000
	매출채권	20,000			
	대여금	15,000	자본 :		
	유형자산	70,000		자본금	100,000
				이익	10,000
자산총계		130,000	부채와 자본총계		130,000

실무상 앞의 거래에 대한 분개장은 아래와 같이 작성되기도 한다.

분개장

월	일	적요	계정번호	차변	대변	잔액
12	1	현금		100,000		
		자본금			100,000	
12	2	유형자산		70,000		
		현금			70,000	
12	5	매출채권		20,000		
		매출			20,000	
12	15	대여금		15,000		
		현금			15,000	
12	25	급여		10,000		
		현금			10,000	
12	31	현금		20,000		
		차입금			20,000	

05 사례Ⅱ-13세기로의 여행

13세기 동양 무역상인 A씨는 투자자로부터 자금을 출자받아 장사를 하고 있다. A씨는 재무제표를 통해서 얼마를 벌었으며 얼마의 재산을 가지고 있는지 투자자들에게 보여주려고 한다. 우리는 A씨의 Consultant가 되어 재무제표가 작성되는 절차에 따라 재무제표를 작성해 보자.

1 분개

| 거래 1 | 1225년 4월 2일 A씨는 투자자들로부터 10억 원을 출자받고 동양무역회사를 설립하였다. |

- 분석 : 자산(현금)증가, 자본(자본금) 증가
- 원칙 : 자산의 증가는 차변에, 자본의 증가는 대변에 기록한다.
- 분개 :

| (차) 현금 | 10억 원 | (대) 자본금 | 10억 원 |

| 거래 2 | 1225년 4월 3일 A씨는 사업자금을 늘리기 위하여 사채업자로부터 10억 원을 차입하였다. |

- 분석 : 자산(현금)증가, 부채(차입금) 증가
- 원칙 : 자산의 증가는 차변에, 부채의 증가는 대변에 기록한다.
- 분개 :

| (차) 현금 | 10억 원 | (대) 차입금 | 10억 원 |

거래 3	1225년 4월 4일 A씨는 현금 20억 원으로 중국에 가서 팔 상품을 구입하였다.

- 분석 : 자산(상품)증가, 자산(현금) 감소
- 원칙 : 자산의 증가는 차변에, 자산의 감소는 대변에 기록한다.
- 분개 :

(차) 상품	20억 원	(대) 현금	20억 원

거래 4	1225년 4월 5일 A씨는 배를 빌리고, 함께 데리고 갈 선원을 뽑아 중국으로 출발하였다.

- 분석 : 재산의 증감을 가져오지 않으므로 회계상의 거래에 해당하지 않는다. 따라서 회계처리를 할 필요가 없다.

거래 5	1225년 5월 4일 A씨는 중국에 도착하여 무역상 왕대인에게 가지고 간 상품을 50억 원에 팔았다.

- 분석 : (1) 자산(현금) 증가, 수익(매출) 발생
         (2) 비용(매출원가) 발생, 자산(상품) 감소
- 원칙 : (1) 자산의 증가는 차변에, 수익의 발생은 대변에 기록한다.
         (2) 비용의 발생은 차변에, 자산의 감소는 대변에 기록한다.
- 분개 :

(차) 현금	50억 원	(대) 매출	50억 원

(차) 매출원가	20억 원	(대) 상품	20억 원

| 거래 6 | 1225년 5월 5일 A씨는 본국에서 팔 목적으로 도자기(상품) 30억 원 어치를 사고 본국으로 출발하였다. |

- 분석 : 자산(상품) 증가, 자산(현금) 감소
- 원칙 : 자산의 증가는 차변에, 자산의 감소는 대변에 기록한다.
- 분개 :

| (차) 상품 | 30억 원 | (대) 현금 | 30억 원 |

| 거래 7 | 1225년 6월 6일 본국에 도착한 A씨는 선박임차료 1억 원과 데리고 간 선원들의 급여 1억 원을 지급하였다. |

- 분석 : 비용(급여) 발생, 자산(현금) 감소
- 원칙 : 비용의 발생은 차변에, 자산의 감소는 대변에 기록한다.
- 분개 :

| (차) 급여 | 1억 원 | (대) 현금 | 2억 원 |
| 임차료 | 1억 원 | | |

| 거래 8 | 1225년 6월 7일 A씨는 찾아온 사채업자에게 이자비용 1억 원을 지급하였다. |

- 분석 : 비용(이자비용) 발생, 자산(현금) 감소
- 원칙 : 비용의 발생은 차변에, 자산의 감소는 대변에 기록한다.
- 분개 :

| (차) 이자비용 | 1억 원 | (대) 현금 | 1억 원 |

2 총계정원장에의 전기

각 계정들을 총계정원장에 모아 놓으면 다음과 같다.

현금				
4.2 자본금	10억 원	4.4 상품	20억 원
4.3 차입금	10억 원	5.5 상품	30억 원
5.4 매출	50억 원	6.6 급여	1억 원
		6.6 임차료	1억 원
		6.7 이자비용	1억 원
		잔액	17억 원

상품			
4.4 현금	20억 원	5.4 매출원가	20억 원
5.5 현금	30억 원	잔액	30억 원

차입금			
잔액	10억 원	4.3 현금	10억 원

자본금			
잔액	10억 원	4.2 현금	10억 원

매출			
잔액	50억 원	5.4 현금	50억 원

매출원가			
5.4 상품	20억 원	잔액	20억 원

급여			
6.6 현금	1억 원	잔액	1억 원

임차료			
6.6 현금	1억 원	잔액	1억 원

이자비용			
6.7 현금	1억 원	잔액	1억 원

3 재무상태표와 손익계산서의 작성

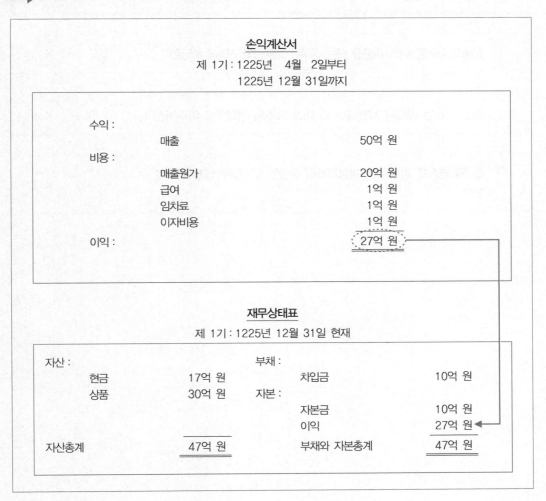

손익계산서

제 1기 : 1225년　4월　2일부터
1225년 12월 31일까지

수익 :		
	매출	50억 원
비용 :		
	매출원가	20억 원
	급여	1억 원
	임차료	1억 원
	이자비용	1억 원
이익 :		27억 원

재무상태표

제 1기 : 1225년 12월 31일 현재

자산 :			부채 :		
	현금	17억 원		차입금	10억 원
	상품	30억 원	자본 :		
				자본금	10억 원
				이익	27억 원
자산총계		47억 원	부채와 자본총계		47억 원

✅ O, X 퀴즈

01 상품의 구매를 위해 주문을 하는 경우는 회계상의 거래에 해당한다.　(O)　(X)

02 모든 거래는 반드시 차변 요소와 대변 요소의 결합으로 이루어진다.　(O)　(X)

03 총계정원장을 이용하면 계정과목의 증감변동상황을 쉽게 파악할 수 있다.　(O)　(X)

01	×	회계상 거래로 인식하기 위해서는 그 거래가 회사의 재산상태에 영향을 미쳐야 하고, 그 영향을 금액으로 측정할 수 있어야 한다.
02	○	복식부기의 원리에 의해 모든 거래는 각각 차변과 대변으로 나누어 이중으로 기록된다.
03	○	총계정원장을 이용하면 계정과목의 증감변동상황을 쉽게 파악할 수 있을 뿐만 아니라 기말 재무상태표와 손익계산서를 작성하는 데 필요한 기본적인 자료를 제공받을 수 있고, 회사 전체의 재무상태와 경영성과를 개괄적으로 파악할 수 있다.

Chapter

계정과목
이해하기

2

I 자산계정 살펴보기

자산(asset)은 과거 거래나 사건의 결과로서 보고기간종료일 현재 기업에 의해 지배되고 미래에 경제적 가치를 창출할 것으로 기대되는 자원이다. 자산은 보고기간종료일부터 1년 혹은 정상영업주기 이내에 현금화가 가능한지 여부에 따라 유동자산과 비유동자산으로 분류된다.

01 유동자산

1 당좌자산

1) 현금및현금성자산

① 현금및현금성자산의 의의

우리가 일상생활에서 돈·현금·금전이라고 부르는 것을 회계상으로 현금이라고 하며, 현금은 아니지만 현금과 동일한 가치를 지니는 것을 현금성자산이라고 한다. 현금은 회사의 자산 중에서도 유동성이 가장 높은 자산으로서 회사가 영업활동을 하는데 필요한 재화나 용역을 구입하는데 사용되는 대표적인 구입수단이 된다. 회사의 모든 거래는 현금의 입금과 출금으로 귀결되기 마련이고 어떤 계정보다도 거래의 빈도수가 많기 때문에 오류나 금전사고가능성이 큰 것이 특징이다. 또한, 현금은 성격상 도난이나 분실의 위험이 매우 높은 자산이므로 현금의 관리를 위한 철저한 내부통제 제도를 갖출 필요가 있다.

② 현금및현금성자산의 범위

회계상 현금으로 분류되기 위해서는 교환의 매개로 사용될 수 있어야 한다. 일반적으로 우리는 지폐나 동전만을 현금이라고 생각하지만 회계상 현금에는 지폐나 동전뿐만 아니라, 이들과 마찬가지로 교환의 매개로 사용될 수 있는 통화대용증권도 현금의 범위에 포함된다.

  ㉠ 통화대용증권 : 언제라도 현금으로 바꾸어 쓸 수 있는 것
  ㉡ 통화대용증권의 예

• 자기앞수표	• 타인발행수표
• 송금수표	• 여행자수표
• 우편환증서	• 만기가 된 공사채의 이자표 등

예 제

(주)삼일은 D상사에 상품 1,000,000원을 판매하고, 대금을 다음과 같이 받았다.
현금으로 계상할 금액은 얼마인가?

지폐	300,000원	자기앞수표	500,000원
D상사 발행수표	150,000원	우편환증서	50,000원

풀 이

$$\text{현금} = \frac{\text{지폐}}{300,000원} + \frac{\text{자기앞수표}}{500,000원} + \frac{\text{타인발행수표}}{150,000원} + \frac{\text{우편환증서}}{50,000원}$$
$$= 1,000,000원$$

현금성자산은 당좌예금, 보통예금 및 큰 거래비용 없이 현금으로 전환이 용이하고 이자율 변동에 따른 가치변동의 위험이 경미한 금융상품으로서 취득 당시 만기일(또는 상환일)이 3개월 이내인 것을 말한다.

③ 현금의 회계처리

현금은 자산이므로 현금이 들어온 경우 차변에, 현금이 나간 것은 대변에 기재한다.

㉠ 현금이 들어오는 경우
ⓐ 상품을 판매하거나 용역을 제공하고 수금한 경우
ⓑ 예금을 인출한 경우
ⓒ 현금을 빌린 경우 등이며 각각의 회계처리는 다음과 같다.

063

ⓐ	자산증가			수익발생		
	(차) 현금		×××	(대) 매출		×××
ⓑ	자산증가			자산감소		
	(차) 현금		×××	(대) 예금		×××
ⓒ	자산증가			부채증가		
	(차) 현금		×××	(대) 차입금		×××

ⓛ 현금이 나가는 경우

  ⓐ 상품을 구입하는 경우

  ⓑ 은행에 예금하는 경우

  ⓒ 급여를 지급하는 경우 등이며 각각의 회계처리는 다음과 같다.

ⓐ	자산증가			자산감소		
	(차) 상품		×××	(대) 현금		×××
ⓑ	자산증가			자산감소		
	(차) 예금		×××	(대) 현금		×××
ⓒ	비용발생			자산감소		
	(차) 급여		×××	(대) 현금		×××

예제

다음 거래를 분개하시오.

B회사로부터 상품을 구입하고, 대금 300,000원 중 200,000원은 C회사로부터 받은 자기앞수표로 지급하고, 잔액은 현금으로 지급하였다.

풀이

자기앞수표도 현금이다.

(차) 상품	300,000	(대) 현금	300,000

현금계정을 T계정으로 나타내면 다음과 같다.

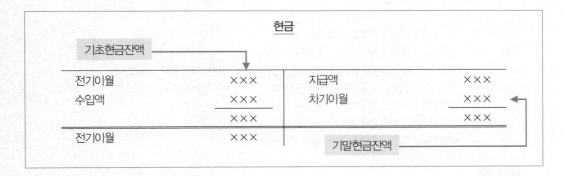

현금계정에서 현금의 증가는 수입액으로 차변에 기입되고, 감소는 지급액으로 대변에 기입된다. 전기이월은 기초현금이고, 차기이월은 기말현금이다. 차기이월은 잔액 또는 시재액이라고도 한다. 전기이월과 수입액을 합한 차변합계가 당기에 이용가능한 현금이 된다.

④ 현금출납장

현금출납장은 매일 발생하는 현금의 수입과 지출을 기록하는 보조장부이다.

회사의 현금담당자는 돈이 들어오고 나갈 때마다 이들 관련 증빙을 같이 검토하여 전표를 작성한다. 전표를 작성한 후 현금출납장에 전표의 내용을 기재하고 하루를 마감하면서 금고 안의 현금시재액과 현금출납장의 기재액을 대조한다.

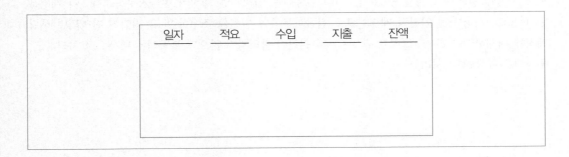

다음의 거래를 현금출납장에 기입해 보자.
5월 1일 전월에 이월된 현금 550,000원이 있다.
5월 3일 A회사로부터 상품을 매입하고, 대금 300,000원을 현금으로 지급하다.
5월 10일 B회사에 상품을 400,000원에 판매하고, 대금은 자기앞수표로 받다.
5월 15일 C은행에 350,000원을 당좌예금하다.
5월 20일 C은행에서 200,000원을 인출하다.
5월 31일 월말현금잔액을 계산하고 차월로 이월하다.

풀 이

현금출납장

월일		적요	수입	지출	잔액
5	1	전월이월	550,000		550,000
	3	A회사로부터 상품매입		300,000	250,000
	10	B회사에 상품매출	400,000		650,000
	15	C은행에 당좌예입		350,000	300,000
	20	C은행에서 예금인출	200,000		500,000
			1,150,000	650,000	
	31	차월이월		500,000	
			1,150,000	1,150,000	
6	1	전월이월	500,000		500,000

⑤ 현금과부족

현금은 그 특성상 소액의 거래가 빈번하게 발생하므로, 실제로 소유하고 있는 현금과 장부상의 현금 사이에 차이가 발생할 수 있다. 이때 사용하는 임시적인 계정이 현금과부족이다. 이 계정은 일시적으로 사용하는 임시적 계정이므로 현금과부족의 원인을 조사하여 그 원인이 판명되면 해당 계정에 대체하여야 한다. 그리고 결산시까지 원인이 밝혀지지 않으면 부족액은 비용으로 처리하고, 초과액은 수익으로 처리한다.

예 제

실제 소유하고 있는 현금 > 장부상의 현금

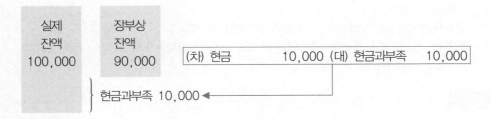

풀 이

1. 원인을 아는 경우 : 예를 들어 예금이자의 기입을 누락한 것이었다면

   (차) 현금과부족   10,000   (대) 이자수익   10,000
2. 원인을 모르는 경우 :

   (차) 현금과부족   10,000   (대) 잡이익   10,000

예 제

실제 소유하고 있는 현금 < 장부상의 현금

풀 이

1. 원인을 아는 경우 : 예를 들어 광고비 지급기입을 누락한 것이었다면

   (차) 광고비   10,000   (대) 현금과부족   10,000
2. 원인을 모르는 경우 :

   (차) 잡손실   10,000   (대) 현금과부족   10,000

   현금과부족액이 근소한 금액일 경우에는 잡손실·잡이익으로 처리하여도 무방하겠지만, 거액일 경우에는 반드시 원인을 추적하여 적절한 계정으로 대체하여야 한다.

현금과부족의 원인으로는 기장상의 오류, 도난·분실, 현금수입·지출의 착오 등이 있다.

예 제

다음 거래를 분개하시오.
1. 실제현금잔액이 장부잔액보다 60,000원 부족함을 발견하다.
2. 불일치의 원인을 조사한 결과 40,000원은 보험료 지급기입이 누락되었으나, 나머지 금액에 대해서는 그 원인을 알 수 없었다.

풀 이

1. (차) 현금과부족	60,000	(대) 현금			60,000
2. (차) 보험료	40,000	(대) 현금과부족			60,000
잡손실	20,000				

---

⑥ 소액현금(전도금) 제도

회사의 각 부서에는 잡다한 소모품을 사거나 일상적인 교통비등 소액의 경비가 발생한다. 적시에 관리하고 지급하기 위해서 일정기간 동안에 소액의 현금지출을 위한 일정액의 자금을 준비해두고 소액의 현금지출을 회계처리 없이 사용한 다음, 일정기간 경과 후 소액현금의 사용부분을 재충당 하는 시점에서 그 기간 동안에 사용한 소액지출에 대한 회계처리를 하는데 이를 소액현금제도라 한다.

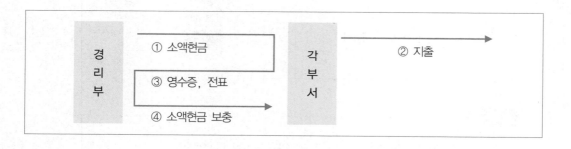

예 제

다음 거래를 분개하시오.
1. 9월 1일 : 300,000원을 전도금으로 지급하다.
2. 9월 30일 : 전도금 중 사용내역을 다음과 같이 통보받다.

교통비	100,000원	소모품비	40,000원
통신비	50,000원	접대비	30,000원
잡비	20,000원		

3. 9월 30일 : 현금으로 사용액을 보충해 주다.

풀 이

1.	(차) 소액현금	300,000	(대) 현금	300,000
2.	(차) 교통비	100,000	(대) 소액현금	240,000
	소모품비	40,000		
	통신비	50,000	모두 비용계정	
	접대비	30,000		
	잡비	20,000		
3.	(차) 소액현금	240,000	(대) 현금	240,000

⑦ 수표를 활용하기 위하여 만든 구좌 : 당좌예금

수표를 사용하기 위해서 은행과 계약을 맺는데 이 계약을 당좌계약이라고 하고, 이때 필요에 따라 수표를 발행하여 현금을 인출할 수 있도록 하기 위하여 만든 예금을 당좌예금이라고 한다.

☐ **당좌예금**

은행과의 당좌거래약정에 의하여 회사가 예금액의 범위내에서 어음과 당좌수표를 발행하고 어음·수표의 대금을 은행이 지급할 수 있도록 하기 위하여 예치하는 예금

당좌예금은 물품대금의 지급 시 수표나 어음을 사용함으로써 은행이 대금지급을 대행해주는 셈이 되어 영업상 편리한 예금이다. 당좌예금의 인출은 별도의 계약이 없는 한 당좌예금의 잔액 범위 내에서 행해지는 것이 원칙이다. 따라서 현금이나 타인발행수표 등이 들어오면 그 잔액이 증가하며, 수표가 발행되면 그 잔액이 감소한다.

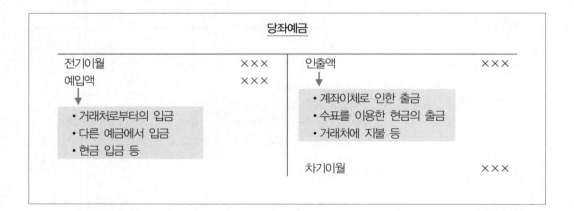

당좌예금

전기이월	×××	인출액	×××
예입액	×××		
• 거래처로부터의 입금		• 계좌이체로 인한 출금	
• 다른 예금에서 입금		• 수표를 이용한 현금의 출금	
• 현금 입금 등		• 거래처에 지불 등	
		차기이월	×××

예제

다음 거래를 분개하시오.
5월 30일 : 현금 1,000,000원을 당좌예입하였다.
6월 5일 : 수표 500,000원을 발행하여 미지급금을 지급하다.

풀이

① 5. 30 :

자산증가		자산감소	
(차) 당좌예금	1,000,000	(대) 현금	1,000,000

② 6. 5 :

부채감소		자산감소	
(차) 미지급	500,000	(대) 당좌예금	500,000

⑧ 당좌차월

원칙적으로 회사는 당좌예금의 잔액을 초과하여 수표를 발행할 수 없다. 그러나 은행과 계약을 체결하면 한도 내에서 필요에 따라 당좌예금의 잔액을 초과하여 수표를 발행할 수 있다. 이렇게 당좌예금의 잔액을 초과하여 지급된 금액을 당좌차월이라 하고 부채로서 단기차입금이라는 계정과목으로 분류한다.

□ **당좌차월**

일정한 한도 내에서는 예금잔액을 초과하여 수표나 어음을 발행할 수 있도록 계약을 맺는데 이때 예금잔액을 초과하여 지급된 금액

예를 들어 보자.

회사는 은행과 3,000,000원을 한도로 하는 당좌차월계약을 맺었다.

당좌예금잔액은 5,000,000원이지만 7,000,000원 상당의 수표를 발행해도 은행에서는 지급거절을 하지 않고 7,000,000원을 지급해 준다.

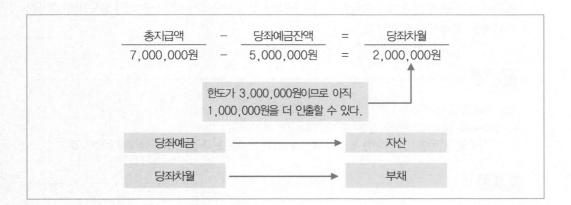

총지급액	−	당좌예금잔액	=	당좌차월
7,000,000원	−	5,000,000원	=	2,000,000원

한도가 3,000,000원이므로 아직
1,000,000원을 더 인출할 수 있다.

| 당좌예금 | ⟶ | 자산 |
| 당좌차월 | ⟶ | 부채 |

예 제

다음 거래를 분개하시오.

1. 외상으로 100,000원 상당의 상품을 구입했다.
2. 수표를 발행하여 위의 외상매입대금을 지급하였다.
   (당좌예금잔액 : 80,000원, 당좌차월한도 : 40,000원)

풀 이

1.
자산증가		부채증가	
(차) 상품	100,000	(대) 외상매입금	100,000

2.
부채감소		자산감소/부채증가	
(차) 외상매입금	100,000	(대) 당좌예금	80,000
		당좌차월	20,000

2) 단기투자자산

① 단기투자자산의 의의

단기투자자산은 기업이 여유자금의 활용 목적으로 보유하는 자산으로 단기적 자금운용목적으로 소유하거나 기한이 1년 이내에 도래하는 것을 말한다.

② 단기투자자산의 범위

ㄱ 단기금융상품 : 단기금융상품은 정기예금·정기적금·사용이 제한되어 있는 예금 및 양도성 예금증서(CD)·환매채(RP) 등 정형화된 금융기관의 상품으로 단기적 자금운용목적으로 취득하거나 기한이 보고기간말로부터 1년 이내에 도래하는 금융상품 중 현금성자산에 속하지 아니하는 금융상품을 말한다.

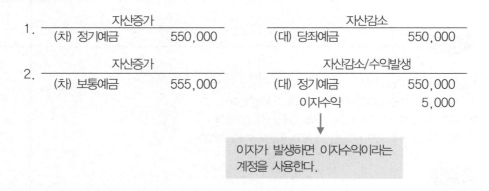

예제

다음 거래를 분개하시오.
1. 당좌수표 550,000원을 발행하여 정기예금에 예입하였다.
2. 정기예금의 만기가 도래하여 동 정기예금을 이자 5,000원과 함께 보통예금에 예입하였다.

풀이

	자산증가		자산감소	
1.	(차) 정기예금	550,000	(대) 당좌예금	550,000

	자산증가		자산감소/수익발생	
2.	(차) 보통예금	555,000	(대) 정기예금	550,000
			이자수익	5,000

이자가 발생하면 이자수익이라는 계정을 사용한다.

ㄴ 단기대여금: 금전대차계약에 따른 자금의 대여거래로 발생한 회수기간이 1년 내에 도래하는 채권이다.

ㄷ 유가증권: 유가증권 중 단기매매증권과 1년 내에 만기가 도래하거나 처분할 것이 거의 확실한 매도가능증권, 1년 내에 만기가 도래하는 만기보유증권은 단기투자자산으로 분류한다.

3) 유가증권회계

① 유가증권의 의의

유가증권은 재산권을 나타내는 증권을 말하며, 실물이 발행된 경우도 있고, 명부에 등록만 되어 있을 수도 있다. 유가증권은 적절한 액면금액단위로 분할되고 시장에서 거래되거나 투자의 대상이 된다. 유가증권에는 지분증권과 채무증권이 포함된다.

지분증권(Equity Securities)이란 회사, 조합 등의 순자산에 대한 소유지분과 관련된 권리를 표시하는 유가증권을 말한다.

채무증권(Debt Securities)이란 발행자에 대하여 금전을 청구할 수 있는 권리를 표시하는 유가증권을 말한다. 채무증권에는 국채, 공채, 사채, 전환사채, 신주인수권부사채 등이 포함된다.

② 유가증권 취득시점의 회계처리

기업이 유가증권을 취득한 경우에는 당해 유가증권을 어떤 계정과목으로 분류해서 취득원가를 얼마로 할 것인지 결정해야 한다.

  ㉠ 유가증권의 분류

  유가증권은 취득시 투자회사의 유가증권에 대한 보유의도, 보유능력, 매매의 빈번한 발생여부 등에 따라 만기보유증권, 단기매매증권, 그리고 매도가능증권 중의 하나로 분류한다.

  • 만기보유증권

  만기가 확정된 채무증권으로서 상환금액이 확정되었거나 확정이 가능한 채무증권을 만기까지 보유할 적극적인 의도와 능력이 있는 경우에는 만기보유증권으로 분류한다.

  • 단기매매증권

  단기매매증권은 주로 단기간 내의 매매차익을 목적으로 취득한 유가증권으로서 매수와 매도가 적극적이고 빈번하게 이루어지는 것을 말한다. 따라서 단기매매증권은 첫째, 단기간 내의 매매차익을 목적으로 하고, 둘째, 매수와 매도가 적극적이고 빈번하여야 함을 요건으로 한다.

  • 매도가능증권

  단기매매증권이나 만기보유증권으로 분류되지 아니하는 유가증권은 매도가능증권으로 분류한다.

주식

채권

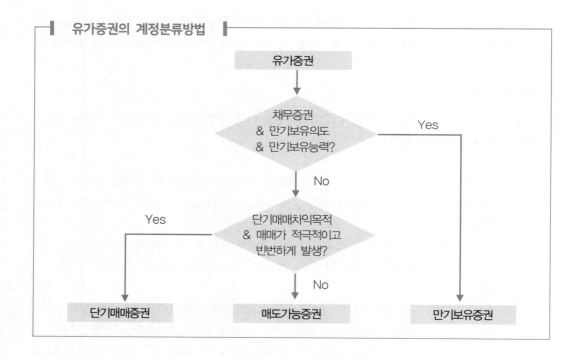

유가증권의 계정분류방법

유가증권

채무증권
& 만기보유의도
& 만기보유능력?
→ Yes

No

단기매매차익목적
& 매매가 적극적이고
빈번하게 발생?
Yes →

No

단기매매증권　　　매도가능증권　　　만기보유증권

ⓛ 유가증권의 취득원가

　　유가증권은 최초 인식시 공정가치로 측정하며, 이는 일반적으로 거래가격이다. 다만, 최초
취득 이후 공정가치로 측정하고 공정가치의 변동을 당기손익으로 인식하는 단기매매증권이
아닌 경우 당해 유가증권의 취득과 직접 관련되는 거래원가는 최초 인식하는 공정가치에 가
산해야 한다.

(주)삼일은 20×1년 1월 1일에 (주)하나의 주식을 1,000,000원에 현금으로 취득하였으며, 이 때 매매수료 1,800원이 발생하였다. 이 경우 (주)삼일의 주식취득과 관련한 회계처리를 하시오(단, (주)삼일의 유가증권은 매도가능증권으로 분류된다).

매도가능증권의 취득원가는 제공한 대가에 취득부대비용을 가산한 금액으로 한다. 그러므로 당해 매도가능증권의 취득원가는 1,001,800원으로 계상된다.

자산증가		자산감소	
(차) 매도가능증권	1,001,800	(대) 현금	1,001,800

③ 유가증권 보유기간중의 회계처리

㉠ 배당금 및 이자수익의 인식

유가증권을 보유하면 발행회사로부터 배당금이나 이자를 받게 된다. 이는 투자회사 입장에서는 수익이 발생한 것이므로 손익계산서에 반영해야 한다. 주식 등의 지분증권을 보유하고 있는 중에 배당금을 받으면 배당금수익으로 계상하고, 사채나 국·공채 등의 채권증권을 보유하여 이자를 받으면 이자수익으로 계상한다.

• 지분증권의 경우−배당금수익의 인식

(차) 현금및현금성자산	×××	(대) 배당금수익	×××

• 채권증권의 경우−이자수익의 인식

(차) 현금및현금성자산	×××	(대) 이자수익	×××

㉡ 유가증권의 평가

• 단기매매증권−공정가치

단기매매증권은 공정가치로 평가하며 이때 발생하는 단기매매증권에 대한 평가손익은 당기손익항목으로 처리한다. 이 경우 공정가치의 최선의 추정치는 활성시장에서 공시되는 가격이다.

- 매도가능증권-공정가치(예외적으로 취득원가)

  매도가능증권은 공정가치로 평가하며 이때 발생하는 평가손익은 기타포괄손익누계액항목으로 처리한다. 이 경우 공정가치의 최선의 추정치는 활성시장에서 공시되는 가격이다. 당해 유가증권에 대한 기타포괄손익누계액항목의 누적금액은 그 유가증권을 처분하거나 손상차손을 인식하는 시점에 일괄하여 당기손익에 반영한다. 다만, 매도가능증권 중 시장성이 없는 지분증권의 공정가치를 신뢰성 있게 측정할 수 없는 경우에는 취득원가로 평가한다.

- 만기보유증권-상각후원가

  만기보유증권은 상각후원가로 평가하여 재무상태표에 표시한다. 만기보유증권을 상각후원가로 측정할 때에는 장부금액과 만기액면금액의 차이를 상환기간에 걸쳐 유효이자율법에 의하여 상각하여 취득원가와 이자수익에 가감한다.

예제

(주)삼일은 20×1년 1월 1일에 (주)하나의 주식 100주를 공정가치인 1,000,000원에 취득하여, 20×1년 12월 31일 현재 계속 보유 중이며 이 주식의 20×1년 12월 31일 현재 공정가치는 1,200,000원이다. 이 경우 다음의 상황별로 (주)삼일의 20×1년 1월 1일과 20×1년 12월 31일의 회계처리를 하시오.
1. 단기매매증권으로 분류되는 경우
2. 매도가능증권으로 분류되는 경우

풀이

1. 단기매매증권으로 분류되는 경우

   단기매매증권은 공정가치로 평가하며 관련 평가손익은 당기손익에 반영해야 한다. 그러므로 단기매매증권으로 분류되는 경우의 회계처리는 다음과 같다.

   20×1. 1. 1 :

(차) 단기매매증권	1,000,000	(대) 현금	1,000,000

   20×1. 12. 31 :

(차) 단기매매증권	200,000	(대) 단기매매증권평가이익 (당기손익)	200,000

2. 매도가능증권으로 분류되는 경우

   매도가능증권은 원칙적으로 공정가치로 평가하며 관련 평가손익은 기타포괄손익누계액으로 계상해야 한다. 그러므로 매도가능증권으로 분류되는 경우의 회계처리는 다음과 같다.

   20×1. 1. 1 :

(차) 매도가능증권	1,000,000	(대) 현금	1,000,000

20×1. 12. 31 :

(차) 매도가능증권	200,000	(대) 매도가능증권평가이익 (기타포괄손익누계액)	200,000

④ 유가증권 양도시점의 회계처리

　유가증권을 보유하다가 양도한 경우에는 당해 유가증권을 재무상태표에서 제거하면서 관련 처분손익을 인식해야 한다. 유가증권의 양도에 관한 회계처리에 대해 단기매매증권을 양도하는 경우와 매도가능증권을 양도하는 경우로 나누어 살펴보자.

㉠ 단기매매증권을 양도하는 경우

　단기매매증권을 양도한 경우에는 당해 유가증권의 양도금액과 장부금액의 차액을 처분손익으로 하여 당기손익으로 인식해야 한다. 양도금액이 장부금액보다 큰 경우와 작은 경우에 따른 회계처리는 다음과 같다.

• 양도금액＞장부금액인 경우

(차) 현금및현금성자산	×××	(대) 단기매매증권 단기매매증권처분이익	××× ×××

• 양도금액＜장부금액인 경우

(차) 현금및현금성자산 단기매매증권처분손실	××× ×××	(대) 단기매매증권	×××

㉡ 매도가능증권을 양도하는 경우

　매도가능증권을 양도한 경우에는 매도가능증권과 관련 계정잔액을 모두 제거해야 한다. 즉, 매도가능증권계정 잔액뿐만 아니라 기타포괄손익누계액에 기록되어 있는 평가손익계정도 함께 제거해야 한다. 그러므로 당해 매도가능증권과 관련된 평가손익이 기타포괄손익누계액에 계상되어 있으면 이를 상계제거하면서 동 금액을 처분손익에 가감해야 한다. 그러므로 매도가능증권의 처분손익은 양도금액과 취득원가의 차이금액이 될 것이다. 예를 들어 양도금액이 취득원가보다 큰 경우, 양도 전 시점에 기타포괄손익누계액으로 평가이익이 계상된 경우와 평가손실이 계상된 경우를 나누어 생각해보면 매도가능증권의 양도에 관한 회계처리는 다음과 같다.

• 양도 전 시점에 매도가능증권평가이익(기타포괄손익누계액)이 계상된 경우

(차) 현금및현금성자산	×××	(대) 매도가능증권	×××
매도가능증권평가이익	×××	매도가능증권처분이익	×××
(기타포괄손익누계액)			

• 양도 전 시점에 매도가능증권평가손실(기타포괄손익누계액)이 계상된 경우

(차) 현금및현금성자산	×××	(대) 매도가능증권	×××
		매도가능증권평가손실	×××
		(기타포괄손익누계액)	
		매도가능증권처분이익	×××

예 제

(주)삼일은 20×1년 1월 1일에 (주)하나의 주식 100주를 공정가치인 1,000,000원에 취득하였으며 이 주식의 20×1년 12월 31일 현재 공정가치는 900,000원이다. (주)삼일은 20×2년 3월 1일에 이 주식을 1,200,000원에 모두 양도하였다. 이 경우 다음의 상황별로 (주)삼일의 주식취득시점부터 양도시점까지의 회계처리를 하시오.
1. 단기매매증권으로 분류되는 경우
2. 매도가능증권으로 분류되는 경우

풀 이

1. 단기매매증권으로 분류되는 경우
   20×1. 1. 1 :

| (차) 단기매매증권 | 1,000,000 | (대) 현금 | 1,000,000 |

   20×1. 12. 31 :

| (차) 단기매매증권평가손실 | 100,000 | (대) 단기매매증권 | 100,000 |
| (당기손익) | | | |

   20×2. 3. 1 :

| (차) 현금 | 1,200,000 | (대) 단기매매증권 | 900,000 |
| | | 단기매매증권처분이익 | 300,000* |

* 단기매매증권처분이익=양도금액-기초장부금액=1,200,000-900,000=300,000

2. 매도가능증권으로 분류되는 경우

20×1. 1. 1 :

(차) 매도가능증권   1,000,000   (대) 현금   1,000,000

20×1. 12. 31 :

(차) 매도가능증권평가손실   100,000   (대) 매도가능증권   100,000

     (기타포괄손익누계액)

20×2. 3. 1 :

(차) 현금   1,200,000   (대) 매도가능증권   900,000

                                매도가능증권평가손실   100,000

                                (기타포괄손익누계액)

                                매도가능증권처분이익   200,000[*]

     * 매도가능증권처분이익＝양도금액－취득원가＝1,200,000－1,000,000＝200,000

⑤ 유가증권의 재무제표 표시

단기매매증권은 유동자산 중의 당좌자산으로 분류하고, 매도가능증권과 만기보유증권은 비유동자산 중의 투자자산으로 분류한다. 다만, 보고기간종료일로부터 1년 내에 만기가 도래하거나 또는 매도 등에 의하여 처분할 것이 거의 확실한 매도가능증권과 보고기간종료일로부터 1년 내에 만기가 도래하는 만기보유증권은 유동자산 중의 당좌자산으로 분류한다.

4) 채권·채무 회계

① 채권·채무의 의의

채권이란 회사가 다른 회사나 사람에 대하여 현금이나 재화 또는 용역을 요구할 수 있는 권리를 말하는 것이며 채무란 반대로 회사가 다른 회사나 사람에 대하여 현금이나 재화 또는 용역을 지불해야 하는 의무를 말한다.

이러한 채권·채무는 그 성격에 따라 다음과 같이 분류된다.

㉠ 일반적인 상품거래에서 발생한 채권·채무

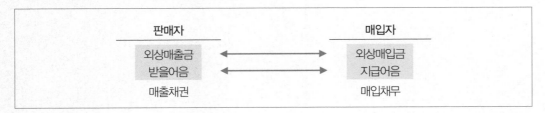

ⓛ 일반적인 상품거래 이외에서 발생한 채권 · 채무

판매자	매입자
미수금 ←————————→ 미지급금	

② 상품거래에서 발생한 채권 · 채무 : 외상매출금과 외상매입금

㉠ 의의

상품매매업을 영위하는 A회사가 판매가 100,000원에 상당하는 상품을 팔았는데 구입한 거래처인 B회사에서 판매대금을 한달 후에 주기로 하였다고 하자. 상품을 팔았으므로 수익이 발생했고 외상으로 판매했으므로 후에 돈을 받을 수 있는 권리 즉, 자산이 발생했다. 이렇게 회사의 주된 영업활동인 상품이나 제품을 판매하거나 용역을 제공하고 발생한 채권을 회계상 외상매출금이라고 한다.

자산증가	수익발생
(차) 외상매출금 100,000	(대) 매출 100,000

그러면 상품을 구입한 B회사 입장에서 보자.

상품을 샀으므로 자산이 증가했고 외상으로 구입했으므로 후에 돈을 지불하여야 하는 의무 즉, 채무가 발생했다. 이렇게 회사의 주된 영업활동을 위하여 상품이나 제품을 구입하거나 용역을 제공받아 발생한 채무를 회계상 외상매입금이라고 한다.

자산증가	부채증가
(차) 상품 100,000	(대) 외상매입금 100,000

ⓛ 회계처리

상품을 외상으로 매출하면 자산이 증가하므로 외상매출금계정의 차변에 기입하고, 회수하면 외상매출금계정의 대변에 기입한다.

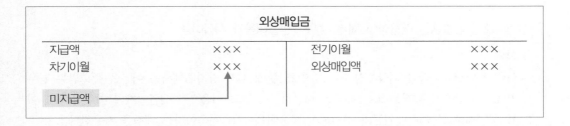

외상매입금은 반대로 생각하면 된다. 상품을 외상으로 매입하면 외상매입금계정의 대변에 기입하고, 지급하면 외상매입금계정의 차변에 기입한다.

ⓒ 외상매출금·외상매입금의 관리 – 매출처원장·매입처원장

일반적으로 회사는 여러 거래처와 외상거래를 한다. 이런 경우에는 외상매출금·외상매입금의 전체잔액 외에 거래처별 개별잔액을 파악하고 있어야 외상매출금·외상매입금에 대한 관리를 효율적으로 할 수 있다. 이를 위하여 보조원장을 만들어 외상매출금·외상매입금을 거래처별로 설정하여 관리하는 것이 편리하다.

이와 같이 외상매출처·외상매입처가 많은 경우에 외상매출금·외상매입금을 거래처별로 따로 관리하는 보조부를 만드는데 이를 매출처원장·매입처원장이라고 한다. 매출처원장을 예시하면 다음과 같다.

081

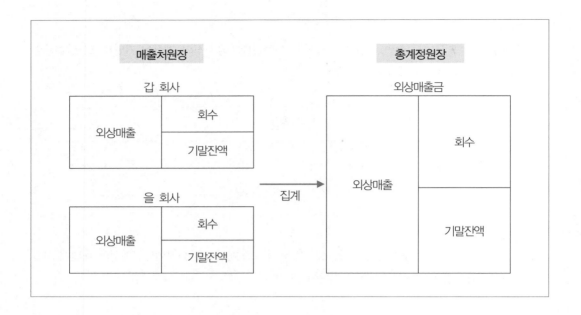

③ 상품거래에서 발생한 어음상의 채권·채무 : 받을어음과 지급어음

　㉠ 의의

　　앞에서 외상매출금과 외상매입금을 살펴보았는데 실제 상거래에서는 어음을 주고받는 경우
　　가 많다. 상품이나 제품 또는 용역을 제공하거나 받고 어음으로 대금결제가 이루어질 때 이
　　를 외상매출금·외상매입금과 구별하여 받을어음·지급어음이라는 계정을 사용한다.

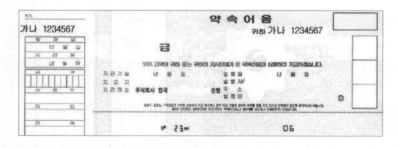

ⓛ 회계처리

• 상품 200,000원을 매출하고, 대금은 약속어음으로 받았다.

자산증가		수익발생	
(차) 받을어음	200,000	(대) 매출	200,000

• 만기일에 위 어음대금이 은행에 입금되었다.

자산증가		자산감소	
(차) 당좌예금	200,000	(대) 받을어음	200,000

• 상품 100,000원을 매입하고, 대금은 약속어음을 발행하여 지급하다.

자산증가		부채증가	
(차) 상품	100,000	(대) 지급어음	100,000

• 만기일이 되어 위 어음대금이 지급되었다.

부채감소		자산감소	
(차) 지급어음	100,000	(대) 당좌예금	100,000

---

④ 대손충당금 설정

　모든 채권을 100% 회수하기는 쉽지 않다. 채권자의 사정, 파산, 재해 등으로 인하여 재무상태표에 계상되어 있는 채권은 어느 정도 회수불가능한 위험을 가지고 있다.

　일반기업회계기준은 재무상태표상 매출채권을 회수가능한 금액으로 표시하도록 하고 있다. 따라서 현재 매출채권 중 회수가 불가능한 금액을 합리적으로 추정하여 동 금액(이 금액을 대손추산액이라 한다)만큼을 매출채권에서 차감해야 하는데 매출채권을 직접 차감하지 않고 대손충당금이라는 계정을 통해 매출채권을 간접적으로 감소시키게 된다. 또한 대손충당금의 설정으로 인한 자산감소액을 비용으로 처리해야 하는데 이때 사용하는 비용계정이 대손상각비이다.

- 대손추산액 : 보유중인 채권 잔액 중 회수하지 못할 것으로 예상되는 금액
- 대손충당금 : 대손추산액으로 인하여 감소되어야 할 채권잔액을 간접적으로 차감시키는 채권의 차감계정
- 대손상각비 : 대손충당금의 설정으로 인한 채권감소액에 대한 비용 설정액

재무상태표

⋮

매출채권	×××
대손충당금	(×××)

⋮

┃ 대손추산액을 산정하는 방법 ┃

대손충당금을 설정하기 위해 대손추산액을 합리적으로 산정해야 한다. 일반적으로 대손추산액을 산정하는 방법에는 단일추정률적용법과 연령분석법이 있다.

㉠ 단일추정률적용법
  과거 수년간의 매출채권에 대한 실제 대손액을 계산하고, 기말의 매출채권 전체 잔액에 대하여 단일의 대손율을 곱해서 대손예상액을 산정하는 방법이다.
㉡ 연령분석법
  기말의 매출채권 잔액을 상환기일의 경과정도에 따라 몇 단계로 분류해서 각 분류단계별로 대손추정률을 산정하여 대손예상액을 산정하는 방법이다. 물론, 오래된 매출채권일수록 대손추정률을 높게 적용해야 한다.

(주)삼일의 기말 매출채권 가액은 100원이고 기말 대손추계액은 20원이었다. 기초 대손충당금은 10원, 기중 거래처 부도로 대손발생액이 5원이라면 기말 결산시 대손충당금 15원을 추가로 인식하고 대손상각비로 처리하면 된다.

기말 매출채권 100
(재무상태표)

매출채권 순장부가액 80
(재무상태표)

기말 대손충당금 20

기중 대손발생액 5

대손상각비 15
(손익계산서)

기초 대손충당금 10

※ 기중 거래처 부도시 회수불가능한 매출채권을 비용으로 인식하는 것이 아니라 우선 대손충당금과 상계한다.

예 제

12월 31일 현재 외상매출금 잔액이 4,000,000원이고 이 채권잔액의 1%를 대손충당금으로 설정하고자 한다.
그러면 기말에 다음과 같은 수정분개를 해야 한다.

풀 이

비용발생		자산감소	
(차) 대손상각비	40,000	(대) 대손충당금 *	40,000

* 단지 평가를 위한 것에 불과하므로 외상매출금에서 직접 차감하지 않는다.

자산의 감소는 대변에 기재한다. 대손충당금은 간접적으로 자산을 감소시키는 계정이므로 대변에 기재한다.

대손충당금

40,000

* 재무상태표에 표시되는 형식은 아래와 같다.

재무상태표

유동자산	
⋮	
외상매출금	4,000,000
대손충당금	(40,000)
⋮	

⑤ 상품거래 이외에서 발생한 채권·채무 : 미수금과 미지급금

유가증권이나 건물 등을 구입하고 대금은 뒤에 주기로 했다면 어떤 계정과목으로 회계처리 해야 할까? 상품 이외의 자산을 팔아서 생긴 채권은 미수금이라는 계정과목으로 회계처리하고 반대의 경우는 미지급금이라는 계정과목으로 회계처리 한다.

예를 들어 제조업을 영위하는 회사가 사용하던 기계장치를 외상으로 판매한 경우 이는 영업활동과 관련된 재고자산의 판매가 아니므로 매출채권이 아닌 미수금으로 회계처리 하는 것이다.

예제

다음 거래를 분개하시오.
1. 의류업을 영위하는 (주)삼일은 장부금액 1,000,000원의 기계장치를 1,000,000원에 외상 판매 하였다.
2. (주)삼일은 토지를 2,000,000원에 구입하고 대금은 한달 후에 지급하기로 하였다.

풀이

	자산증가			자산감소	
1.	(차) 미수금	1,000,000		(대) 기계장치	1,000,000

	자산증가			부채증가	
2.	(차) 토지	2,000,000		(대) 미지급금	2,000,000

⑥ 기타의 채권·채무

지금까지 다뤘던 채권·채무 외에도 기타의 채권·채무거래가 기업활동에서 발생하게 되며 이를 회계사건별로 채권자와 채무자 각각의 재무상태표 계정으로 나눠보면 다음과 같다.

회계 사건	채권자 계정	채무자 계정
상품의 인수, 인도 전 상품대금을 주고받은 경우	선급금	선수금
실제로 현금의 수입이나 지급은 있었으나, 처리할 계정과목과 금액이 확정될 때까지의 임시계정	가지급금	가수금
당기의 수익 또는 비용을 인식	미수수익	미지급비용
당기의 수익 또는 비용을 이연	선급비용	선수수익

2 재고자산

재고자산이란 영업활동과정에서 판매목적으로 보유하고 있는 자산이다.

회사가 보유하고 있는 재고자산은 회사의 특성에 따라 다르다. 판매업을 영위하는 회사는 상품이 주요 재고자산이며, 제조업을 영위하는 회사는 제품, 원재료, 저장품 등이 주요 재고자산이다.

재고자산은 판매를 위해 보유하고 있는 자산이므로 이익을 창출하는 데 결정적인 역할을 하고, 재고자산의 원가는 기간손익을 결정하기 위하여 판매분(매출원가)과 미판매분(기말재고)으로 배분되는데 배분방법에 따라 자산의 평가액과 기간손익이 달라질 수 있기 때문이다. 이 장에서는 재고자산의 원가배분문제를 중심으로 관련된 회계처리를 살펴보자.

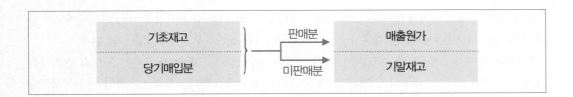

1) 재고자산의 의의

재고자산은 판매를 목적으로 보유하고 있는 자산이므로 회사의 자산 중에 가장 거래가 빈번하게 발생하는 자산이다.

> **❏ 재고자산**
>
> 정상적인 영업활동과정에서 판매를 목적으로 보유하거나 판매할 제품의 생산을 위하여 사용되거나 소비될 자산

판매업을 영위하는 회사가 한 해 동안 5,000개(취득원가 @1,000원)의 상품 중 4,000개를 팔아서(판매가 @1,500원) 기말 현재 보유하고 있는 상품은 1,000개이다.

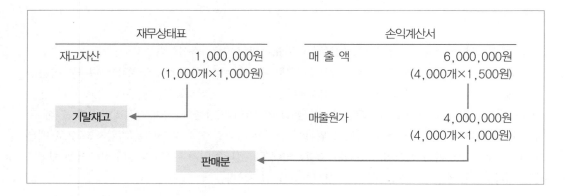

이때 판매분 4,000개에 해당하는 4,000,000원은 손익계산서상 비용으로 계상되고 판매되지 않고 남아 있는 1,000개에 해당하는 1,000,000원은 재무상태표상 기말재고로 계상된다.

회사에서는 재고자산 거래 빈도수가 다른 계정에 비해 많고, 재무상태표뿐만 아니라 손익계산서에도 영향을 미치는 계정이기 때문에 계정처리가 매우 중요하다. 한편, 기말에 재무상태표에 계상될 재고자산의 금액과 팔려나간 자산에 대해 손익계산서에 계상될 비용(매출원가)을 결정하는 일은 쉬운 일이 아니다.

> **❏ 매출원가란?**
>
> 매출액에 직접적으로 대응되는 비용으로서 판매된 자산의 취득원가이다. 앞의 예에서 팔려 나간 재고자산의 원가인 4,000,000원이 바로 매출원가이다.

2) 재고자산의 분류

① 영업활동과정과 관련한 분류

영업활동과정에 따라 재고자산을 분류하면 다음과 같다.

- 상품: 정상적인 영업활동과정에서 판매를 목적으로 구입한 물건
- 제품: 판매를 목적으로 제조한 물건
- 재공품: 제품의 제조를 위하여 제조과정에 있는 것
- 원재료: 제품을 제조할 목적으로 구입한 원료, 재료
- 저장품: 소모품, 수선용 부분품 및 기타 저장품

② 특정 수량의 재고자산

㉠ 미착상품

운송 중에 있어 아직 도착하지 않은 미착상품은 법률적인 소유권의 유무에 따라서 재고자산 포함여부를 결정한다. 법률적인 소유권 유무는 매매계약상의 거래조건에 따라서 다르다. 선적지인도조건인 경우에는 상품이 선적된 시점에 소유권이 매입자에게 이전되기 때문에 미착상품은 매입자의 재고자산에 포함된다. 그러나 목적지인도조건인 경우에는 상품이 목적지에 도착하여 매입자가 인수한 시점에 소유권이 매입자에게 이전되기 때문에 매입자의 재고자산에 포함되지 않는다.

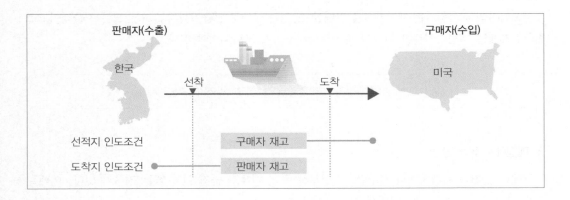

㉡ 시송품

시송품은 매입자로 하여금 일정기간 사용한 후에 매입 여부를 결정하라는 조건으로 판매한 상품을 말한다. 시송품은 비록 상품에 대한 점유는 이전되었으나 매입자가 매입의사표시를 하기 전까지는 판매되지 않은 것으로 보아 판매자의 재고자산에 포함한다.

© 적송품

적송품은 위탁자가 수탁자에게 판매를 위탁하기 위하여 보낸 상품을 말한다. 적송품은 수탁자가 제3자에게 판매를 할 때까지 비록 수탁자가 점유하고 있으나 단순히 보관하고 있는 것에 불과하므로 소유권이 이전된 것이 아니다. 따라서 적송품은 수탁자가 제3자에게 판매하기 전까지는 위탁자의 재고자산에 포함한다.

3) 취득시 가액의 결정 : 재고자산의 취득원가결정

상품을 매입할 때에는 추가적으로 부대비용이 발생할 수 있으며 상품의 하자 등으로 인해 구입한 상품을 반품하는 경우가 있다. 또한 일정한 조건을 충족시킨 경우에는 당초의 매입대금을 일부 할인받기도 한다.

외부로부터 매입한 재고자산의 취득원가는 매입가액에 매입부대비용을 가산한 금액이다. 매입과 관련된 매입할인, 매입에누리 및 매입환출 등이 있는 경우에는 이를 매입원가에서 차감해야 한다.

> 매입원가 = 매입가액 + 매입부대비용 – 매입할인, 매입에누리, 매입환출 등

① 매입부대비용

상품을 매입할 때 상품의 매입대금 이외에도 추가적으로 발생하는 비용이 있는데, 이를 매입부대비용이라고 한다.

재고자산의 취득원가는 재고자산을 판매할 수 있는 상태로 만들기까지 소요된 모든 지출액이므로 취득원가에는 매입가액뿐만 아니라 매입부대비용까지 포함되어야 한다.

> 매입부대비용 : 운송운임 · 매입수수료 · 보험료 · 하역비 · 수입관세 등

② 매입에누리와 환출

구매한 물건을 반품하거나 불량품, 수량부족 등의 이유로 물건 값을 깎는 경우가 있다. 이때는 그에 상당하는 가액을 매입액에서 차감시켜야 한다.

☐ **매입에누리**

불량품, 수량부족 등의 이유로 구입원가로부터 차감되는 금액

☐ **매입환출**

매입한 상품을 매출처에 반품하는 것

---

③ 매입할인

매입할인이란 구매자가 외상매입금을 조기에 지급한 경우 판매자가 현금할인을 해주는 것을 말한다. 일반기업회계기준에서는 매입할인을 매입액에서 직접 차감하도록 규정하고 있으므로 재고자산의 취득원가는 동 금액을 차감한 금액으로 기록된다.

예제

다음 거래로 인한 상품의 취득원가는 얼마인가?
1. 당기에 상품 850,000원을 외상으로 매입하다.
2. 위 외상으로 매입한 상품 중 100,000원을 불량품으로 반품하다.
3. 외상매입금을 조기에 지급하여 10,000원의 매입할인을 받았다.

풀이

상품의 취득원가＝850,000－100,000－10,000＝740,000원

---

4) 재고자산의 회계처리

① 상품계정의 기장방법

상품의 매매거래가 발생하는 경우 실무상 상품계정, 매입계정 및 매출원가계정으로 구분하여 처리하는 방법이 널리 사용되고 있다.

전기 이월된 기초상품은 기말 결산 시 매입한 것으로 대체처리하며 기말 재고실사 등으로 확인된 기말 상품은 기말 결산 시 매입액에서 차감기록한다.

상품매입이 발생할 때마다 매입계정 차변에 기입하고 기말 결산 시 기초상품을 가산하고 기말상품을 차감한 금액을 매출원가로 기록한다.

예를 들어 기초상품이 1,000원, 당기 중 매입액이 10,000원이고 매출은 14,000원, 기말상품이 2,000원인 경우 거래별 회계처리 방법은 다음과 같다.

거래유형	분개			
매입시	(차) 매입	10,000	(대) 매입채무	10,000
판매시	(차) 매출채권	14,000	(대) 매출	14,000
결산시	(차) 매입	1,000	(대) 상품(기초)	1,000
	(차) 상품(기말)	2,000	(대) 매입	2,000
	(차) 매출원가	9,000*	(대) 매입	9,000

재무상태표		손익계산서	
상품	2,000	매출	14,000
		매출원가	9,000

* 매출원가 = 1,000 + 10,000 − 2,000 = 9,000원

② 재고자산의 수량결정

재고자산의 수량결정방법에는 계속기록법과 실지재고조사법이 있다.
다음의 사례를 통하여 이들을 각각 살펴보자.

- 기초재고액(20×1. 1. 1) : 100,000원(수량 100개, 단가 1,000원)
- 당기매입액 : 500,000원(수량 500개, 단가 1,000원)
- 당기판매액 : 20×1. 5. 1   외상판매 525,000원(수량 350개)
  20×1. 8. 1   외상판매 150,000원(수량 100개)
- 기말재고액(20×1. 12. 31) : 150,000원(수량 150개, 단가 1,000원)

㉠ 계속기록법

계속기록법은 기중에 매출원가를 일일이 기록하는 방법으로 회계처리는 다음과 같다.

• 상품매입시:	(차) 상품	500,000	(대) 현금		500,000

• 상품매출시:

20×1. 5. 1	(차) 외상매출금	525,000	(대) 매출		525,000
	(차) 매출원가	350,000	(대) 상품		350,000

* 350개×1,000원=350,000원

20×1. 8. 1	(차) 외상매출금	150,000	(대) 매출		150,000
	(차) 매출원가	100,000*	(대) 상품		100,000

* 100개×1,000원=100,000원

상품(재고자산)

기초재고	100,000	당기판매(5. 1)	350,000	} 매출원가
		(8. 1)	100,000	
당기매입	500,000	기말재고	150,000	
	600,000		600,000	

재무상태표		손익계산서	
재고자산 :		수익 :	
상품	150,000	매출액	675,000
		비용 :	
		매출원가	450,000

계속기록법 하에서 기말재고수량은 다음의 등식으로 산출된다.

기초재고수량＋당기매입수량－당기판매수량＝기말재고수량(장부상)

ⓒ 실지재고조사법

실지재고조사법은 기말에 재고자산의 수량을 직접 파악하여 매출원가를 산정하는 방법이다. 재고자산거래는 계속적으로 발생하기 때문에 재고자산이 들어오고 나갈 때마다 일일이 매출원가에 대한 회계처리를 하는 것은 번거로운 일이다. 실지재고조사법을 사용하면 매출시마다 매출원가를 계상하지 않더라도 기말에 재고자산의 수량을 파악하여 매출원가를 한번에 계산할 수 있다. 앞의 사례를 실지재고조사법 하에서 회계처리하면 다음과 같다.

그렇다면 판매된 상품에 대한 매출원가를 어떻게 산정할까?

$$\text{매출원가} = \text{기초재고액} + \text{당기매입액} - \text{기말재고액}$$

기초재고액은 전년도 기말재고액이고, 당기매입액은 매입시마다 회계처리하였기 때문에 장부에서 쉽게 파악된다.

즉, 기말재고액만 파악된다면 기중에 일일이 회계처리하지 않아도 자동적으로 매출원가가 산정되는 것이다.

따라서 기말에 회사에 팔리지 않고 남아 있는 상품에 대하여 실사(實査)하고 다음과 같이 회계처리한다.

ⓒ 실지재고조사법에서는 기중에 상품계정을 사용하지 않기 때문에 장부상에는 기초재고가 기말까지 변동되지 않고 남아 있게 된다.

기말에 이러한 회계처리를 함으로써 기초재고는 상품계정에서 제거되고 기말재고가 장부에 기입된다.

예 제

기초재고수량이 100개, 당기매입수량이 1,000개, 당기판매수량이 800개, 기말실지재고수량이 250개인 경우 계속기록법과 실지재고조사법에 의한 매출원가와 기말재고액을 계산하시오(재고자산의 매입단가는 1,000원이다).

풀 이

계속기록법	매출원가 → 기말재고
실지재고조사법	기말재고 → 매출원가

1. 계속기록법 :

기초재고수량	+	당기매입수량	−	당기판매수량	=	기말재고수량
100개	+	1,000개	−	800개	=	300개

- 매출원가 : 800개×1,000원=800,000원
- 기말재고 : 300개×1,000원=300,000원

　계속기록법에서는 재고감모분이 기말재고자산에 포함되므로 장부상 재고자산이 실제보다 과대평가되는 문제점이 있다.

2. 실지재고조사법 :

기초재고수량	+	당기매입수량	−	기말실지재고수량	=	당기판매수량
100개	+	1,000개	−	250개	=	850개

- 기말재고 : 250개×1,000원=250,000원
- 매출원가 : 850개×1,000원=850,000원

기말실지재고수량은 250개이므로 계속기록법 하의 재고수량 300개와의 차이는 감모손실이라는 것을 추정할 수 있다.

실지재고조사법 하에서는 이러한 재고감모분까지 자동적으로 매출원가에 포함된다. 따라서 이 두 방법을 병행하여 사용하면 재고자산감모손실을 구분해 낼 수 있다. 즉, 계속기록법과 실사법을 병행하여 적용하면 기말재고조사를 통해 다음과 같이 재고자산감모손실을 인식할 수 있다.

- 매출원가 : 800개×1,000원=800,000원
- 재고자산 : 250개×1,000원=250,000원
- 감모손실 :   50개×1,000원= 50,000원

③ 재고자산감모손실

상품을 보관하는 과정에서 파손, 마모, 도난, 분실 등으로 인하여 실지재고수량이 회계장부상의 재고수량보다 적은 경우에 발생하는 손실을 말한다.

즉, 실지재고수량 < 장부상의 재고수량 → 재고자산감모

재고자산의 감모손실은 영업활동과정 중에서 정상적으로 발생한 감모손실과 비정상적으로 발생한 감모손실로 구분한다. 정상적인 감모손실은 원가성이 있는 감모손실이므로 매출원가에 포함하고, 비정상적인 감모손실은 원가성이 없는 감모손실이므로 재고자산감모손실이라는 계정과목을 이용하여 영업외비용으로 처리한다.

5) 재고자산흐름의 가정 : 재고자산의 단가결정

매출원가와 재고자산의 금액은 '수량×단가'로 결정된다. 이 중에서 수량은 앞에서 살펴본 계속기록법과 실지재고조사법에 의해 결정된다고 볼 수 있다.

재고자산의 단가결정은 반드시 재고자산의 실제흐름과 일치할 필요가 없기 때문에 재고자산의 실제흐름과는 무관하게 일정한 재고자산흐름의 가정 하에서 당기의 매출원가와 기말재고자산의 가액을 결정할 수 있다.

① 개별법(specific identification method)

개별법은 각 재고자산별로 매입원가 또는 제조원가를 결정하는 방법이다.

예를 들면, 특수기계를 주문 생산하는 경우와 같이 제품별로 원가를 식별할 수 있을 때는 개별법을 사용하여 원가를 결정한다. 그러나 같은 종류의 제품이나 상품을 대량으로 생산, 매입, 판매시에 이 방법을 적용하는 것은 적절하지 않다.

② 선입선출법(first-in first-out : FIFO)

선입선출법(先入先出法)이란 상품의 실제물량흐름과는 관계없이 먼저 구매한 상품이 먼저 판매된다고 가정하여 매출원가와 기말재고액을 구하는 방법이다.

재고자산의 내역이 다음과 같다고 하자.

	수량	매입단가	금액
기초재고(1. 1)	100	100	10,000
당기매입(4. 1)	100	120	12,000
당기매입(8. 1)	100	130	13,000
	300		35,000

이 중 200개가 당기에 판매되었다면 선입선출법 하에서는 다음과 같이 매출원가와 기말재고액을 결정한다.

먼저 들어온 물건(선입)이 먼저 나간다(선출)는 가정이므로 기초재고 10,000원과 4월 1일에 매입한 상품 12,000원이 매출원가로 배분되는 것이다.

따라서 기말재고는 최근에 구입한 상품의 원가로 구성된다.

③ 후입선출법(last-in first-out : LIFO)

후입선출법(後入先出法)이란 상품의 실제물량흐름과는 관계없이 최근에 구매한 상품이 먼저 판매된다고 가정하여 매출원가와 기말재고액을 구하는 방법이다.

재고자산의 내역이 다음과 같다고 하자.

	수량	매입단가	금액
기초재고(1. 1)	100	100	10,000
당기매입(4. 1)	100	120	12,000
당기매입(8. 1)	100	130	13,000
	300		35,000

이 중 200개가 당기에 판매되었다면 후입선출법 하에서는 다음과 같이 매출원가와 기말재고액을 결정한다.

가장 나중에 들어온 물건(후입)이 먼저 나간다(선출)는 가정이므로 먼저 8월 1일에 매입한 상품 13,000원이 매출원가로 배분되고 다음에 4월 1일에 매입한 상품 12,000원이 매출원가로 배분되는 것이다. 따라서 매출원가는 최근에 구매한 상품의 원가로 구성되며 기말재고는 전에 구매한 상품의 원가로 구성된다.

④ 가중평균법(weighted average cost method)

가중평균법(加重平均法)은 재고자산원가의 평균치를 사용하여 매출원가와 기말재고액을 구하는 방법이다. 가중평균법에는 기말에 일괄하여 단가를 구하는 총평균법과 상품이 들어오고 나갈 때마다 단가를 구하는 이동평균법이 있다.

먼저 총평균법(total average cost method)을 살펴보자.

재고자산의 내역이 다음과 같다고 하자.

	수량	매입단가	금액
기초재고(1. 1)	100	100	10,000
당기매입(4. 1)	100	120	12,000
당기매입(8. 1)	100	140	14,000
	300		36,000

이 중 200개가 당기에 판매되었다.

총평균법에서는 우선 당기의 평균단가를 구해야 한다.

$$평균단가 = \frac{기초재고금액+당기매입액}{기초재고수량+당기매입량}$$

사례에서 평균단가는

$$\frac{10,000원+26,000원}{100개+200개} = 120원이다.$$

평균단가를 구한 후에 다음과 같이 매출원가와 기말재고액을 결정한다.

매출원가=120×200=24,000원, 기말재고=120×100=12,000원

한편, 이동평균법(moving average cost method)은 매출원가의 결정을 기말시점까지 미루지 않고 상품의 판매시마다 그 시점에서의 평균단가를 계산하여 매출원가금액을 결정하는 방법이다.

재고자산의 수불내역이 다음과 같다고 하자.

	수량	매입단가
기초재고(1. 1)	100	100
당기매입(4. 1)	100	120
당기판매(5. 1)	(100)	
당기매입(8. 1)	100	140
당기판매(9. 1)	(100)	
	100	

이동평균법에서 평균단가는 다음과 같이 구한다.

	입·출고			잔액		
	수량	매입단가	금액	수량	단가	금액
기초재고(1. 1)	100	100	10,000	100	100	10,000
당기매입(4. 1)	100	120	12,000	200	110*1)	22,000
당기판매(5. 1)	(100)	(110)	(11,000)	100	110	11,000
당기매입(8. 1)	100	140	14,000	200	125*2)	25,000
당기판매(9. 1)	(100)	(125)	(12,500)	100	125	12,500
기말재고(12.31)	100			100	125	12,500

*1) (10,000원+12,000원) / (100개+100개)=110원
*2) (11,000원+14,000원) / (100개+100개)=125원   } 매입시마다 이동평균단가를 구한다.

재고자산흐름의 가정

원가흐름가정	재고자산의 평가방법
개별법	재고자산에 가격표 등을 붙여 판매상품이나 기말재고상품에 부착된 단가를 적용해서 원가를 계산하는 방법
선입선출법 (FIFO)	먼저 구매한 재고자산이 먼저 판매된다고 가정하는 방법
후입선출법 (LIFO)	가장 최근에 구매한 재고자산이 먼저 판매된다고 가정하는 방법
가중평균법	재고자산원가의 평균치를 사용하여 매출원가와 기말재고액을 구하는 방법

⑤ 재고자산수불부

재고자산의 관리와 관련하여서는 일반적으로 재고자산수불부를 기장한다.

상기 ④ 가중평균법의 '이동평균법' 사례를 통해 재고자산수불부를 기장해 보기로 한다.

재고자산수불부

품목 : ××   평가방법 : 이동평균법

일자	입고			출고			잔액		
	수량	단가	금액	수량	단가	금액	수량	단가	금액
전기이월	100	100	10,000				100	100	10,000
4. 1	100	120	12,000				200	110	22,000
5. 1				100	110	11,000	100	110	11,000
8. 1	100	140	14,000				200	125	25,000
9. 1				100	125	12,500	100	125	12,500
차기이월				100	125	12,500			
계	300		36,000	300		36,000			
전기이월	100	125	12,500				100	125	12,500

3 재고자산의 평가

원칙적으로 재고자산은 취득원가 즉, 구입한 가격이나 제조원가로 평가하도록 되어 있다. 그러나 상품의 가치가 크게 떨어져서 취득원가만큼도 받을 수 없는 경우에는 재고자산의 시가가 장부금액 이하로 하락하여 발생한 평가손실은 '재고자산평가손실'로 인식하고 매출원가에 가산한다. 그리고 그 금액을 재고자산평가손실충당금으로 계상하며 재무상태표에 재고자산을 표시할 때는 재고자산 금액에서 재고자산평가손실충당금을 차감해서 재고자산 순액이 나타나도록 한다.

또한 순실현가능가치로 재고자산을 평가한 후에 재고자산의 시가가 상승하는 경우에는 본래의 장부금액을 한도로 해서 재고자산금액을 증가시키고 재고자산평가손실환입으로 인식한다.

재고자산평가손실환입액은 매출원가에서 차감하고 재고자산평가손실충당금을 감소시킨다.

보고기간 말에 적용할 회계처리는 다음과 같다.

재고자산의 평가시점	비용의 처리	재고자산의 표시
재고자산 순실현가능가치가 취득원가보다 낮아진 시점	재고자산평가손실 (매출원가에 가산)	재고자산평가손실충당금 (재고자산에서 차감표시)
재고자산의 시가회복시점 (본래의 장부금액까지)	재고자산평가손실환입 (매출원가에서 차감)	재고자산평가손실충당금 차감

예 제

기말에 실사를 통해 단위당 취득원가 800원인 재고자산이 1,000개 있음을 확인하였다. 그러나 재고자산의 가치가 크게 떨어져 기말재고자산의 단위당 시가가 600원이라고 할 때, 기말에 수행해야 할 분개를 하시오.

풀 이

(차) 재고자산평가손실	200,000	(대) 재고자산평가손실충당금	200,000
(매출원가)			

재무상태표

⋮

재고자산	800,000
재고자산평가손실충당금	(200,000)

⋮

02 　비유동자산

1 투자자산

1) 투자자산의 의의

　일반기업회계기준에 따르면 투자자산이란 기업이 장기적인 투자수익창출이나 타기업의 지배 등을 목적으로 부수적인 기업활동의 결과로써 보유하는 자산이다.

　이러한 투자자산은 영업이 아닌 투자목적의 자산이라는 점에서 기업의 영업활동을 위해 장기간 사용되는 자산인 유형자산이나 무형자산과 성격상 다르기 때문에 구분하여 표시하는 것이 바람직하다.

　타회사의 지배나 통제를 목적으로 하는 투자자산에는 관계회사주식·사채, 기타 지배주식으로서의 유가증권이 있을 수 있고, 자본참가와 관계없이 유휴자금의 활용을 목적으로 하는 투자자산으로는 장기금융상품, 투자부동산, 지배목적이 아닌 유가증권·출자금 등이 있을 수 있다.

일반기업회계기준에 의하면 금융상품·유가증권의 경우 그 투자의 목적뿐만 아니라 그 보유예상기간에 따라 당좌자산과 투자자산으로 구분하여 결산일 현재 보유예상기간이 1년 미만이고 자금의 출금에 제약이 주어지지 않는 자산은 당좌자산으로 분류하고, 그 외의 자산은 비유동자산의 투자자산으로 분류한다.

2) 투자자산의 분류

① 장기금융상품

유동자산에 속하지 아니하는 금융상품으로 한다.

② 장기투자증권

유동자산에 속하지 아니하는 매도가능증권·만기보유증권 등을 말한다.

③ 투자부동산

투자의 목적 또는 비영업용으로 소유하는 토지·건물 및 기타의 부동산으로 한다.

④ 지분법적용투자주식

타회사의 지배나 통제를 목적으로 투자하는 투자자산 중 일정요건을 만족하는 주식을 말한다.

⑤ 기타의 투자자산

임차보증금 등과 같이 ① 내지 ④에 속하지 아니하는 투자자산으로 한다.

상기 투자자산은 취득 시 공정가치로 해당 계정의 차변으로 기입하고 처분 시에는 투자자산처분이익 또는 손실로 영업외손익으로 처분금액과 장부가치의 차액을 처리한다.

예 제

다음 거래를 분개하여라.
1. (주)삼일은 20×1년 7월 1일 여유자금의 투자목적으로 2년만기 10,000,000원의 정기예금을 가입하였다.
2. (주)삼일은 장기투자목적으로 (주)회계의 주식 1,000주를 5,000,000원에 구입하였다.
3. (주)삼일은 유휴자금의 투자목적으로 토지를 100,000,000원에 구입하였다.

풀 이

1. (차) 장기금융상품	10,000,000	(대) 현금			10,000,000
2. (차) 매도가능증권	5,000,000	(대) 현금			5,000,000
3. (차) 투자부동산	100,000,000	(대) 현금			100,000,000

2 유형자산

판매를 목적으로 하지 않고 영업활동이나 제조활동을 위하여 보유하는 유형의 자산을 유형자산이라 한다. 즉, 유형자산은 회사의 영업활동에 장기간 사용할 목적으로 취득한 구체적인 형태를 가지고 있는 자산이다.

1) 유형자산의 의의

유형자산이란 회사가 영업활동에 장기적으로 사용하기 위하여 보유하고 있는 유형의 자산으로서, 토지, 건물, 구축물, 기계장치, 건설중인자산 등을 말한다.
회계상 유형자산으로 분류하기 위해서는 다음의 조건을 충족해야 한다.

1. 물리적 실체를 가져야 한다.
2. 영업활동에 사용할 목적으로 취득하는 자산이다.
3. 유형자산은 단기간 사용하는 것이 아니고, 장기간 사용할 것을 전제로 취득한 자산이다.

2) 유형자산의 종류

① 토지 : 영업활동에 사용하고 있는 대지, 임야, 잡종지 등

예) 영업용 건물이 들어서 있는 대지

다만, 기업이 토지를 보유하고 있더라도 영업활동으로 사용할 목적이 아닌 투자목적으로 보유하고 있는 토지는 투자자산으로 분류되고, 매매목적용으로 보유하고 있는 토지는 재고자산으로 분류된다.

② 건물

건물이란 토지 위에 건설된 공작물로서 지붕이나 둘레벽을 갖추고 있는 사무소, 점포, 공장 등을 말하며 이에 부수된 시설물도 포함한다.

그러나 건물이라 해서 모두 기업회계상 유형자산의 건물로 계상되는 것이 아니다. 즉, 영업용이 아니고 투자목적으로 소유하고 있는 건물은 건물계정에 포함시키지 않고 '투자부동산' 계정으로 기재해야 하며, 건설회사의 분양목적 신축상가와 아파트는 재고자산으로 분류해야 한다.

③ 구축물

구축물이란 건물 이외의 토목설비, 공작물 및 이들의 부속설비를 말한다. 통상 교량, 안벽, 부교, 궤도, 저수지, 갱도, 굴뚝, 정원설비 등이 포함된다.

④ 기계장치

기계장치는 영업용으로 사용하는 기계, 부속설비를 처리하는 계정이다. 기계장치는 제조업에 있어서 가장 기본적인 설비로서 직접 또는 간접으로 제조목적에 사용하는 기계장치 및 이에 부속하는 제생산설비를 말한다.

⑤ 건설중인자산

건설중인자산은 유형자산의 완성시까지 유형자산의 발생원가를 집계하였다가 유형자산이 완성되어 영업에 사용될 때 해당 유형자산으로 대체되는 일종의 가계정으로 미완성 유형자산을 말한다. 건설중인자산에는 유형자산의 자체 제작이나 건설을 위한 재료비·노무비 및 제조간접비(경비)뿐만 아니라 건설을 위하여 지출한 도급금액 또는 취득한 기계 등을 포함한다. 아직 사용되기 전 자산이므로 감가상각을 하지 않는다.

⑥ 기타의 유형자산

상기 이외에도 차량운반구, 선박, 비품, 공기구 등의 유형자산이 있다.

3) 장부에 계상될 유형자산의 가액결정

① 취득원가의 결정

유형자산을 취득하기 위하여 지출된 총비용이 유형자산의 취득원가이다.

유형자산의 취득원가는 매입가액 또는 제조원가에 부수적으로 발생한 취득부대비용을 합한 금액으로 한다.

유형자산 취득부대비용의 예를 들면 다음과 같다.

• 토지 · 건물 : 취득세, 등록세, 등기수수료 등
• 기계장치 : 운송비, 보험료, 하역비, 설치비, 시운전비용 등

예 제

A사는 기계장치를 구입하였다.
기계의 순수한 구입대금은 1,000,000원이며, 공장까지의 운임 100,000원, 공장 내 설치비 30,000원, 시운전비 70,000원이 발생하였다.
이 경우 기계장치의 취득원가는 얼마인가?

풀 이

순수한 기계구입대금	:	1,000,000원
운임	:	100,000원
설치비	:	30,000원
시운전비	:	70,000원
기계장치의 취득원가		1,200,000원

---

② 취득시의 회계처리

유형자산의 취득원가를 결정하면 다음과 같이 회계처리한다.

(차) 유형자산	×××	(대) 현금 또는 미지급금	×××

기계장치를 구입하는 데 소요된 비용과 부수적으로 발생한 취득부대비용은 아래와 같다.

순수 기계구입대금	3,000,000원	운송비	100,000원
설치비 및 시운전비용	80,000원	보험료	20,000원

순수 기계구입대금은 내년에 지급하기로 하고 나머지 취득부대비용은 현금으로 지급하였다면 취득시의 분개를 해 보시오.

(차) 기계장치	3,200,000	(대) 현금	200,000
		미지급금	3,000,000

4) 감가상각비의 인식

① 감가상각비의 의의

유형자산은 본래의 사용목적에 이용될 수 있는 기간동안 회사의 영업활동에 유용하게 사용되면서 효익을 제공하는 자산이다. 이러한 유형자산은 수익·비용대응의 원칙에 따라 유형자산이 효익을 제공하는 기간에 걸쳐 감가상각비로 비용화 된다.

예를 들어, 제조업을 영위하는 갑 회사가 영업활동을 하기 위하여 건물을 1억 원에 구입하였고 이 건물은 20년간 사용할 수 있다고 추정되었다. 이 건물은 회사가 영업활동을 하기 위한 장소를 제공해 줌으로써 효익을 제공하고 있다.

비록 건물을 취득하기 위한 지출은 구입시점에 이루어지더라도 이 건물은 앞으로 20년간 사용할 수 있기 때문에 건물구입대금 1억 원을 취득연도에 모두 비용처리하기보다는 사용기간인 20년에 걸쳐서 안분하여 비용화시키는 것이 합리적일 것이다. 이것이 바로 감가상각비의 개념이다.

그러므로 위의 사례에서 건물 1억 원을 사용기간 20년으로 나눈 5,000,000원씩을 매기 비용으로 인식한다면 합리적인 대응이 된다고 볼 수 있다.

② 감가상각비의 결정요소

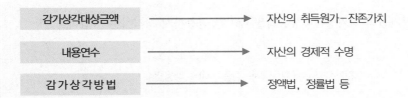

감가상각대상금액	⟶	자산의 취득원가 − 잔존가치
내용연수	⟶	자산의 경제적 수명
감가상각방법	⟶	정액법, 정률법 등

다음의 기계장치에 대하여 감가상각비를 구해보자.

• 취득원가 : 10,000,000원(20×1년 1월 1일 취득)
• 사용기간 : 3년
• 잔존가치 : 1,000,000원

㉠ 감가상각대상금액

감가상각의 기준이 되는 금액으로 해당 유형자산을 사용하는 기간동안 비용으로 인식할 총 금액을 말하며 유형자산의 취득원가에서 잔존가치를 차감하여 계상한다. 여기서 잔존가치란 유형자산을 사용하고 난 후 유형자산을 처분하여 받을 수 있을 것이라 기대되는 금액을 의미한다.

위의 기계장치의 경우 취득원가에서 잔존가치를 차감한 9,000,000원이 사용기간동안 비용으로 인식할 감가상각대상금액이 된다.

㉡ 내용연수(耐用年數)

유형자산이 영업활동과 관련하여 효익을 제공할 것으로 기대되는 기간 즉, 수익을 창출하는 과정에 사용될 것으로 기대되는 기간을 말한다.

위의 기계장치의 경우 사용 기간 3년이 내용연수가 된다.

㉢ 감가상각방법

위에서 감가상각대상금액은 9,000,000원, 내용연수는 3년이라고 하였다.

앞서 살펴본 것과 같이 해당 유형자산이 제공하는 효익에 대응하는 비용을 감가상각비로 인식해야 한다. 그러나 회계연도별로 실제로 유형자산이 제공하는 효익을 정확하게 측정하기는 어렵기 때문에 일관성과 합리성을 가진 감가상각방법을 이용하여 감가상각비를 계산하게 된다. 대표적인 감가상각방법으로는 정액법과 정률법이 있다.

③ 감가상각방법

　㉠ 정액법

　　정액법은 유형자산의 감가상각대상금액을 매기간 균등하게 상각하는 방법이다.

감가상각비＝(취득금액－잔존가치) ÷ 내용연수

따라서 매기의 감가상각비는 동일하게 나타난다.

$$9,000,000원 ÷ 3년 = 3,000,000원$$

비용의 발생이므로 감가상각비는 차변에 기재하고 대변에 자산의 가치감소분을 기재하면 된다.

비용발생		자산감소	
(차) 감가상각비	×××	(대) 자산	×××

　만약, 직접 자산을 감소시켜 표시하면 신규취득한 자산과 감가상각 후 감소한 자산의 구분이 어려울 것이다. 따라서 유형자산에 대하여는 직접 자산을 감소시키지 않고 감가상각누계액이라는 계정을 사용하여 자산의 감소를 간접적으로 표시한다.

　앞의 사례에서 20X1년 12월 31일 결산정리분개를 하면 다음과 같다.

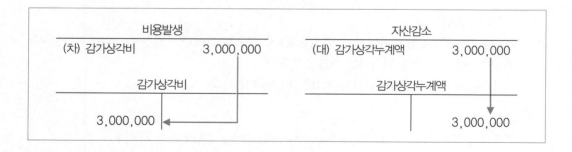

이를 재무상태표와 손익계산서에 표시해 보면 다음과 같다.

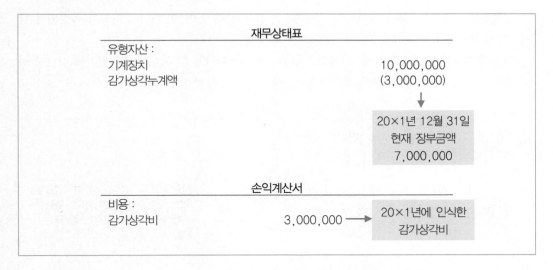

○ 정률법

정률법은 기초의 장부금액에 상각률을 곱하여 감가상각비를 구하는 방법이다.

감가상각비＝(취득금액－감가상각누계액)×상각률*

*상각률 $=1-\sqrt[n]{(S/C)}$ (n : 내용연수, s : 잔존가치, c : 취득원가)

앞의 사례에서 정률법에 의한 상각률을 53.6%라고 하면 20X1년 감가상각비를 다음과 같이 계산할 수 있다.

10,000,000원 × 53.6% = 5,360,000원

기말에 감가상각비를 인식하는 회계처리는 다음과 같다.

| (차) 감가상각비 | 5,360,000 | (대) 감가상각누계액 | 5,360,000 |

5) 유형자산 사용기간 동안의 지출

영업활동에 사용하기 위하여 3층짜리 건물을 취득하였는데 얼마 후 회사의 규모가 확장되어 한 층을 더 증축하였다.

이처럼 유형자산을 취득한 후에 추가적인 지출이 생겼을 때에는 그 자산의 취득원가에 가산할 것인지 아니면 수선비 등의 비용계정으로 처리할 것인지를 결정해야 한다.

ⓐ 자산 인식기준을 만족하는 지출 발생시 자산으로 처리
　예시: 냉·난방장치의 설치 등

자산증가		자산감소	
(차) 유형자산	×××	(대) 현금	×××

> 지출의 효과가 장기간에 걸쳐 발생하는 지출로서 유형자산의 내용연수가 늘어나거나 가치가 증대되는 지출

ⓑ 자산 인식기준을 만족하지 못하는 지출 발생시 비용으로 처리
　예시: 부속품의 교체 등

비용발생		자산감소	
(차) 수선비	×××	(대) 현금	×××

> 지출의 효과가 단기간에 종료하는 지출로서 유형자산의 원상을 회복시키거나 능률유지를 위한 지출

예 제

(주)삼일은 창립기념일을 맞이하여 본사건물에 대한 대대적인 개조와 수리를 실시하고 수표를 발행하여 총액 30,000,000원의 공사비를 지급하였다.
이 중 20,000,000원은 음성인식 자동문의 설치를 위한 것이고, 나머지 10,000,000원은 내벽의 도장을 산뜻하게 바꾸기 위한 것이었다. 이 거래를 인식하기 위한 분개를 하시오.

풀 이

자산증가/비용발생		자산감소	
(차) 건물	20,000,000	(대) 당좌예금	30,000,000
수선비	10,000,000		

6) 유형자산의 처분

유형자산의 내용연수가 경과되었거나 아직 내용연수가 남아 있는 경우에도 여러 가지 이유로 처분하는 경우가 발생한다.

유형자산을 처분하는 경우에는 보통 처분금액과 장부금액이 다르기 때문에 처분이익이나 처분손실이 발생하게 된다.

만약 회계기간 중에 유형자산을 처분할 경우에는 당 회계연도의 처분시점까지 사용한 기간의 감가상각비를 추가로 먼저 인식하고 난 후, 유형자산처분손익을 인식해야 한다.

유형자산의 처분은 회사의 재산에 다음과 같은 영향을 미친다.
① 자산의 처분 → 자산의 감소 → 대변에 기재
② 자산의 매각대금 → 자산의 증가 → 차변에 기재
③ ┌ 유형자산처분이익 → 수익의 발생 → 대변에 기재
   └ 유형자산처분손실 → 비용의 발생 → 차변에 기재

따라서 처분시의 회계처리는 다음과 같다.

① 유형자산처분이익이 발생한 경우

| (차) 현금 등 | ××× | (대) 유형자산 | ××× |
| 감가상각누계액 | ××× | 유형자산처분이익 | ××× |

② 유형자산처분손실이 발생한 경우

(차) 현금 등	×××	(대) 유형자산	×××
감가상각누계액	×××		
유형자산처분손실	×××		

기계(취득원가 10,000,000원, 감가상각누계액 7,000,000원)를 5,000,000원에 처분하고
대금은 현금으로 받았다. 이에 대한 회계처리를 하시오.

풀 이

(차) 현금	5,000,000	(대) 기계장치	10,000,000
감가상각누계액	7,000,000	유형자산처분이익	2,000,000

(주)삼일은 20×1년 초에 기계장치(취득원가 11,000,000원)를 현금을 주고 취득하였다.
동 기계장치를 (주)삼일은 20×1년 7월 1일에 7,000,000원에 현금 매각하였다. 이 기계장치
의 내용연수는 5년, 잔존가치는 1,000,000원이라고 할 때, 기계장치와 관련된 20×1년의 회
계처리를 하시오(단, 감가상각방법은 정액법이다).

풀 이

20×1. 1. 1

(차) 기계장치	11,000,000	(대) 현금	11,000,000

20×1. 7. 1

(차) 감가상각비	1,000,000*	(대) 감가상각누계액	1,000,000
(차) 현금	7,000,000	(대) 기계장치	11,000,000
감가상각누계액	1,000,000		
유형자산처분손실	3,000,000		

* 감가상각비 : (11,000,000−1,000,000)÷5×6/12=1,000,000

7) 유형자산명세서

유형자산은 계정과목별로 관리대장을 만들어 그 취득원가, 감가상각비 및 처분내용을 상세히 기
록하여 이를 관리하여야 하며 이를 기반으로 재무제표의 부속명세서인 유형자산명세서를 재무상태
표에 기재한 과목별로 구분하여 작성할 수 있다. 유형자산명세서의 예를 들면 다음과 같다.

유형자산명세서

(단위 : 원)

과목	기초잔액	당기증가액	당기감소액	기말잔액	감가상각누계액	미상각잔액	비고
기계장치	10,000	15,000	5,000	20,000	8,000	12,000	
건물	100,000	0	0	100,000	20,000	80,000	
계	110,000	15,000	5,000	120,000	28,000	92,000	

3 무형자산

1) 무형자산의 의의

무형자산이란 물리적 실체가 없는 자산으로 영업활동을 위해 사용하는 자산을 무형자산으로 정의한다. 매출채권이나 선급금 등과 같은 자산은 물리적 실체가 없는 자산이라고 할지라도 영업활동에 사용되지 않기 때문에 무형자산에 해당되지 않으며, 영업권·재산권과 같이 영업활동에 사용되는 실체가 없는 자산을 무형자산으로 인식하게 된다.

무형자산은 재화의 생산이나 용역의 제공, 타인에 대한 임대 또는 관리에 사용할 목적으로 기업이 보유하고 있으며, 물리적 형체가 없지만 식별 가능하고, 기업이 통제하고 있으며, 미래 경제적 효익이 있는 비화폐성 자산이다.

이러한 무형자산을 취득한 경우에는 취득원가를 무형자산계정의 차변에 기입하게 되며 기간이 경과함에 따라 무형자산의 가치가 감소하게 되므로 합리적인 방법을 이용하여 내용연수동안 무형자산상각비라는 비용계정을 이용하여 상각한다.

2) 무형자산의 종류

① 영업권

영업권이란 물리적 실체가 없는 자산으로 브랜드, 입지조건, 기술, 고객평판 등으로 인하여 기업이 다른 기업에 비해 초과수익을 기대할 수 있는 자원을 의미한다.

영업권은 기업 내부적으로 창출된 영업권과 외부에서 구입한 영업권으로 구분할 수 있다. 내부적으로 창출된 영업권은 취득원가를 신뢰성 있게 측정할 수 없을 뿐만 아니라 기업이 통제하고 식별가능한 자원도 아니므로 무형자산으로 인정하지 않는다. 반면, 외부에서 구입한 영업권이란 합병, 영업양수 등의 방법으로 유상으로 취득한 경우에 발생하고, 합병 등의 대가가 합병 등으로 취득하는 순자산의 공정가치를 초과하는 경우를 말하며, 재무상태표에 계상되는 영업권은 합병, 영업양수 등 유상으로 취득한 것에 한한다.

영업권=합병 등의 대가로 지급한 금액−취득한 순자산의 공정가치

예제

(주)삼일은 20×1년 7월 1일 (주)회계를 합병하면서 현금 50,000,000원을 지급하였다. (주)회계의 20×1년 7월 1일 현재 자산의 공정가치는 80,000,000원이며 부채의 공정가치는 40,000,000원이다. 이때 영업권에 관련된 분개를 하여라.

풀이

영업권=50,000,000−(80,000,000−40,000,000)=10,000,000원

(차) 자산	80,000,000	(대) 부채	40,000,000
영업권	10,000,000	현금	50,000,000

② 산업재산권

일정기간 독점적·배타적으로 이용할 수 있는 권리로서 특허권·실용신안권·의장권 및 상표권 등으로 한다.

③ 개발비

신제품 또는 신기술의 개발과 관련하여 발생한 비용(내부에서 개발한 소프트웨어 관련 비용으로 자산인식기준을 충족시키는 것 포함)으로서 개별적으로 식별가능하고 기업이 통제가능하며 미래의 경제적 효익을 기대할 수 있는 것으로 한다.

무형자산의 세 가지 인식기준을 모두 충족하면 개발비로 계상하고 개발비와 관련된 수익이 발생하는 시점부터 20년 이내의 기간을 추정내용연수로 정해서 정액법 등을 적용해서 상각한다.

구분	관련내용	회계처리
연구비	연구활동과 관련된 비용	판매비와관리비로 비용화
경상개발비	자산인식요건을 충족하지 못한 개발비	제조원가나 판매비와관리비로 비용화
개발비	자산인식요건을 충족한 개발비	무형자산으로 계상하고 상각

3) 무형자산의 상각

무형자산의 상각이란 유형자산의 감가상각과 마찬가지로 무형자산의 원가와 효익을 체계적으로 대응(matching)시키는 과정이다. 무형자산을 상각할 경우에는 일반적으로 정액법이 사용된다.

무형자산의 상각시에는 무형자산상각비(비용)계정의 대변계정으로 무형자산상각누계액계정을 설정할 수도 있고, 무형자산상각누계액계정을 설정하지 않고 무형자산계정에서 직접 차감할 수도 있다.

비용발생   자산감소

(차) 무형자산상각비   ×××   (대) 무형자산   ×××
                                    (또는 무형자산상각누계액)

일반기업회계기준에서는 무형자산의 상각방법으로 합리적인 방법을 선택하여 적용하도록 하고 있으며 합리적인 상각방법을 정할 수 없는 경우에는 정액법을 사용하여 당해 무형자산이 사용 가능한 시점부터 합리적인 기간동안 상각하도록 하고 있다. 다만, 독점적·배타적인 권리를 부여하고 있는 관계법령이나 계약에 의하여 정해진 경우를 제외하고는 상각기간은 20년을 초과하지 못하도록 규정하고 있다.

예 제

제조업을 영위하고 있는 (주)삼일의 신제품 개발활동과 관련하여 20×1년 중 3,000,000원의 지출이 발생하였고 이는 모두 개발비자산인식요건을 만족하는 것이다. 신제품개발로부터 수익은 20×2년 초부터 발생하였다.

(주)삼일의 개발비와 관련된 20×1년, 20×2년의 회계처리를 하시오. 단, 개발비의 내용연수는 5년이며 개발비의 사용 가능한 시점은 신제품으로부터 수익이 발생한 때로 한다.

무형자산의 상각은 사용 가능한 시점부터 내용연수동안 이루어지므로 개발비의 경우 관련 수익이 발생한 20×2년부터 상각이 시작된다.

- 20×1년 회계처리 : (차) 개발비   3,000,000   (대) 현금   3,000,000
- 20×2년 회계처리 : 개발비 상각액=3,000,000/5=600,000
    - 개발비에서 직접 차감하는 경우
        (차) 무형자산상각비   600,000   (대) 개발비   600,000
    - 개발비상각누계액을 설정하는 경우
        (차) 무형자산상각비   600,000   (대) 무형자산상각누계액   600,000

4 기타비유동자산

일반기업회계기준은 투자자산, 유형자산, 무형자산으로 분류하기 어려운 성격의 비유동자산은 기타비유동자산으로 분류하도록 하고 있다.

기타비유동자산으로 분류되는 자산에는 임차보증금, 이연법인세자산(유동자산으로 분류되는 부분 제외), 장기매출채권 및 장기미수금 등이 있다.

① 임차보증금

타인의 물건임차시 임차대가 및 사용관련 손해행위에 대한 담보로 제공하는 금액으로 한다.

② 이연법인세자산

회계와 세법의 차이로 인하여 발생하는 미래세금 절감액으로 한다.

③ 장기매출채권

주된 영업활동에서 발생한 1년 이내 또는 정상적인 영업주기 이내에 회수가 어려운 채권으로 한다.

④ 장기미수금

주된 영업활동 외에서 발생한 1년 이내에 회수가 어려운 채권으로 한다.

☑ O, X 퀴즈

01	만기가 확정된 채무증권으로서 상환금액이 확정되었거나 확정이 가능한 채무증권을 만기까지 보유할 적극적인 의도와 능력이 있는 경우에는 만기보유증권으로 분류한다.	

02	대손상각비는 매출채권이외의 채권에서는 설정할 수 없다.	

03	재고자산의 기초재고수량과 당기매입수량의 합은 당기판매수량과 기말재고수량(장부상)의 합과 일치한다.	

04	영업활동과정에서 판매할 목적으로 가지고 있는 자산을 유형자산이라 한다.	

05	유형자산의 취득원가에는 매입가액만이 포함되며 취득을 위해 부수적으로 발생한 취득부대비용은 포함하지 않는다.	

01	○	유가증권은 취득시 투자회사의 유가증권에 대한 보유의도, 보유능력, 매매의 빈번한 발생여부 등에 따라 만기보유증권, 단기매매증권, 그리고 매도가능증권 중의 하나로 분류된다.
02	×	매출채권 이외의 채권인 대여금, 미수금 등에 대해서도 대손위험을 반영하는 회계처리를 할 수 있다.
03	○	당기 총 판매가능수량(기초재고수량+당기매입수량)은 팔린 부분(당기판매수량)과 회사에 남아있는 부분(기말재고수량)으로 나뉜다.
04	×	판매 목적으로 보유하고 있는 자산은 재고자산이다. 판매를 목적으로 하지 않고 영업활동이나 제조활동을 위하여 보유하고 있는 유형의 자산이 유형자산이다.
05	×	취득원가로 계상될 금액은 그 자산을 취득하기 위해 발생한 매입가액 및 취득부대비용을 모두 포함한다.

II 부채계정 살펴보기

부채(liability)는 과거 거래나 사건의 결과로서 현재 기업이 부담하고 그 이행에 경제적 가치의 유출이 예상되는 의무이다. 이러한 부채는 재무상태표 작성원칙 중 구분표시원칙에 의해 크게 유동부채와 비유동부채로 구분된다.

01 유동부채

1 유동부채의 의의

유동부채는 다음과 같이 정의할 수 있다.

> **□ 유동부채**
>
> 장래에 일정한 금액을 현금으로 지불하거나 상품, 용역을 제공해 주어야 할 의무, 즉 빚 중에서 1년 이내에 지급해 주어야 할 빚을 말한다. 단, 지급기일이 1년을 초과하더라도 정상적인 영업주기 이내에 지급하여야 하는 매입채무 등은 유동부채로 분류한다.

부채를 상환해야 하는 기한 즉, 만기가 결산일 현재로부터 1년 이내에 도래하면 유동부채이다. 다만, 영업활동에서 발생한 매입채무 등은 1년을 초과하여 결제되더라도 정상적인 영업주기 이내에 지급하는 것이라면 유동부채로 분류한다.

이때 영업주기란, 제조업의 경우에 제조과정에 투입될 재화나 용역을 취득한 시점부터 제품의 판매로 인한 현금의 회수완료시점까지 소요되는 기간을 나타낸다.

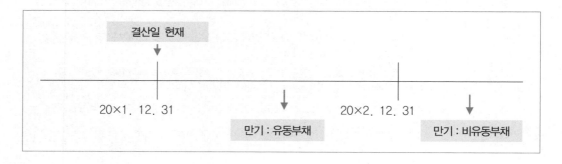

2 유동부채의 종류

유동부채의 항목을 요약하면 다음과 같다.

매입채무	일반적인 상거래에서 발생한 외상매입금과 지급어음
단기차입금	금융기관으로부터의 당좌차월액과 1년 이내에 상환될 차입금
미지급금	일반적인 상거래 이외에서 발생한 채무
미지급비용	발생된 비용으로서 지급되지 아니한 것
선수금	일반적인 상거래에서 발생한 선수액
선수수익	받은 수익 중 차기 이후에 속하는 금액
예수금	회사가 일시적으로 받아 놓은 금액
유동성장기부채*	비유동부채 중 1년 이내에 상환될 금액

* 비유동부채회계에서 다룬다.

1) 매입채무

① 외상매입금

외상매입금은 상품을 외상으로 매입하고 당장의 현금지급을 일정기간 유예했을 때 그 금액을 말하는 것이다. 앞에서 외상매출금을 보면서 같이 다루었던 개념이다.

판매업을 영위하는 (주)삼일은 상품 100,000원을 외상으로 구입하였다.
구입시와 외상대금 지급시의 분개를 하시오.

풀 이

1. 구입시
   (차) 매입   100,000   (대) 외상매입금   100,000
   단, 재고자산 계정을 3분법으로 기입할 때를 가정하였음.
2. 대금지급시
   (차) 외상매입금   100,000   (대) 현금   100,000

② 어음상의 채무 : 지급어음

외상으로 상품을 구매시 상품대금 약속을 구두로 하는 경우도 있지만, 구매자 측에서 언제까지 대금을 지급하겠다는 약속으로 어음을 발행하는 것이 일반적이다.

일반기업회계기준에서는 앞에서 본 외상매입금과 지급어음을 합쳐서 매입채무라는 계정과목을 사용하도록 하고 있지만 회사내부에서는 관리목적상 별도의 계정을 사용하고 재무상태표에 공시할 때에만 금액을 합쳐서 나타내면 된다.

예 제

다음 거래를 분개하시오.
1. 300,000원의 상품을 외상으로 구입하였다.
2. 외상구입한 대금 300,000원을 결제하기 위해 약속어음을 발행하였다.
3. 상기의 어음이 만기가 되어 결제되었다.

풀 이

1. (차) 매입   300,000   (대) 외상매입금   300,000
2. (차) 외상매입금   300,000   (대) 지급어음   300,000
3. (차) 지급어음   300,000   (대) 당좌예금   300,000

2) 남에게 빌린 돈 : 차입금

차용증서에 의하여 금전을 빌린 때 발생하는 부채를 차입금이라고 하며 차입금 중에서도 결산일로부터 상환일이 1년 이내인 차입금을 단기차입금이라고 한다.

차입금을 사용하면 통상적으로 이자를 지급하게 된다.

차입금으로 인하여 이자가 발생하는 것은 회사의 입장에서 비용이 발생한 것이고 이자비용이라는 계정과목을 사용하여 회계처리한다.

구분	계정	계정과목
남에게 빌린 돈	부채	차입금
빌린 돈의 이자	비용	이자비용

그러면 돈을 빌려준 입장에서 보자.

거래상대방에게 빌려준 돈을 대여금이라고 하며 대여금 중에서도 결산일로부터 상환일이 1년 이내인 대여금을 단기대여금이라 한다.

구분	계정	계정과목
남에게 빌려준 돈	자산	대여금
빌려주고 받은 이자	수익	이자수익

예 제

다음 거래를 (주)삼일의 입장에서 분개하시오.
1. (주)삼일은 용산은행으로부터 사업자금으로 1,000,000원을 차입하였다(상환일이 결산일로부터 1년 이내라 가정한다).
2. 3개월 후 차입금에 대하여 40,000원의 이자를 지급하였다.
3. 만기가 되어 차입금 1,000,000원을 상환하였다.

자산증가		부채증가	
1. (차) 현금	1,000,000	(대) 단기차입금	1,000,000

비용발생		자산감소	
2. (차) 이자비용	40,000	(대) 현금	40,000

부채감소		자산감소	
3. (차) 단기차입금	1,000,000	(대) 현금	1,000,000

만약 상품을 구입하고 대금지급을 약속하기 위해 어음을 발행하는 것이 아니라, 돈을 빌리기 위해 어음을 발행하는 경우는 어떻게 회계처리할까?

이때에는 지급어음(매입채무)이 아닌, 차입금으로 회계처리해야 한다.

3) 미지급금

매입채무가 상거래에서 발생한 채무라면 미지급금은 일상적인 상거래 이외의 거래나 기타 계약 등에 의하여 이미 발생한 채무 중 아직 지급되지 아니한 것으로서 결산일로부터 1년 이내에 갚아야 하는 부채를 말한다.

다음 거래를 (주)삼일과 (주)용산의 입장에서 분개하시오.
(주)삼일은 (주)용산으로부터 800,000원의 기계장치를 외상으로 구입하고, 1달 후에 대금을 지급하였다.

1. (주)삼일
   ① 구입시

자산증가		부채증가	
(차) 기계장치	800,000	(대) 미지급금	800,000

② 대금 지급시

부채감소		자산감소	
(차) 미지급금	800,000	(대) 현금	800,000

2. (주)용산
① 처분시

자산증가		자산감소	
(차) 미수금	800,000	(대) 기계장치	800,000

② 대금 수령시

자산증가		자산감소	
(차) 현금	800,000	(대) 미수금	800,000

4) 미지급비용

빌딩을 임차하여 영업활동을 하고 있는 회사가 있다. 임차기간은 7월 1일부터 다음해 6월 30일까지이며, 1년치 임차료 10,000,000원은 임차기간 종료시점에 지급해야 한다.

7월 1일부터 12월 31일까지는 임차료로 아직 지급하지 않았지만 6개월간 임차해 사용하였으므로 6개월분 임차료를 비용과 부채로 인식하여야 한다.

비용발생		부채증가	
(차) 임차료	5,000,000	(대) 미지급비용	5,000,000

이와 같은 거래를 인식하기 위해 사용하는 계정과목이 미지급비용이다.

미지급비용계정으로 처리되는 전형적인 항목에는 미지급급여, 미지급이자, 미지급수수료, 미지급임차료, 미지급보험료 등이 있다.

미지급비용의 상대 계정과목은 미수수익으로서 수익이 발생하였으나 아직 그 대가를 받지 못한 금액을 말한다.

예제

(주)삼일은 7월 1일 용산은행으로부터 100,000원을 1년간 차입하였다. 1년 뒤에 10%의 이자와 함께 원금을 상환하기로 한 경우 7월 1일과 12월 31일 그리고 상환시의 회계처리를 하시오.

풀이

① 7. 1

자산증가		부채증가	
(차) 현금	100,000	(대) 단기차입금	100,000

② 12. 31

비용발생		부채증가	
(차) 이자비용	5,000*	(대) 미지급비용	5,000

* 차입기간동안의 이자는 100,000원×10%=10,000원
  이 중 당기에 귀속되는 이자는 10,000원×6/12=5,000원

③ 상환시

부채감소/비용발생		현금감소	
(차) 단기차입금	100,000	(대) 현금	110,000
미지급비용	5,000		
이자비용	5,000		

5) 상거래에서 미리 받은 계약금 : 선수금

물건을 팔기 전에 물건대금의 일부를 먼저 받는 경우가 있다.

그러나 계약금만 받았을 뿐이지 소유권이 이전된 것은 아니기 때문에 이 시점에서는 매출로 인식할 수 없다.

기업은 현금이 들어왔으므로 자산이 증가하는데, 그 대가로 추후에 물건을 제공해야 하는 의무를 발생시키므로 부채가 증가하며, 이때 선수금 계정을 사용한다.

자산증가		부채증가	
(차) 현금	×××	(대) 선수금	×××

이러한 선수금의 상대계정은 유동자산 중 선급금 계정이 된다.

예 제

다음 거래를 (주)삼일과 (주)용산의 입장에서 분개하시오.
(주)삼일은 (주)용산에 100,000원의 상품을 매출하기로 약속하고, 현금 30,000원을 계약금으로 받았다. 후일 상품을 인도하고 잔액 70,000원을 현금으로 받았다.

풀 이

1. (주)삼일
　① 계약금 수령시

자산증가		부채증가	
(차) 현금	30,000	(대) 선수금	30,000

　② 상품인도 후 잔액수령시

자산증가/부채감소		수익발생	
(차) 현금	70,000	(대) 매출	100,000
선수금	30,000		

상품 인도시에
수익으로 인식

2. (주)용산

　① 계약금 지급시

자산증가		자산감소	
(차) 선급금	30,000	(대) 현금	30,000

　② 상품인수 후 잔액지급시

자산증가		자산감소	
(차) 상품	100,000	(대) 선급금	30,000
		현금	70,000

6) 선수수익

선수수익은 일정기간 동안 계속적으로 용역을 제공하기로 약정하고 수취한 수익 중 차기 이후에 속하는 금액으로 차기 이후의 비용으로 이연하는 선급비용과 대응하는 계정이다. 이들은 기간손익을 정확히 산정하기 위하여 차기 이후에 속하는 수익과 비용을 이연시키는 계정이다. 이자수익, 임대료, 수입수수료 등의 선수금액이 대표적인 선수수익에 해당된다.

〈이연비용〉   〈이연수익〉
선급비용   ↔   선수수익

예 제

다음 거래를 분개하시오.
20×1년 10월 1일 : 건물을 임대해 주고 6개월분의 임대료로 1,500,000원을 현금으로 받다.
20×1년 12월 31일 : 결산수정분개를 하다.
20×2년 3월 31일 : 상기 선수수익에 대하여 수익을 인식하다.

풀 이

---

1. 20×1. 10. 1.

자산증가		수익발생	
(차) 현금	1,500,000	(대) 임대료	1,500,000

2. 20×1. 12. 31.

수익감소		부채증가	
(차) 임대료	750,000	(대) 선수수익	750,000

1,500,000원×3/6=750,000원

3. 20×2. 3. 31.

부채감소		자산감소	
(차) 선수수익	750,000	(대) 임대료	750,000

7) 예수금

예수금이란 거래처 또는 종업원으로부터 일시적으로 현금을 수취하고 후에 이를 다시 반환하거나 해당기관에 납부할 때까지 기록하기 위하여 사용하는 계정이다.

종업원이 납부해야 할 소득세, 국민연금, 건강보험료 등을 일시적으로 현금으로 수취하고 후에 회사가 대신 납부하여 주는 경우 예수금이 발생한다. 즉, 종업원에게 급여를 지급할 때 회사가 종업원 대신 납부할 금액을 공제하여 급여를 지급하고 이를 해당기관에 납부할 때까지 예수금계정에 기록한다.

예 제

다음 거래를 분개하시오.
1. 종업원 급여 지급 시 총급여 500,000원 중에서 근로소득세 50,000원과 건강보험료 30,000원을 차감하고 420,000원을 지급하였다.
2. 그 후 다음달에 근로소득세 50,000원과 건강보험료 30,000원을 세무서와 건강보험공단에 납부하였다.

풀 이

1. 급여지급시

비용발생		자산감소/부채증가	
(차) 급여	500,000	(대) 현금	420,000
		예수금	80,000

2. 예수금납부시

부채감소		자산감소	
(차) 예수금	80,000	(대) 현금	80,000

8) 가수금

현금을 수취하였으나 수입의 출처가 불분명하여 어느 계정에 처리해야 할지 결정되지 않은 경우에 임시적으로 사용하는 계정이다.

가수금은 후일에 출처가 파악되어 계정과목이 결정되면 반드시 해당 계정과목에 대체하여야 한다. 한편, 이와 대응되는 지급용도가 불분명할 때 임시로 처리하는 자산계정은 가지급금이다.

예제

다음 거래를 분개하시오.
1. 내용불명의 돈 100,000원이 입금되었다.
2. 확인해보니 거래처로부터 송금된 외상매출금이었다.

풀이

	자산증가			부채증가	
1. (차) 현금	100,000		(대) 가수금	100,000	

	부채감소			자산감소	
2. (차) 가수금	100,000		(대) 외상매출금	100,000	

---

02   비유동부채

1 비유동부채의 의의

비유동부채는 지급기일이 결산일로부터 1년 이후에 도래하는 장기채무이다.

기계장치같은 유형자산은 상품과는 달리 현금화가 바로 되는 자산이 아니므로 취득자금을 단기채무의 형태로 조달하는 경우 자금사정이 악화될 수 있다. 따라서 거액의 돈이 소요되는 설비투자의 경우에는 주식발행 등과 같은 자기자본의 조달이나 지급기일이 1년 이후에 도래하는 비유동부채를 통해 재원을 조달하는 것이 일반적이다.

2 비유동부채의 종류

비유동부채의 항목을 요약하면 다음과 같다.

사채	주식회사가 일반 대중에게 자금을 모집하려고 집단적 대량적으로 발행하는 채권
장기차입금	지급기일이 결산일로부터 1년 이후에 도래하는 차입금
퇴직급여충당부채	종업원이 퇴직할 때의 퇴직금 지급을 위한 충당부채

1) 사채

① 사채의 의의

사채는 주식회사가 회사의 의무를 나타내는 증서를 발행해주고 일반투자자들로부터 자금을 조달하는 방법이다.

장기차입금은 돈을 빌려주는 주체가 대부분 금융기관에 한정되지만 사채는 거액의 돈이라도 작은 단위까지 나누어 사채를 발행할 수 있기 때문에 일반투자자들로부터 널리 자금을 조달할 수 있는 장점이 있다.

회사채를 발행한 회사의 입장에서는 비유동부채인 사채로 회계처리하여야 하며 회사채에 투자한 투자자의 입장에서는 보유의도와 보유능력에 따라 단기매매증권·매도가능증권·만기보유증권 중 하나로 회계처리하게 된다.

② 사채의 가격결정요건

주식은 액면금액을 가지고 있지만 반드시 그 액면금액으로 거래되지는 않는다. 사채도 마찬가지로 액면금액을 가지고 있지만 액면금액보다 비싸게 발행되기도 하고 액면금액보다 싸게 발행되기도 한다. 그 원인은 사채의 액면이자율과 시장이자율의 차이 때문이다.

사채의 액면이자율이란 사채의 발행 시 발행회사에서 사채의 액면금액에 대해 지급하기로 약정한 이자율이며, 시장이자율은 그 회사가 발행한 사채가 시장에서 거래될 때 적용되는 이자율이다. 신용도가 높은 튼튼한 회사가 발행한 사채의 경우 낮은 시장이자율로 거래되며 신용도가 낮은 위태위태한 기업이 발행한 사채의 경우 높은 시장이자율로 거래가 되기 마련이다.

동일한 액면금액과 액면이자율로 사채를 발행한 A회사와 B회사가 있다고 하자.

	A회사	B회사
액면가액	1,000,000원	1,000,000원
액면이자율	10%	10%
시장이자율	5%	20%

A회사의 경우 액면이자율이 시장이자율보다 높다. 회사로부터 받는 이자가 이 기업의 적정한 이자율인 시장이자율보다 높으므로 너도나도 이 사채에 투자하려고 할 것이고, 이때에는 사채의 가격이 액면금액보다 더 높아지게 된다. 이를 사채의 할증발행이라 한다.

B회사의 경우 액면이자율이 시장이자율보다 낮다. 이 경우 기업의 적정한 이자율인 시장이자율에 비해 B사로부터 받을 수 있는 이자가 낮으므로 누구도 이 사채를 사려고 하지 않을 것이다. 따라서 회사는 투자자들을 유인하기 위하여 사채의 발행가격을 액면금액보다 낮추어 발행하여 액면이자율이 낮은 것을 만회하려 할 것이다. 이를 사채의 할인발행이라 한다.

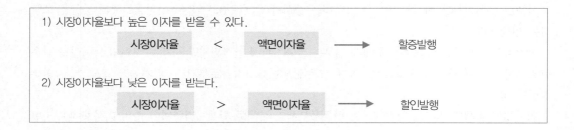

1) 시장이자율보다 높은 이자를 받을 수 있다.

시장이자율　<　액면이자율　⟶　할증발행

2) 시장이자율보다 낮은 이자를 받는다.

시장이자율　>　액면이자율　⟶　할인발행

㉠ 사채의 액면발행

사채의 발행가액과 사채의 액면금액이 같은 경우를 액면금액으로 발행했다고 하여 액면발행이라 한다. 사채 액면금액 100,000원을 액면발행한다면 다음과 같다.

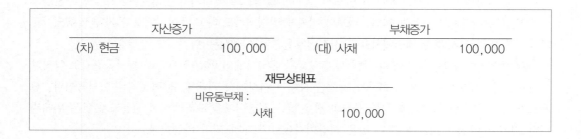

자산증가		부채증가	
(차) 현금	100,000	(대) 사채	100,000

재무상태표

비유동부채 :

사채　　100,000

㉡ 사채의 할인발행

사채의 발행가액보다 사채의 액면금액이 큰 경우를 할인발행하였다고 한다. 사채 액면금액 100,000원을 97,000원에 할인발행한다면 회계처리는 다음과 같다.

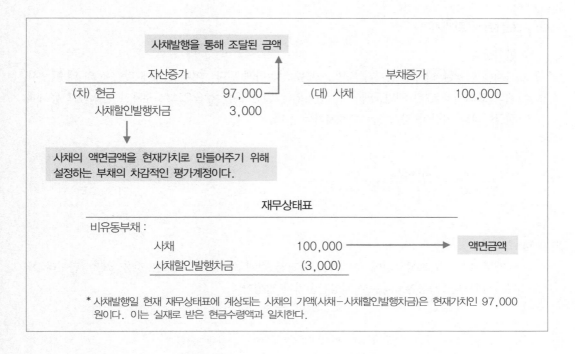

ⓒ 사채의 할증발행

사채의 발행가액보다 사채의 액면금액이 작은 경우를 할증발행하였다고 한다. 사채 액면금액 100,000원을 103,000원에 할증발행한다면 회계처리는 다음과 같다.

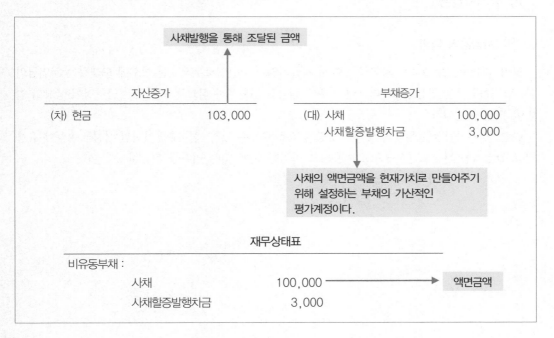

③ 사채상환시 회계처리

　㉠ 만기상환

　　사채를 발행한 회사는 만기가 되면 사채를 상환하게 된다. 이때 만기에 갚는 돈의 액수는 사채의 표면에 기재된 액면금액이다. 만기일에 빌린 돈을 갚음으로써 부채가 감소하고 동시에 현금이라는 자산이 감소하는 회계처리를 한다.

부채감소		자산감소	
(차) 사채	100,000	(대) 현금	100,000

　㉡ 조기상환

　　사채발행회사의 자금사정이 좋아져서 만기일 전에 사채를 상환하는 것을 조기상환이라 한다. 사채의 조기상환시에는 사채상환손익이 발생한다.

> 현금상환액 > 사채의 장부금액 → 사채상환손실
> 현금상환액 < 사채의 장부금액 → 사채상환이익

2) 장기차입금

① 장기차입금의 의의

　장기차입금은 말 그대로 차입금 중에서 지급기일이 결산일로부터 1년 이후에 도래하는 차입금이다. 단기차입금은 결산일로부터 1년 이내에 원금을 상환해야 하므로 회사의 자금사정에 상당한 압박이 되기 마련이다.

　반면, 장기차입금은 원금의 상환을 상당기간 유예할 수 있기 때문에 장기적인 시설투자 등에 유용하고 안정적인 자금조달수단으로 이용되고 차입한 돈에 대한 이자를 지급하여야 한다.

예 제

20×1년 1월 1일 은행으로부터 다음의 돈을 빌렸다.

- 원금 : 3,000,000원
- 만기 : 3년
- 이자율 : 10%, 매년 말 지급

20×1년 1월 1일 차입시와 20×1년 12월 31일 이자지급시에 필요한 분개를 하시오.

풀 이

1. 20×1. 1. 1

자산증가		부채증가	
(차) 현금	3,000,000	(대) 장기차입금	3,000,000

2. 20×1. 12. 31

비용발생		자산감소	
(차) 이자비용	300,000	(대) 현금	300,000

② 장기차입금의 유동성대체

장기차입금의 구분기준은 계약기간의 장·단기와 관계가 있다. 다만, 차입당시에는 장기차입금이었다 하더라도 기간이 경과함에 따라 상환기일이 보고기간종료일일로부터 1년 이내에 도래하게 되면 장기차입금을 유동부채 중 유동성장기부채과목으로 대체해야 한다.

예 제

(주)삼일은 20×1년 1월 1일 은행으로부터 장기차입금 1,000,000원을 빌리고 3년 뒤에 만기
일시상환하였다.
(주)삼일이 동 차입금과 관련하여 일자별로 수행해야 할 분개는?(단, 이자지급 분개는 생략함)

풀 이

1. 20×1. 1. 1

자산증가		부채증가	
(차) 현금	1,000,000	(대) 장기차입금	1,000,000

2. 20×2. 12. 31

부채감소		부채증가	
(차) 장기차입금	1,000,000	(대) 유동성장기부채	1,000,000

재무상태표	
유동부채 :	
유동성장기부채	1,000,000

3. 20×3. 12. 31

부채감소		자산감소	
(차) 유동성장기부채	1,000,000	(대) 현금	1,000,000

3) 퇴직급여충당부채

기업은 미래의 퇴직금 지급에 대비하여 매년 결산시 미래에 지급할 퇴직금과 관련한 부채를 인식
하여야 한다. 이때 인식하는 퇴직급여충당부채는 보고기간 말 현재 전 종업원이 일시에 퇴직할 경우
지급하여야 할 퇴직금에 상당하는 금액으로 한다.

① 퇴직급여충당부채의 의의

퇴직금은 종업원이 입사한 때부터 퇴사할 때까지 회사를 위해 근로를 제공한 대가로 퇴직시 일시
에 지급하는 급여를 말한다. 이러한 퇴직금은 '퇴직급여 보장에 관한 법률'이나 회사의 내부규정에

따라 지급하는데 기본적인 계산구조는 '평균급여×근속연수'이다. 따라서 퇴직금은 근속연수가 늘어나게 되거나 퇴직직전연도의 평균급여가 증가하면 같이 증가하게 된다.

예를 들어 5년간 회사에서 근무한 사람의 퇴직금이 5,000,000원이라 하자.

근로의 대가로 받은 퇴직금 5,000,000원은 5년 동안에 누적적으로 발생하는 것이므로 실제 지급시점에서 전액을 비용처리한다면 발생주의 원칙에 위배되고 기간손익이 왜곡된다. 따라서 퇴직금은 지급시점에서 전액을 비용처리할 것이 아니라 근로를 제공한 5년 동안 비용으로 처리하는 것이 타당하다. 이렇게 기간경과에 따른 퇴직금증가분을 매 회계연도에 부채와 비용으로 인식하기 위하여 사용하는 계정이 퇴직급여충당부채와 퇴직급여이다.

② 퇴직급여충당부채의 회계처리

기업은 결산일 현재 전 임직원이 퇴사할 경우 지급하여야 할 퇴직금예상액(퇴직금추계액)을 퇴직급여충당부채로 설정하여야 한다. 따라서 매기 결산 시 수행할 퇴직급여충당부채와 관련한 회계처리는 다음과 같다.

첫째, 결산수정 전 퇴직급여충당부채 잔액을 확인한다. 이는 퇴직급여충당부채 기초잔액에서 당기 중 퇴직자에게 지급한 퇴직금을 차감하여 구한다.

둘째, 당기 말 현재 전 임직원이 퇴직한다고 가정할 경우 지급하여야 할 퇴직금 총액(퇴직금추계액)을 구한다. 이 금액이 기말 퇴직급여충당부채 잔액이 되어야 한다.

셋째, 다음의 식을 통해 당기에 추가로 설정해야 할 퇴직급여를 구한다.

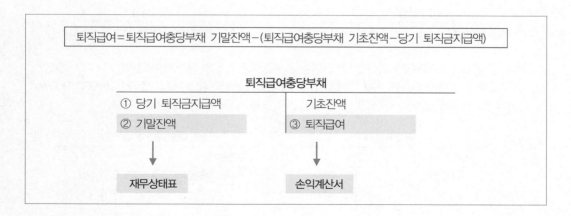

• 퇴직급여충당부채 설정 :

(차) 퇴직급여	×××	(대) 퇴직급여충당부채	×××

135

예 제

다음 거래를 분개하시오.
1. 전 임직원이 당해 연도 말에 퇴직한다고 가정할 경우에 지급하여야 할 퇴직금총액은
   15,000,000원이다.
2. 기초 퇴직급여충당부채의 잔액은 12,000,000원이다.
3. 당해연도에 퇴직한 임직원들에게 실제로 지급한 퇴직금은 2,500,000원이다.

풀 이

먼저 퇴직급여충당부채계정을 살펴보자.

퇴직급여충당부채

퇴직금지급액	2,500,000	기초잔액	12,000,000
기 말 잔 액	15,000,000	퇴직급여	5,500,000

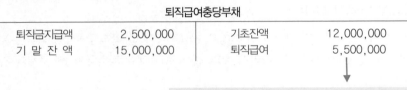

15,000,000원-(12,000,000원-2,500,000원)

1. 퇴직금 지급시 분개 :

부채감소		자산감소	
(차) 퇴직급여충당부채	2,500,000	(대) 현금	2,500,000

2. 결산시 퇴직급여충당부채 추가설정 분개 :

비용발생		부채증가	
(차) 퇴직급여	5,500,000	(대) 퇴직급여충당부채	5,500,000

퇴직금 2,500,000원을 지급하면 퇴직급여충당부채잔액은 9,500,000원(기초잔액 12,000,000원
-지급액 2,500,000원)이 된다. 그런데, 당기말 현재 퇴직급여충당부채의 잔액은 15,000,000원
이어야 하므로 5,500,000원(15,000,000원-9,500,000원)을 더 설정해야 한다.

손익계산서		재무상태표	
비용 :		비유동부채 :	
퇴직급여	5,500,000	퇴직급여충당부채	15,000,000

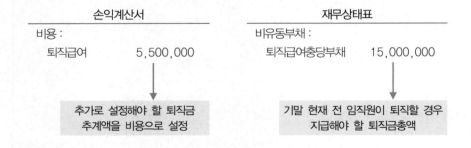

추가로 설정해야 할 퇴직금 추계액을 비용으로 설정	기말 현재 전 임직원이 퇴직할 경우 지급해야 할 퇴직금총액

③ 퇴직보험제도 회계처리

퇴직금제도를 채택한 기업이 회사청산이나 부도 등으로 인하여 회사가 퇴직금을 지급하지 못하는 경우에 대비하여 회사가 종업원의 수급권을 보장하기 위하여 퇴직보험 가입한 경우의 회계처리는 다음과 같다.

㉠ 퇴직보험에 가입한 경우의 회계처리

ⓐ 퇴직보험료로 납입한 금액에서 보험회사가 사업비로 충당하는 금액을 차감한 잔액을 자산으로 처리한다.

(차) 퇴직보험예치금	×××	(대) 현금및현금성자산	×××
지급수수료(사업비)	×××		

ⓑ 이자수익과 특별배당금의 수령은 영업외수익으로 계상하며 동 금액을 납입할 보험료로 대체할 경우 다음과 같이 회계처리한다.

(차) 퇴직보험예치금	×××	(대) 이자수익	×××

ⓒ 단체퇴직보험을 퇴직보험으로 전환한 경우

회사가 종전에 가입했던 단체퇴직보험을 퇴직보험으로 전환한 경우에는 다음과 같이 회계처리한다.

(차) 퇴직보험예치금	×××	(대) 단체퇴직보험예치금	×××

㉡ 퇴직보험의 재무상태표 표시

회사가 종업원의 수급권을 보장하는 퇴직보험에 가입한 경우 퇴직보험예치금은 퇴직급여충당부채에서 차감하는 형식으로 표시한다. 다만, 퇴직보험예치금액이 퇴직급여충당부채를 초과하는 경우의 당해 초과액은 투자자산의 과목으로 표시한다.

4) 퇴직연금제도

퇴직연금제도란 회사가 근로자의 퇴직급여를 금융기관에 맡겨 운용한 뒤 근로자가 퇴직할 때 연금이나 일시금으로 주는 제도이다. 종전의 퇴직금제도하에서는 기업이 도산할 경우 퇴직금의 전부 또는 일부를 받지 못하는 문제가 발생할 수 있다. 이에 근로자들의 퇴직급여 수급권을 보장하고 최근의 금융, 경제환경 변화에 맞는 새로운 제도의 필요성이 커져 퇴직연금제도가 2005년 12월부터 도입되었다.

퇴직연금은 '확정급여형'(DB)과 '확정기여형'(DC)으로 나뉜다. 확정급여형 퇴직연금제도(Defined Benefit : DB)는 근로자가 받을 퇴직급여의 규모와 내용이 사전에 약정되는 제도로서 가입자가 받을 퇴직급여가 미리 확정되고, 회사가 부담할 금액이 운용 실적에 따라 달라진다. 운용에 따른 리스크(위험)나 가입자에 대한 최종 지급책임이 모두 회사 몫이다. 이에 반해 확정기여형 퇴직연금제도(Defined Contribution: DC)는 기업의 부담금이 사전에 확정되는 제도로서 회사가 부담할 금액이 미리 확정되고, 가입자가 받을 퇴직급여는 운용 실적에 따라 달라진다. 회사는 금융기관에 정해진 부담금을 입금하는 것으로 의무가 끝나며, 그 이후 운용에 관한 내용은 모두 가입자가 결정하고 책임진다.

퇴직연금의 종류	종업원 수령액	회사 부담금	퇴직연금소유권	회계처리
확정급여형(DB)	확정적 (연금 또는 일시금)	불확정적	회사	부채로 인식
확정기여형(DC)	불확정적	확정적	종업원	부담금 납입액을 비용으로 처리

① 확정급여형 퇴직연금제도에 가입한 경우의 회계처리

ㄱ) 퇴직급여 관련된 부채의 인식

보고기간종료일 현재 종업원이 퇴직할 경우 지급하여야 할 퇴직일시금에 상당하는 금액을 측정하여 퇴직급여충당부채로 계상한다.

| (차) 퇴직급여 | ××× | (대) 퇴직급여충당부채 | ××× |

종업원이 연금수령을 선택할 때 회사가 퇴직일시금 상당액을 일시납 연금상품을 구매하도록 정하는 경우 회사는 연금상품을 구매하는 것으로 지급의무가 종결된다. 이 경우 종업원이 퇴직한다면 다음과 같이 회계처리한다.

| (차) 퇴직급여충당부채 | ××× | (대) 퇴직연금운용자산 | ××× |

ⓛ 퇴직연금 납입시

기업이 불입한 퇴직연금운용자산은 기업이 직접 보유하고 있는 것으로 보아 회계처리한다.

(차) 퇴직연금운용자산	×××	(대) 현금및현금성자산	×××

ⓒ 확정급여형퇴직연금의 재무상태표 표시

부분재무상태표

비유동부채	
퇴직급여충당부채	×××
퇴직연금운용자산	(×××)

② 확정기여형퇴직연금제도에 가입한 경우의 회계처리

확정기여형퇴직연금제도를 설정한 경우에는 당해 회계기간에 대하여 회사가 납부하여야 할 부담금(기여금)을 퇴직급여(비용)로 인식한다.

(차) 퇴직급여	×××	(대) 현금및현금성자산	×××

✓ O, X 퀴즈

01 지급기일이 1년을 초과하더라도 정상적인 영업주기 이내에 지급하여야 하는 매입채무 등은 유동부채로 분류한다.

02 일반적인 상거래 이외에서 발생한 채권·채무는 미수금(채권자), 선수금(채무자)으로 각각 계상된다.

03 사채 액면이자율이 시장이자율보다 낮게 발행한 경우를 사채의 할증발행이라 한다.

01	○	만기가 결산일로부터 1년 이내에 도래하면 유동부채이다. 다만, 영업활동에서 발생한 매입채무 등은 1년을 초과하여 결제되더라도 정상적인 영업주기 이내에 지급하는 것이라면 유동부채로 분류한다.
02	×	선수금은 일반적인 상거래에서 발생한 선수액을 말한다. 일반적인 상거래 이외에서 발생한 채무에 대하여는 미지급금으로 계상하여야 한다.
03	×	액면이자율이 시장이자율보다 낮게 발행한 경우는 사채의 할인발행이다.

Ⅲ 자본계정 살펴보기

01 자본의 의의

회사의 자산은 크게 두 가지 원천으로부터 조달된다. 바로 부채와 자본이다.

- 채권자가 제공하는 자금 : 부채(타인자본)
- 소유주가 제공하는 자금 : 자본(자기자본)

기업의 자본은 다음의 식으로 계산된다.

$$자본 = 자산 - 부채$$

자본은 자산에서 부채를 차감한 잔액으로서 회사에 자금을 투자한 소유주의 몫을 나타낸다. 자본과 부채는 성격상 다음과 같은 차이가 존재한다. 우선 부채로 자금을 조달하는 경우 채권자는 자금을 제공하는 대가로 확정된 청구권을 갖는다. 이에 반해 자본으로 자금을 조달하는 경우 소유주는 확정된 청구권을 갖는 것이 아니고 경영성과에 따라 귀속되는 지분이 달라지는 특성을 지니고 있다. 즉, 이익이 발생하면 자본(소유주지분)이 증가하고 손실이 발생하면 자본이 감소하게 된다.

채권자	주주
이익발생여부와 관계없이 확정이자를 받는다.	배당은 이익발생여부에 영향을 받으며 그 금액도 사전에 확정되어 있지 않다.
회사 해산시 채권자는 주주에 우선하여 청구권을 갖는다.	주주는 잔여재산에 대하여만 청구권을 갖는다.
채권자는 의결권이 주어지지 않으며 회사 경영에 참가할 수 없다.	주주는 의결권을 행사함으로써 회사의 경영에 참가한다.

02 자본의 분류

개인회사의 경우 자본은 설립시 출자한 금액과 한 해 동안 벌어들인 이익의 합계로 이루어진다.

$$자본 = 자본금 + 이익 (= 수익 - 비용)$$

한편, 주식회사의 자본은 발생원천에 따라 다음과 같이 구분한다.

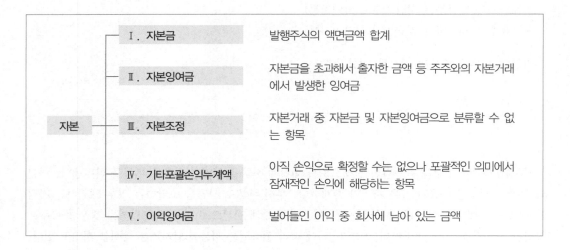

	Ⅰ. 자본금	발행주식의 액면금액 합계
	Ⅱ. 자본잉여금	자본금을 초과해서 출자한 금액 등 주주와의 자본거래에서 발생한 잉여금
자본	Ⅲ. 자본조정	자본거래 중 자본금 및 자본잉여금으로 분류할 수 없는 항목
	Ⅳ. 기타포괄손익누계액	아직 손익으로 확정할 수는 없으나 포괄적인 의미에서 잠재적인 손익에 해당하는 항목
	Ⅴ. 이익잉여금	벌어들인 이익 중 회사에 남아 있는 금액

03 자본금

1 자본금의 의의

주식회사를 설립하기 위해서는 주식을 발행해야 하는데 이때 발행하는 주식의 액면가상당액을 자본금이라 하며, 다음과 같이 계산한다.

$$자본금 = 발행주식수 \times 1주당 액면금액$$

예를 들어, 1주당 액면금액이 5,000원인 주식을 1,000주 발행하였다면 자본금은 5,000원×1,000주=5,000,000원이 된다.

주식회사의 주주는 투자액 이상의 책임은 없는 유한책임을 부담하므로 채권자를 보호해야 할 필요가 있다. 자본금은 바로 채권자를 보호하기 위한 회사의 최소한의 재산으로서의 의미를 갖는다.

┨ 채권자의 권리 보호 ┠

자본을 납입자본과 이익잉여금으로 구분하는 것은 배당과 관련해서 매우 중요하다. 주주에게 현금배당을 할 때는 이익잉여금으로만 배당을 해야 하며 납입자본으로는 배당을 할 수 없다. 왜냐하면 이를 자유롭게 하면 주주가 납입자본을 모두 배당해서 소유주는 출자금 없이 채권자의 부채만으로 기업을 운영할 수 있어서 채권자의 권리가 보호될 수 없기 때문이다.

---

2 주식의 발행

회사는 설립시와 설립 후 필요에 따라 주식을 발행하는데, 이때 자본금계정은 반드시 액면금액으로 기록해야 한다.

주식의 액면금액은 회사의 법정자본금을 의미하는 것이므로 주주가 불입하는 금액과 반드시 일치하는 것은 아니다. 따라서 액면금액을 초과해서 주식을 발행할 수도 있고 아주 드물게는 액면금액보다 낮은 금액으로 주식을 발행할 수도 있다.

1) 액면발행

주식을 액면발행하는 경우에는 액면금액 전액을 자본금계정으로 기록한다.

액면 5,000원의 주식 1,000주를 액면발행한 경우의 회계처리는 다음과 같다.

자산증가		자본증가	
(차) 현금	5,000,000	(대) 자본금	5,000,000

재무상태표

자산 :		자본 :	
Ⅰ. 유동자산		Ⅰ. 자본금	
(1) 당좌자산		5,000,000	
1. 현금	5,000,000		

2) 할증발행

액면금액을 초과하여 주식을 발행하는 것을 할증발행이라 한다. 이때 액면금액은 자본금으로 처리하고, 이를 초과하는 금액은 주식발행초과금(자본잉여금)으로 처리한다.

LX 전자 유상증자 발행내역

Ⅰ. 모집 또는 매출에 관한 일반사항

1. 공모개요

(단위: 원, 주)

증권의 종류	증권수량	액면가액	모집(매출) 예정가액	모집(매출) 예정총액	모집(매출) 방법
기명식 보통주	19,000,000	5,000	55,900	1,062,100,000,000	주주배정후실권주 일반공모

이사회 결의일: 2018년 11월 3일

액면 5,000원의 주식 1,000주를 1주당 10,000원에 발행한 경우의 회계처리는 다음과 같다.

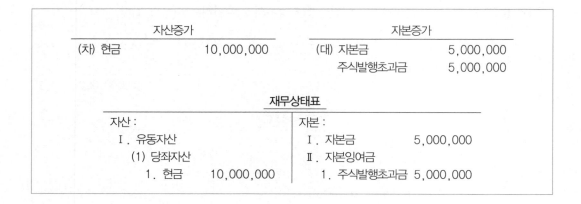

3) 할인발행

주식을 액면금액에 미달하게 발행하는 것을 할인발행이라 한다.

할인발행의 경우 액면금액에 해당하는 금액은 자본금으로 처리하고 납입금액이 액면금액에 미달하는 부분은 주식할인발행차금(자본조정)으로 처리한다.

액면 5,000원의 주식 1,000주를 1주당 4,000원에 발행한 경우의 회계처리는 다음과 같다.

자산증가/자본감소		자본증가	
(차) 현금	4,000,000	(대) 자본금	5,000,000
주식할인발행차금	1,000,000		

재무상태표

자산 :		자본 :	
Ⅰ. 유동자산		Ⅰ. 자본금	5,000,000
(1) 당좌자산		⋮	
1. 현금	4,000,000	Ⅲ. 자본조정	
		1. 주식할인발행차금 (1,000,000)	

4) 신주발행비

신주발행비란 설립일 이후 추가적으로 주식을 발행하기 위하여 직접 발생하는 비용을 말하는데, 이에는 발행수수료, 증자등기비용, 발행공고비용, 증권인쇄비 등이 있다.

신주발행비는 역시 주식발행으로 인해 조달된 현금을 감소시키는 효과가 있으므로 발행가액에서 차감하여야 한다. 즉, 할증발행의 경우에는 주식발행초과금에서 차감하고 할인발행의 경우에는 주식할인발행차금에 가산하여 회계처리한다.

예 제

20×1년 1월 1일 보통주 100주(1주당 액면금액 5,000원)를 1주당 6,000원에 할증발행하는 과정에서 발행수수료와 증자등기비용 등으로 20,000원이 발생하였다.
20×1년 1월 1일에 필요한 분개를 하시오.

풀 이

20×1.1.1
(차) 현금   580,000   (대) 자본금   500,000
                                                주식발행초과금   80,000*
* (6,000원-5,000원)×100주-20,000원=80,000원

04 자본잉여금

1 자본잉여금의 의의

자본잉여금은 자본거래로 인한 자본의 증가분 중 법정자본금(액면금액)을 초과하는 잉여금이다. 자본잉여금은 이익잉여금과는 달리 자본거래에서 발생하므로 손익계산서를 거치지 않고 직접 자본계정에 가감되는 특징을 가지고 있다.

2 자본잉여금의 분류

자본잉여금은 크게 주식발행초과금, 감자차익, 기타자본잉여금으로 분류된다.

자본잉여금 ─┬─ 주식발행초과금
           ├─ 감자차익
           └─ 기타자본잉여금

자본잉여금은 자본거래로부터 발생하는 잉여금이다. 따라서 자본잉여금은 일정한 용도 이외에는 사용할 수 없다.

1) 주식발행초과금

주식발행초과금은 회사의 설립시 또는 증자시에 주식의 액면금액을 초과하여 납입된 금액을 말한다.

2) 감자차익

감자차익은 자본을 감소하는 과정에서 발생한 것으로 자본감소액이 자본을 감소하는 데 소요되는 금액을 초과하는 경우 그 차액을 말한다.

예 제

다음 거래를 분개하시오.
주식 10,000주(1주당 액면금액 5,000원)를 1주당 3,500원으로 매입소각하다.

풀 이

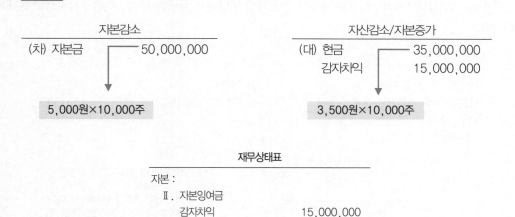

자본감소		자산감소/자본증가	
(차) 자본금	50,000,000	(대) 현금	35,000,000
		감자차익	15,000,000
5,000원×10,000주		3,500원×10,000주	

재무상태표

자본 :
　Ⅱ. 자본잉여금
　　감자차익　　　　　15,000,000

---

3) 기타자본잉여금

주식발행초과금, 감자차익 이외에도 자본거래에서 잉여금이 발생할 수 있다.

예를 들면, 자기주식처분이익은 기타자본잉여금에 포함된다. 이때 자기주식처분이익이란 자기주식의 처분금액이 취득금액을 초과하는 경우 그 차액을 말한다.

05 자본조정

자본조정은 당해 항목의 성격으로 보아 자본거래에 해당하나 최종 납입된 자본으로 볼 수 없거나 자본금이나 자본잉여금으로 분류할 수 없는 항목이다.

이 경우 자본거래란, 주주로부터 기업에 투입된 불입자본이 변동되는 거래를 말한다.

1 주식할인발행차금

주식을 액면금액 이하로 발행한 경우 액면금액에 미달하는 금액은 주식할인발행차금으로 회계처리한다.

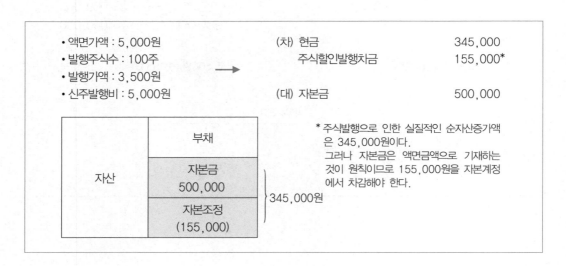

2 자기주식

자기주식이란 주식회사가 일단 발행한 자기회사의 주식을 다시 취득한 것을 말하며, 이를 금고주 (treasury stock) 또는 재취득주식이라고도 한다. 따라서 자기주식은 발행주식의 일부이므로 미발행주식과 구별하여야 한다. 자기주식을 구입하면 취득금액을 자본조정 항목으로 자본에서 차감표시한다.

예 제

다음은 20×1년 중의 자기주식 관련거래 내용이다.
3월 2일 자기주식 10주를 주당 7,000원에 구입하였다.

풀 이

- 20×1. 3. 2
  (차) 자기주식   70,000   (대) 현금   70,000*
  * 7,000원×10주=70,000원

3 감자차손

감자차손은 자본을 감소시키는 과정에서 발생한 것으로 자본감소액이 자본을 감소하는데 소요되는 금액에 미달하는 경우 그 차액을 말한다.

예 제

다음은 20×1년 감자에 관련된 내용이다.
3월 2일 주당액면금액 5,000원의 주식 10주를 감자하면서 주주에게 55,000원을 지급하였다.

풀 이

- 20×1. 3. 2
  (차) 자본금   50,000* (대) 현금   55,000
      감자차손   5,000
  * 5,000원×10주=50,000원

06 　기타포괄손익누계액

　자본항목은 크게 주주가 불입한 불입자본과 불입자본을 이용하여 창출한 손익으로 구분되는데, 이 경우 불입자본에는 앞서 공부한 자본금, 자본잉여금 및 자본조정이 속하며 불입자본을 이용하여 창출한 손익은 확정적으로 벌어들인 손익과 아직 손익으로 확정할 수는 없으나 포괄적인 의미에서의 잠재적인 손익으로 구분할 수 있다. 이 경우 확정적으로 벌어들인 손익을 당기순손익이라 하고, 당기순손익 중 회사에 남아 있는 부분을 이익잉여금이라 하며, 포괄적인 잠재손익을 기타포괄손익누계액이라 한다. 여기에 속하는 계정으로는 대표적으로 매도가능증권평가손익이 있다.

1 매도가능증권평가손익

　매도가능증권을 보유하면서 발생한 평가손익으로 당기순이익에 포함시키지 않고 기타포괄손익으로 인식하여 당기순이익과 차별화되는 회계처리를 한다.
　매도가능증권평가손익은 장기간 투자할 목적으로 보유한 유가증권에서 얻어진 미실현손익으로 가까운 시일 내에 유가증권을 처분해서 실현될 가능성이 낮기 때문에 이를 당기 손익계산서에 반영할 경우 당기순손익이 왜곡되어 표시될 수 있다.

07 　이익잉여금

1 이익잉여금의 의의

　이익잉여금이란 이익창출활동에 의해 벌어들인 이익 중 사외에 유출되지 않고 사내에 남아 있는 부분을 축적한 것으로 자본잉여금과는 달리 손익거래에서 발생한 것이다.

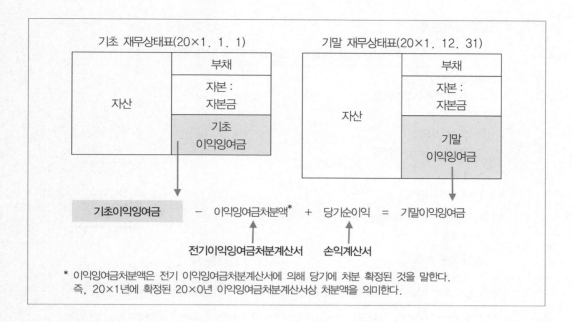

* 이익잉여금처분액은 전기 이익잉여금처분계산서에 의해 당기에 처분 확정된 것을 말한다.
  즉, 20×1년에 확정된 20×0년 이익잉여금처분계산서상 처분액을 의미한다.

2 이익잉여금처분계산서(주석공시)

주식회사가 벌어들인 이익은 다음의 용도로 사용된다.

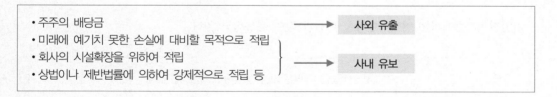

이렇게 주식회사가 벌어들인 이익이 어떠한 용도로 처분되며 처분 후 남아 있는 이익의 잔액이 얼마인지 알려주기 위하여 작성하는 것이 이익잉여금처분계산서이다. 따라서 이익잉여금처분계산서는 미처분이익잉여금에 대한 설명서라고 이해하면 될 것이다.

이익잉여금처분계산서(또는 결손금처리계산서)는 재무상태표의 보충정보로서 상법 등 관련 법규에서 작성을 요구하는 경우에 주석으로 공시한다.

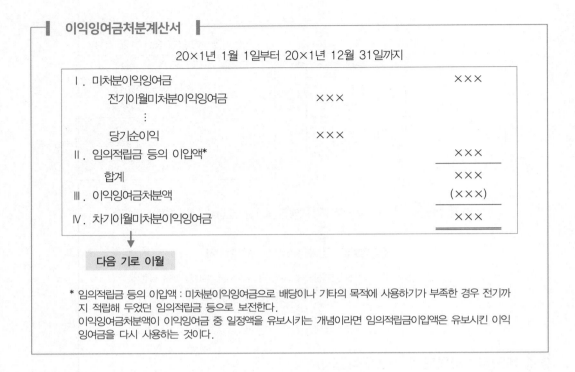

이익잉여금처분계산서

20×1년 1월 1일부터 20×1년 12월 31일까지

Ⅰ. 미처분이익잉여금		×××
전기이월미처분이익잉여금	×××	
⋮		
당기순이익	×××	
Ⅱ. 임의적립금 등의 이입액*		×××
합계		×××
Ⅲ. 이익잉여금처분액		(×××)
Ⅳ. 차기이월미처분이익잉여금		×××

다음 기로 이월

* 임의적립금 등의 이입액 : 미처분이익잉여금으로 배당이나 기타의 목적에 사용하기가 부족한 경우 전기까지 적립해 두었던 임의적립금 등으로 보전한다.
이익잉여금처분액이 이익잉여금 중 일정액을 유보시키는 개념이라면 임의적립금이입액은 유보시킨 이익잉여금을 다시 사용하는 것이다.

3 이익잉여금의 분류

기업회계기준에서는 이익잉여금을 다음과 같이 분류하고 있다.

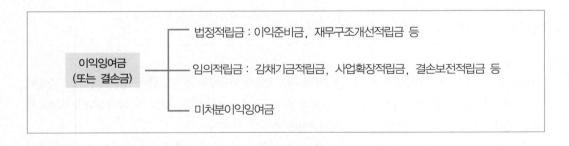

이익잉여금
(또는 결손금)

─ 법정적립금 : 이익준비금, 재무구조개선적립금 등

─ 임의적립금 : 감채기금적립금, 사업확장적립금, 결손보전적립금 등

─ 미처분이익잉여금

1) 이익준비금

채권자를 보호하고 회사의 재무적 기초를 견고히 하고자 상법의 규정에 의하여 자본금의 1/2에 달할 때까지 매 결산기의 현금배당액의 1/10 이상의 금액을 강제적으로 적립하는 법정적립금이다.

당기에 영업을 시작한 (주)삼일의 현금배당액이 200,000원이라면 이익준비금으로 처분되어야 할 금액은 20,000원 이상이어야 한다.

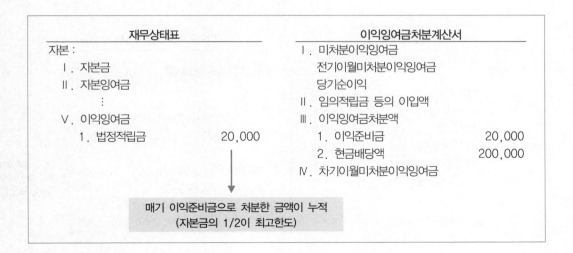

2) 기타 법정적립금

상법 이외의 법률에 따라 적립하는 유보이익을 말하며 재무구조개선적립금 등이 있다.

3) 임의적립금

법률에 의하지 않고 회사가 임의적으로 일정한 목적을 위하여 적립하는 것을 말한다. 회사는 임의 적립금의 적립을 통하여 스스로 배당을 제한하는 효과를 가져 올 수 있다.

임의적립금의 예로는 사업확장적립금, 감채기금적립금, 결손보전적립금 등이 있다. 임의적립금 은 기업이 특정목적을 위해 자발적으로 현금배당을 제한한 것이므로 해당목적이 실현되고 나서는 이를 다시 현금배당할 수 있다.

4) 미처분이익잉여금

회사가 벌어들인 이익 중 배당금을 지급하거나 다른 목적으로 적립한 후 남아 있는 잉여금으로 당기 이익잉여금처분계산서의 차기이월미처분이익잉여금을 말한다.

한편, 회사는 보고기간종료일 후에 이사회에서 승인한 배당을 포함한 이익잉여금의 처분내역을 이익잉여금처분계산서에 기재하여 주주총회에 제출하게 되며, 주주총회에서 재무제표를 최종 확정 하게 된다.

따라서 이익잉여금처분계산서에 포함된 배당은 보고기간종료일 현재 아직 확정되지 않았으므로 재무상태표에서는 부채로 인식하지 않으며, 재무상태표에는 이익잉여금 처분 전의 재무상태를 표시 한다.

재무상태표		이익잉여금처분계산서	
자본 :		Ⅰ. 미처분이익잉여금	×××
Ⅰ. 자본금	×××		
Ⅱ. 자본잉여금	×××	전기이월미처분이익잉여금	×××
Ⅲ. 자본조정	×××	당기순이익	×××
Ⅳ. 기타포괄손익누계액	×××		
Ⅴ. 이익잉여금	×××	Ⅱ. 임의적립금등의 이입액	×××
1. 법정적립금	×××	Ⅲ. 이익잉여금처분액	×××
⋮			
3. 미처분이익잉여금	×××	Ⅳ. 차기이월미처분이익잉여금	×××

주주총회에서 확정시 회계처리한다.

4 배당금

배당이라 함은 회사가 영업활동을 수행한 결과 창출한 이익을 자본을 투자한 주주들에게 보상의 의미로 지급하는 것이다.

	부채	자본금
자금제공자	채권자	주주
자금제공의 대가	이자	배당금
대가의 성격	고정적	변동적

배당금의 지급은 이익잉여금을 기초로 이루어지는데 남아 있는 잔액을 전부 배당금으로 지급하는 회사는 없다.

앞에서 살펴본 것과 같이 이익준비금 등의 적립금으로 이익잉여금의 일부를 적립하여야 하기 때문이다.

배당의 종류에는 현금배당과 주식배당이 있다.

현금배당의 절차를 이해하기 위해서는 배당기준일, 배당선언일과 배당지급일을 먼저 살펴보자.

① 배당기준일

특정일 현재 주주명부에 기재된 주주들에게 배당을 받을 권리가 있다고 할 때 그 특정일이 배당기준일이다. 기말배당에서는 일반적으로 회계연도의 말일이며 중간배당에서는 이사회에서 정한 날이다.

② 배당선언일

　배당의사가 확정된 날을 말하는 것으로 기말배당에서는 주주총회일이고 중간배당에서는 이사회의 결의일이다. 배당이 선언되는 날에 회사와 주주에게 각각 의무와 권리가 발생하기 때문에 이 날을 기준으로 회계에서는 이익잉여금을 감소시키는 기록을 해야 한다.

③ 배당지급일

　배당기준일에 주주로서 확정된 주주에게 실제로 배당을 지급하는 날이다.

1) 현금배당

주주에게 영업활동결과 창출된 이익을 현금으로 지급하는 경우를 현금배당이라 한다.

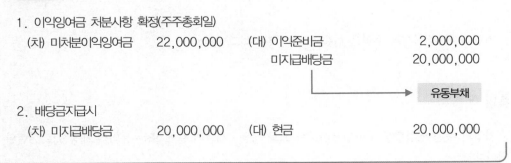

예 제

주주총회에서 이익잉여금의 처분을 다음과 같이 확정하였다. 처분사항 확정시와 현금배당시의 회계처리는?
－현금배당 : 20,000,000원
－이익준비금 : 현금배당액의 10%

풀 이

1. 이익잉여금 처분사항 확정(주주총회일)

　(차) 미처분이익잉여금　　22,000,000　　(대) 이익준비금　　　　　　2,000,000
　　　　　　　　　　　　　　　　　　　　　　미지급배당금　　　　　20,000,000
　　　　　　　　　　　　　　　　　　　　　　　　　　　　　　　　→ 유동부채

2. 배당금지급시

　(차) 미지급배당금　　　　20,000,000　　(대) 현금　　　　　　　　20,000,000

2) 주식배당

　일반적으로 배당은 현금으로 지급되는데 이를 신규발행의 주식으로 대신하는 배당을 주식배당이라고 한다. 주식배당의 목적은 배당지급에 소요되는 자금을 사내에 유보하여 외부 유출을 막고, 이익배당을 한 것과 동일한 효과를 올리는 데 있다.

01 수익의 의의

　수익은 통상적인 경영활동에서 발생하는 경제적 효익의 총유입을 말하며 자산의 증가 또는 부채의 감소로 나타난다.

　수익은 주된 영업활동으로부터 창출된 수익과 일시적이거나 우연적인 거래로부터 발생한 이득으로 분류된다.

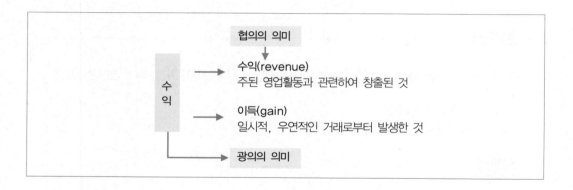

기업회계기준에서는 수익을 다음과 같이 분류하고 있다.

1 매출액

　기업의 주된 영업활동에서 발생한 수익으로 상품·제품의 판매 또는 용역의 제공으로 실현된 금액이다.

2 영업외수익

　영업활동 이외의 보조적 또는 부수적인 활동에서 순환적으로 발생하는 수익으로 그 세부 계정은 배당금수익, 임대료, 유가증권처분이익, 투자자산처분이익, 유형자산처분이익 등이다.

02 수익으로 인식할 금액의 결정 : 수익의 측정

수익의 측정이란 손익계산서에 계상할 수익의 금액을 화폐액으로 측정하는 것을 말한다.
(1) 대가를 현금으로 받는 경우 ⇒ 받는 현금액
(2) 대가를 현금 이외의 자산으로 받는 경우 ⇒ 취득한 자산의 공정가치
(3) 상품이나 제품을 판매한 후 에누리나 반품 또는 매출할인이 발생한 경우 ⇒ 이를 차감한 금액

03 수익이 귀속되는 회계기간의 결정 : 수익의 인식

　수익인식시기의 문제는 수익을 얻기 위한 일련의 과정 중 어느 시점에서 회사의 수익을 인식(매출
계상)할 것인가를 결정하는 것으로, 회계학에서는 실현주의를 수익인식시기의 결정기준으로 채택하
고 있다.
　수익의 실현이란 수익획득과정 중 특정사건이 발생함으로써 장래 매출대가의 회수가능성에 대한
불확실성이 상당히 감소하는 것을 의미하며, 기업회계기준에서는 재화를 판매한 경우에는 원칙적으
로 판매기준 또는 인도기준을 수익의 인식시점으로 채택하고 있다.

04 수익의 인식기준 : 실현주의

　수익은 실현주의에 의하여 인식한다.
　일반적으로는 다음과 같은 수익인식기준(revenue recognition principle)을 설정하고 이 기준
이 모두 충족될 때 수익을 인식한다.
　첫째, 수익획득과정이 완료되거나 실질적으로 거의 완료되어야 한다.
　둘째, 수익획득활동으로 인한 현금 또는 현금청구권을 합리적으로 측정할 수 있어야 한다.
　위의 첫번째 기준은 수익획득과정이 완료되거나 실질적으로 거의 완료될 때까지 회사는 거래와
관련된 경제적 의무를 거의 대부분 이행해야 한다는 것을 의미한다.
　두번째 기준은 수익이 기록되기 위해서는 기대현금유입액이 합리적으로 측정될 수 있어야 한다는
것을 의미한다. 따라서 수익인식기준은 위의 두 조건이 동시에 만족될 때 수익을 인식하고 손익계산
서에 보고한다는 의미로 해석할 수 있다.
　대부분의 기업에 있어서 수익획득과정 중 상기 요건을 충족시키는 가장 중요한 사건은 판매이므
로 판매시점 또는 인도시점에서 수익을 인식하는 것이 수익인식의 가장 전형적인 예이다.

05 | 매출액

1 매출의 의의

회사의 주된 수입원을 매출이라고 한다. 즉, 공장에서 만든 제품이나 외부에서 매입한 상품을 판매하거나 용역을 제공하는 경우에 매출이 발생한다.

매출은 회사가 영위하는 업종이 무엇이냐에 따라 달라지며, 업종별 대표적 매출액의 예를 들면 다음과 같다.

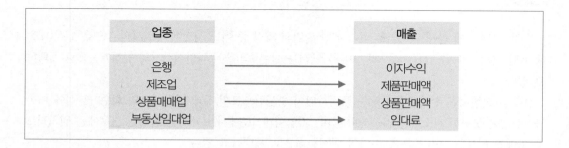

업종	매출
은행	이자수익
제조업	제품판매액
상품매매업	상품판매액
부동산임대업	임대료

2 매출의 회계처리

매출이 발생했을 때의 회계처리는 다음과 같다.

	자산증가		수익발생	
현금판매시	(차) 현금	×××	(대) 매출	×××
외상판매시	(차) 매출채권	×××	(대) 매출	×××

3 매출의 인식시점

제품을 판매하여 판매수익을 얻기 위해서는 원재료의 구입, 제품의 생산 및 판매, 대금의 회수 등 일련의 과정을 거쳐야 하고, 이러한 과정에서 수익은 제품의 가치가 증대함에 따라 점차적으로 발생한다. 이 중 일반적인 수익인식기준은 상품이나 제품의 판매시점 또는 인도시점이다.

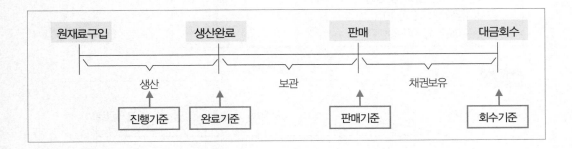

아래에서는 수익인식기준 중 진행기준과 판매기준(인도기준)을 살펴본다.

1) 판매기준

수익인식기준 중 판매기준은 수익을 판매시점에 인식하는 것을 말한다.

판매기준은 앞에서도 설명하였듯이 실현주의 요건을 가장 잘 충족시키는 수익인식기준이다. 즉, 판매시점에서 상품이나 제품의 제공으로 회사의 의무가 거의 대부분 이행되었고 또한 회사가 회수할 현금이나 현금청구권의 금액을 객관적으로 측정할 수 있다고 보는 것이다.

2) 진행기준

수익을 용역제공기간 중에 인식하는 것을 말한다.

진행기준으로 수익을 인식하는 가장 대표적인 예로서 건설공사를 들 수 있다.

수익을 인식할 때 진행기준을 적용하면 진행률에 따라 기간별로 수익을 나누어서 인식한다.

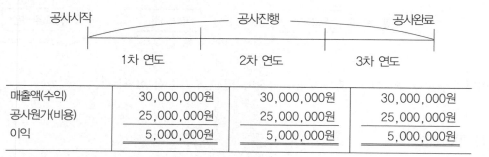

예 제

다음 공사와 관련하여 매년 인식할 공사손익을 계산하시오.

- 공사기간 : 3년
- 계약금액 : 90,000,000원
- 공사예정원가 : 75,000,000원
- 공사는 매년 1/3씩 진행된다.

풀 이

	1차 연도	2차 연도	3차 연도
매출액(수익)	30,000,000원	30,000,000원	30,000,000원
공사원가(비용)	25,000,000원	25,000,000원	25,000,000원
이익	5,000,000원	5,000,000원	5,000,000원

상기 사례에서 공사와 관련한 수익은 매년 공사가 진행된 정도에 따라 각 기간에 안분하는 형식으로 인식되고 관련 공사원가를 비용화 한다. 이를 진행기준 수익인식이라 한다.

06 영업외수익

1 영업외수익의 의의

영업외수익이란 매출수익을 얻기 위한 주된 영업활동 이외의 보조적 또는 부수적인 활동에서 순환적으로 발생하는 수익을 말한다.

2 영업외수익의 분류

기업회계기준에서는 영업외수익을 다음과 같이 분류하고 있다.

이자수익	예금이나 대여금에서 발생하는 이자
배당금수익	주식이나 출자금 등의 투자에서 분배받는 이익
임대료	부동산 또는 동산을 타인에게 임대하고 받는 대가
유가증권처분이익	유가증권을 처분함에 따라 발생하는 이익
단기매매증권평가이익	단기매매증권을 공정가치로 평가함에 따라 발생하는 이익
외환차익	외화자산의 회수나 외화부채의 상환시에 발생하는 이익
외화환산이익	외화자산이나 외화부채의 기말평가시 발생하는 이익
투자자산처분이익	투자자산을 처분함에 따라 발생하는 이익
유형자산처분이익	유형자산을 처분함에 따라 발생하는 이익
사채상환이익	사채를 상환함에 따라 발생하는 이익
자산수증이익	주주나 제3자 등으로부터 자산을 무상으로 증여받을 경우 그 금액
채무면제이익	주주나 채권자로부터 회사채무의 전부 또는 일부를 면제받은 경우 그 금액
잡이익	금액적으로 중요하지 않거나 그 항목이 구체적으로 밝혀지지 않은 이익

1) 이자수익

금융업 이외의 판매업, 제조업 등을 영위하는 회사가 여유자금을 대여하거나 금융기관에 예치하는 경우 발생하는 이자를 말하며, 회사채나 국공채 등에 투자하여 발생하는 이자를 포함한다.

		재무상태표	손익계산서
• 자금의 대여	→	대여금	이자수익
• 은행에 예금	→	금융상품	이자수익
• 회사채·국공채에 투자	→	유가증권	이자수익

이자수익은 발생주의에 의하여 발생한 기간에 정확하게 배분하여 수익으로 인식해야 한다.

이자수취조건에는 선취조건과 후취조건이 있으므로 결산시에는 이에 따라 선취조건은 선수수익을 후취조건은 미수수익을 계상하여야 할지를 검토한다.

2) 배당금수익

주식이나 출자금 등의 투자에서 이익을 분배받는 경우 그 금액을 배당금수익이라고 한다.

예 제

다음 거래를 분개하시오.
20×1년 1월 1일 현재 보유하고 있는 유가증권은 다음과 같다.
-A사 보통주(액면 5,000원) 1,000주
20×1년 3월 1일 A사로부터 보통주 1주당 200원의 현금배당을 지급받았다.

풀 이

• 20×1. 3. 1

자산증가		수익발생	
(차) 현금	200,000	(대) 배당금수익	200,000

---

3) 임대료

임대료란 부동산 또는 동산을 타인에게 임대하여 사용하게 하고 일정기간마다 사용대가로 받는 지대, 집세 등을 말한다. 부동산임대를 주된 영업활동으로 하는 부동산임대업을 제외하고는 임대료는 영업외수익에 해당된다.

4) 유가증권처분이익

유가증권을 처분함에 따라 발생하는 이익으로 유가증권의 장부금액보다 처분금액이 더 큰 경우에 발생한다.

$$유가증권처분이익 = 처분금액 - 장부금액$$

예 제

다음 거래를 분개하시오.
보유하고 있던 유가증권(장부금액 470,000원)을 500,000원에 처분하였다.
이때 발생한 수수료, 증권거래세는 1,000원이었다.

풀 이

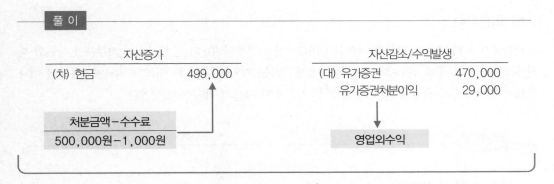

자산증가		자산감소/수익발생	
(차) 현금	499,000	(대) 유가증권	470,000
		유가증권처분이익	29,000

처분금액 − 수수료
500,000원 − 1,000원

영업외수익

5) 단기매매증권평가이익

단기매매증권평가이익은 결산정리사항의 하나로서 결산일 현재의 공정가치(시가)가 장부금액보다 큰 경우 그 차액을 말한다.

예 제

다음 거래를 분개하시오.
1. 20×1년 12월 1일에 단기매매증권으로 갑회사의 주식 500주를 15,000,000원에 구입하였다.
2. 20×1년 12월 31일 갑회사 주식의 시가는 주당 40,000원이다.

풀 이

1. 20×1. 12. 1

자산증가		자산감소	
(차) 단기매매증권	15,000,000	(대) 현금	15,000,000

2. 20×1. 12. 31

자산증가		수익발생	
(차) 단기매매증권	5,000,000	(대) 단기매매증권평가이익	5,000,000

6) 외환차익

외화자산을 회수할 때 원화회수액이 그 외화자산의 장부금액보다 큰 경우와 외화부채를 상환할 때 원화상환액이 그 장부금액보다 작은 경우에 발생하는 차익을 말한다. 이러한 외환차익은 자산이나 부채의 발생시점의 환율과 회수(상환)시점의 환율이 다르기 때문에 발생한다.

예 제

다음 거래를 분개하시오.
20×1년 2월 1일 : 미국에 $200,000의 상품을 외상으로 판매하였다.
20×1년 2월 10일 : 동 금액을 은행에서 현금으로 수취하였다.
환 율 : 20×1년 2월 1일 : ₩1,400/$
        20×1년 2월 10일 : ₩1,500/$

풀 이

1. 20×1. 2. 1

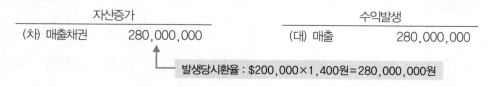

자산증가		수익발생	
(차) 매출채권	280,000,000	(대) 매출	280,000,000

발생당시환율 : $200,000×1,400원=280,000,000원

2. 20×1. 2. 10

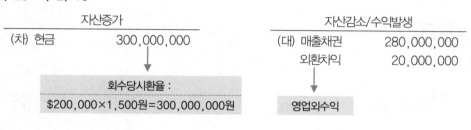

자산증가		자산감소/수익발생	
(차) 현금	300,000,000	(대) 매출채권	280,000,000
		외환차익	20,000,000

회수당시환율 :
$200,000×1,500원=300,000,000원

영업외수익

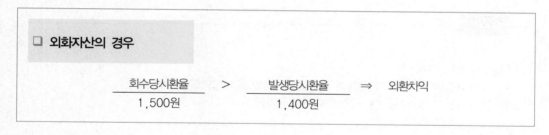

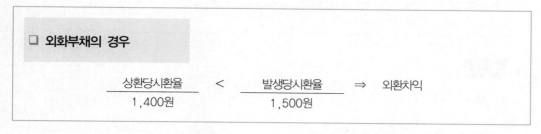

7) 외화환산이익

화폐성외화자산·부채를 결산시점에서도 계속 보유하고 있을 경우 환율변동으로 인하여 발생하는 이익을 외화환산이익이라고 한다.

즉, 화폐성외화자산·부채의 발생시점의 가액과 결산시점의 환율로 환산한 가액과의 차이를 나타내는 계정과목이다.

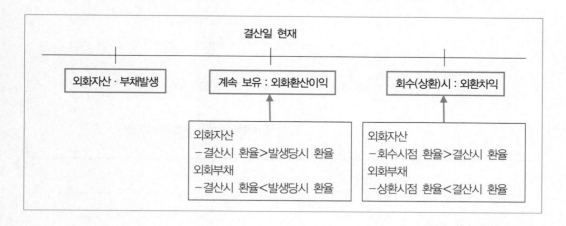

다음 거래를 분개하시오.
1. 20×1년 11월 1일 : 미국에 $100,000의 상품을 외상으로 판매하였다.
2. 20×1년 12월 31일 : 동 금액에 대해서 평가하다.

> 환율 : 20×1년 11월 1일 : ₩1,300/$
>   20×1년 12월 31일 : ₩1,400/$

풀 이

1. 20×1. 11. 1

자산증가		수익발생	
(차) 매출채권	130,000,000	(대) 매출	130,000,000

2. 20×1. 12. 31

자산증가		수익발생	
(차) 매출채권	10,000,000	(대) 외화환산이익	10,000,000

$100,000×(1,400원-1,300원)=10,000,000원   영업외수익

재무상태표

유동자산
  ⋮
매출채권   140,000,000

기말평가액 : $100,000×1,400원

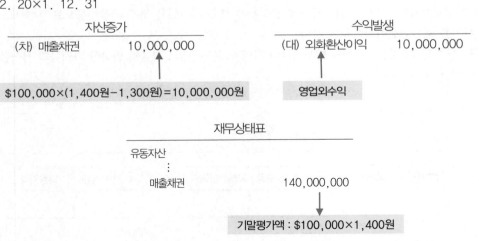

❑ **외화자산의 경우**

결산시 환율	>	발생당시 환율	⇒	외화환산이익
1,400원		1,300원		

예 제

다음 거래를 분개하시오.
1. 20×1년 9월 15일 : 외국은행으로부터 $500,000(만기 6개월)을 차입하였다.
2. 20×1년 12월 31일 : 동 금액에 대해서 평가하다.

환율 : 20×1년 9월 15일 : ₩1,500/$
        20×1년 12월 31일 : ₩1,400/$

풀 이

1. 20×1. 9. 15

자산증가		부채증가	
(차) 현금	750,000,000	(대) 단기차입금	750,000,000

2. 20×1. 12. 31

부채감소		수익발생	
(차) 단기차입금	50,000,000	(대) 외화환산이익	50,000,000

$500,000×(1,500원-1,400원)=50,000,000원   영업외수익

재무상태표

유동부채
⋮
단기차입금   700,000,000

기말평가액 : $500,000×1,400원

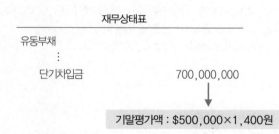

□ **외화부채의 경우**

결산시 환율	<	발생당시 환율	⇒	외환환산이익
1,400원		1,500원		

8) 투자자산처분이익

투자자산을 처분함에 있어 처분금액이 장부금액을 초과하는 경우 그 차액을 처리하는 계정이다.

> 투자자산처분이익=처분금액-장부금액

9) 유형자산처분이익

유형자산의 처분금액이 장부금액보다 큰 경우 그 차액을 처리하는 계정과목이다.

> 유형자산처분이익=처분금액-장부금액

유형자산의 처분방법에는 매각, 교환, 폐기 등이 있다.

예 제

다음 거래를 분개하시오.
건물(취득금액 150,000,000원, 전기말 감가상각누계액 80,000,000원)을 80,000,000원
에 매각하고 대금은 당좌수표로 받아 은행에 입금하였다.
매각일까지의 당기 중 감가상각비는 2,000,000원이다.

풀 이

1. 처분직전까지의 감가상각비 인식

(차) 감가상각비	2,000,000	(대) 감가상각누계액	2,000,000

2. 처분시

(차) 감가상각누계액	82,000,000	(대) 건물	150,000,000
예금	80,000,000	유형자산처분이익	12,000,000

영업외수익

10) 사채상환이익

사채상환이익은 회사가 발행한 사채를 상환할 때 사채의 상환가액이 사채의 장부금액보다 작은 경우에 발생하는 이익이다.

$$사채상환이익 = \frac{장부금액}{원래\ 갚아야\ 할\ 금액} - \frac{상환가액}{실제\ 지불한\ 금액}$$

이때의 회계처리는 다음과 같다.

① 할인발행시

(차) 사채	×××	(대) 현금	×××
		사채할인발행차금	×××
		사채상환이익	×××

② 액면발행시

(차) 사채	×××	(대) 현금	×××
		사채상환이익	×××

③ 할증발행시

(차) 사채	×××	(대) 현금	×××
사채할증발행차금	×××	사채상환이익	×××

> **예 제**

다음은 당기 중 사채를 중도상환한 (주)삼일의 사채관련 자료이다. 다음 자료를 이용하여 당기 손익계산서에 계상될 사채상환손익을 구하면 얼마인가?

(1) 사채 액면금액 :	₩10,000,000
(2) 상환시 사채할인발행차금잔액 :	₩100,000
(3) 사채 상환가액 :	₩9,800,000

> **풀 이**

상환시 사채의 장부금액 : 10,000,000원-100,000원=9,900,000원
사채 상환가액 : 9,800,000원
현금상환액이 사채의 장부금액보다 작으므로 사채상환이익이 발생
사채상환이익 = 9,900,000원-9,800,000원= 100,000원

11) 자산수증이익

주주나 제3자 등으로부터 자산을 무상으로 증여받을 경우 이 증여받은 금액을 처리하는 계정을 자산수증이익이라고 한다.

> **예 제**

다음의 거래를 분개하시오.
회사의 대주주로부터 50,000,000원 상당의 토지를 증여받았다.

> **풀 이**

자산증가		수익발생	
(차) 토지	50,000,000	(대) 자산수증이익	50,000,000

12) 채무면제이익

주주나 채권자로부터 회사채무의 전부 또는 일부를 면제받은 경우 이 면제받은 금액을 처리하는 계정을 채무면제이익이라고 한다.

예 제

다음 거래를 분개하시오.
계속되는 불황으로 인한 결손금의 일부를 보전하고자 대주주로부터 단기차입금 50,000,000원을 면제받았다.

풀 이

부채감소		수익발생	
(차) 단기차입금	50,000,000	(대) 채무면제이익	50,000,000

13) 잡이익

기업회계기준에 열거된 영업외수익 중 금액적으로 중요하지 않거나 항목이 구체적으로 밝혀지지 않은 수익을 처리하는 계정이다.

잡이익으로 회계처리되는 거래의 예로서는 부산물이나 작업폐물의 판매수입, 원인불명의 현금과 잉액 등을 들 수 있다.

신문 등의 폐지를 수거해 300,000원에 매각하였다면, 다음과 같이 회계처리한다.

(차) 현금	300,000	(대) 잡이익	300,000

01	수익은 기업이 영업을 하는 전 과정을 통해 발생하지만 진행기준, 완료기준, 판매기준, 회수기준같이 특정 기준을 정하여 수익을 인식하도록 하고 있다.	

02	화폐성외화자산을 기말까지 보유하고 있을 경우 발생시점과 결산일의 환율차이에 따라 평가손익이 발생할 수 있다.	

01	○	대부분의 기업에서는 상품의 판매시점에 수익을 인식하지만 수익획득과정의 진행정도에 따라 생산시점, 판매시점, 대금회수시점서 수익을 인식할 수도 있다.
02	○	환율차이에 따라 외화환산이익 · 손실이 발생한다.

V 비용계정 살펴보기

01 비용의 의의

비용은 제품의 판매나 생산, 용역제공 및 회사의 영업활동을 구성하는 활동으로부터 일정기간 동안 발생한 자산의 유출이나 사용 또는 부채의 발생액이다.

비용은 주된 영업활동에서 발생한 비용과 일시적이거나 우연적인 거래로부터 발생한 손실로 분류된다.

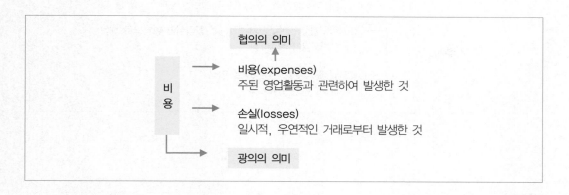

기업회계기준에서는 비용을 다음과 같이 분류하고 있다.

매출원가	판매된 상품 · 제품의 원가, 제공한 용역의 원가
판매비와관리비	판매활동 및 회사의 유지 · 관리활동에 관련된 비용
영업외비용	영업활동 이외의 보조적 또는 부수적인 활동에서 순환적으로 발생하는 비용
법인세비용	당기 법인세부담액 등으로 인한 비용

02 비용의 인식기준 : 수익·비용대응의 원칙

　비용의 인식이란 비용이 귀속되는 회계기간을 결정하는 것이다.

　비용도 수익과 마찬가지로 회사의 경영활동 전과정을 통해서 발생되므로 재산이 감소할 때마다 이를 인식해야 한다. 그러나 현실적으로 이를 엄격히 적용하는 것은 어렵기 때문에 수익이 인식된 시점에서 수익과 관련하여 비용을 인식하는데 이를 수익·비용대응의 원칙이라고 한다.

　수익·비용대응의 원칙에 따라 일정한 회계기간의 비용을 인식하는 방법에는 (1) 인과관계에 따라 직접 대응하는 방법이 있고, 간접대응방법으로는 (2) 체계적이고 합리적으로 배분하는 방법과 (3) 발생한 회계연도에 기간비용화하는 방법이 있다.

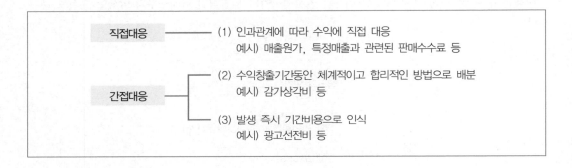

직접대응 ──────── (1) 인과관계에 따라 수익에 직접 대응
　　　　　　　　　　　예시) 매출원가, 특정매출과 관련된 판매수수료 등

간접대응 ──┬── (2) 수익창출기간동안 체계적이고 합리적인 방법으로 배분
　　　　　　　　　　　예시) 감가상각비 등

　　　　　　└── (3) 발생 즉시 기간비용으로 인식
　　　　　　　　　　　예시) 광고선전비 등

03 매출원가

1 매출원가의 의의

　매출원가란 매출액과 직접 대응되는 원가로서 일정기간 동안 판매된 상품이나 제품에 대하여 배분된 원가를 말한다.

　매출원가는 당기 매출액에 대응하여 파악되어야하기 때문에 수익·비용대응의 원칙은 매출원가의 인식 및 측정에 있어서 가장 중요한 개념이다.

2 상품매매업의 매출원가

상품매매업의 매출원가는 기초상품재고액과 당기상품매입액의 합계액에서 기말상품재고액을 차
감하여 계산한다.

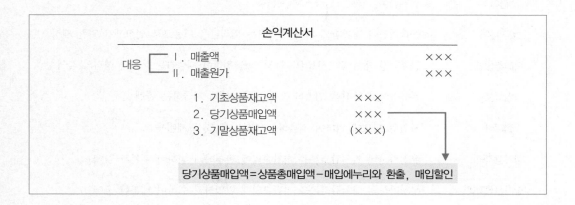

손익계산서

대응
- Ⅰ. 매출액 ×××
- Ⅱ. 매출원가 ×××

    1. 기초상품재고액 ×××
    2. 당기상품매입액 ×××
    3. 기말상품재고액 (×××)

당기상품매입액 = 상품총매입액 − 매입에누리와 환출, 매입할인

04 판매비와관리비

1 판매비와관리비의 의의

판매비와관리비는 상품과 용역의 판매활동 또는 회사의 관리와 유지에서 발생하는 비용으로 매출
원가에 속하지 아니하는 모든 영업비용을 포함한다.

2 판매비와관리비의 분류

기업회계기준에서는 판매비와관리비를 다음과 같이 예시하고 있다.

급여	임원급여, 급료, 임금, 제수당 등
퇴직급여	근속기간이 경과함에 따라 증가하는 퇴직금을 비용으로 인식하기 위한 계정
복리후생비	근로환경 개선 및 근로의욕 향상 등을 위하여 지출하는 노무비 성격의 금액
임차료	부동산이나 동산을 임차하고 그 소유자에게 지급하는 금액
접대비	사업상 필요에 의하여 지출하는 접대비용 및 교제비용
감가상각비	유형자산의 가치감소분을 기간손익에 반영하기 위하여 배분한 금액
무형자산상각비	무형자산의 가치감소분을 기간손익에 반영하기 위하여 배분한 금액
세금과공과	국가 또는 지방자치단체가 부과하는 공과금, 벌금, 과료, 과징금
광고선전비	상품·제품의 판매촉진을 위하여 선전효과를 얻고자 지출하는 비용
연구비	연구활동을 수행하는 과정에서 발생한 비용
경상개발비	개발활동과 관련하여 경상적으로 발생한 비용
대손상각비	회수가 불가능한 채권과 대손추산액을 처리하는 계정

상기 이외에도 여비교통비, 통신비, 수도광열비, 수선비, 보험료, 보관료, 견본비, 포장비, 개발비, 운반비, 판매수수료, 잡비 등 매출원가에 속하지 않는 모든 영업비용은 판매비와관리비로 분류된다. 이 중 급여와 무형자산상각비를 예를 들어 살펴본다.

1) 급여

급여는 판매비와관리비를 구성하는 대표적인 인건비로서 임원급여, 급료, 임금, 제수당을 포함한 개념이다.
- 임원급여 : 임원에 대하여 임원보수규정에 따라 규칙적으로 지급하는 급여
- 급료와 임금 : 판매와 관리업무에 종사하는 사용인이나 종업원에 대하여 지급하는 급료, 임금, 잡급 등

• 제수당 : 판매와 관리업무에 종사하는 사용인이나 종업원에 대하여 지급하는 상여와 각종 수당 급여지급 시에는 급여에서 직접 공제하는 세금 등을 고려하여야 한다.

급여공제내역에는 소득세와 주민세(원천징수세액), 건강보험료, 국민연금, 고용보험료 등이 있다. 이들은 매월 급여를 지급할 때 미리 공제해 두었다가 정부에 납부하는데 이때 사용하는 계정이 예수금계정이다.

예 제

다음 거래를 분개하시오.
1. 급여 지급일에 총급여 1,700,000원 중에서 근로소득세 30,000원, 주민세 3,000원, 건강보험료 24,000원, 국민연금 50,000원을 차감한 잔액을 현금으로 지급하였다.
2. 상기 예수금을 각각 세무서와 건강보험공단, 국민연금관리공단에 현금으로 납부하였다.

풀 이

1. (차) 급여	1,700,000	(대) 예수금		107,000
		현금		1,593,000
2. (차) 예수금	107,000	(대) 현금		107,000

2) 무형자산상각비

무형자산이란 영업활동과정에서 장기간에 걸쳐 회사에 경제적 효익을 가져오는 무형의 자산이다. 유형자산과 마찬가지로 무형자산도 효익이 미치는 기간에 걸쳐 체계적으로 배분하여 비용으로 인식하는데 이때 사용하는 계정이 무형자산상각비이다.
무형자산상각비와 관련한 내용은 무형자산편을 참조하기 바란다.

05 영업외비용

1 영업외비용의 의의

영업외비용이란 매출수익을 얻기 위한 주된 영업활동 이외의 보조적 또는 부수적인 활동에서 순환적으로 발생하는 비용이다.

2 영업외비용의 분류

기업회계기준에서는 영업외비용을 다음과 같이 분류하고 있다.

이자비용	외부에서 조달한 타인자본에 대하여 지급하는 이자와 할인료
기타의 대손상각비	매출채권 이외의 채권에 대한 대손상각비를 처리하는 계정
유가증권처분손실	유가증권을 처분함에 따라 발생하는 손실
단기매매증권평가손실	단기매매증권을 공정가치(시가)로 평가함에 따라 발생하는 손실
재고자산감모손실	재고자산의 수량부족으로 인한 손실 중 원가성이 없는 부분
외환차손	외화자산의 회수나 외화부채의 상환시에 발생하는 손실
외화환산손실	외화자산이나 외화부채의 기말평가시에 발생하는 손실
기부금	무상으로 증여하는 금전, 기타 자산의 가액
투자자산처분손실	투자자산을 처분함에 따라 발생하는 손실
유형자산처분손실	유형자산을 처분함에 따라 발생하는 손실
사채상환손실	사채를 상환함에 따라 발생하는 손실
잡손실	금액적으로 중요하지 않거나 그 항목이 구체적으로 밝혀지지 않은 손실

상기의 영업외비용은 영업외수익이 발생하는 회계사건과 반대상황에서 발생하는 계정과목이므로 영업외수익의 내용을 통해 살펴보도록 하고 영업외비용 중 기부금계정에 대해 살펴보도록 한다.

기부금이란 상대방으로부터 대가를 받지 않고 무상으로 증여하는 금전, 기타의 자산가액을 말하며 회사의 사업과 무관하게 지출된다는 점에서 접대비와 구분된다.

06 법인세비용

1 법인세비용의 의의

회사가 이익을 얻으면 국가에 세금을 납부해야 하는데 이와 같이 회사의 이익에 대해 납부하는 세금을 법인세라 한다.

기업회계에서의 이익과 세법에 규정된 과세대상 소득의 개념이 상이하기 때문에 법인세비용을 산정하기 위해서는 과세대상이 되는 소득을 별도로 계산하여야 한다.

법인세비용은 영업활동의 결과인 일정기간에 벌어들인 소득에 대하여 부과되는 세금이므로 영업활동이 보고되는 기간에 비용으로서 인식되어야 한다. 따라서 이익이 많으면 법인세비용도 많아지고, 이익이 적으면 법인세비용도 적어지는 인과관계를 갖는다.

2 법인세비용의 회계처리

일반적인 기업은 1년에 두차례 법인세를 납부하게 된다.

먼저 기업은 각 사업연도 개시일로부터 6개월이 되는 기간을 중간예납기간으로 하여 직전연도 법인세 산출세액의 절반을 중간예납세액으로 미리 납부하고 매 결산일마다 부담할 법인세액을 당기 법인세부채로 계상하여야 한다.

1) 중간예납시

(차) 선급법인세	×××	(대) 현금	×××

2) 결산일

(차) 법인세비용	×××	(대) 선급법인세	×××
		미지급법인세	×××

* 이연법인세회계는 고려하지 않는다.

3) 실제납부시

(차) 미지급법인세	×××	(대) 현금	×××

07 당기순이익

당기에 벌어들인 순이익으로서 일정기간 동안의 순자산변동액을 말한다.
당기순손익은 법인세비용차감전순손익에서 법인세비용을 차감하여 표시한다.

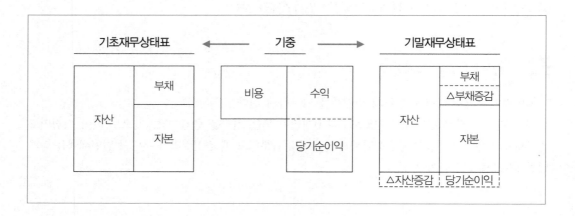

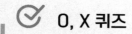 **O, X 퀴즈**

01	모든 채권에 대한 대손상각비는 판매비와관리비로 분류된다.	

02	법인세비용은 회사가 납부할 법인세 부담액을 의미한다.	

01	×	매출채권에 대한 대손상각비만 판매비와관리비로 분류되며 매출채권 이외의 채권에 대한 대손상각비는 영업외비용으로 분류된다.
02	×	법인세비용은 회사의 회계상 순이익에 대응하여 산출한 비용을 말한다.

Chapter

3

결산마무리

I 정리 그리고 완성 - 결산

01 결산의 의의

　기업의 영업활동과정에서 거래가 발생하면 전표기입을 통하여 총계정원장으로 전기된다. 그러나 이러한 과정만으로는 기업의 재무상태나 경영성과가 어떠한지 한눈에 알아볼 수가 없다. 기업의 투자자나 채권자들은 자신이 투자한 기업의 기말 현재 재무상태와 한 해 동안의 경영성과에 대한 정보를 알고 싶어한다.

　결산(closing)이란 투자자나 채권자들에게 유용한 정보를 제공하기 위하여 보고기간종료일 현재의 자산·부채·자본을 평가하여 재무상태를 파악하고 회계기간(일반적으로 1년) 동안의 수익·비용·당기순이익을 확정하여 경영성과를 파악함과 동시에 각 계정을 정리하여 제 장부를 마감하는 절차를 말한다.

02 결산의 절차

1 회계순환과정

　회계순환과정이란 거래를 기록하고 요약하여 재무제표를 작성하는 과정이 매 회계기간마다 순환적으로 반복된다는 의미이며, 그 결과를 재무상태표와 손익계산서 등의 재무제표로 표시한다. 회계순환과정은 기중거래의 기록절차와 결산절차로 구분된다. 기중거래의 기록절차는 회계상의 거래를 분개하고 전기하는 과정을 말하고, 결산절차는 기중기록과 결산정리사항을 통합하여 최종적인 재무제표를 작성하는 과정을 말한다.

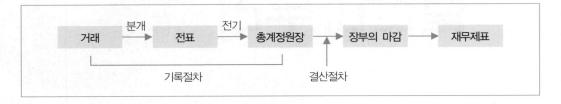

2 결산절차

 결산절차는 예비절차, 결산보고서 작성의 2단계로 이루어진다. 각 단계별로 실시해야 할 결산의 세부절차는 다음과 같다.

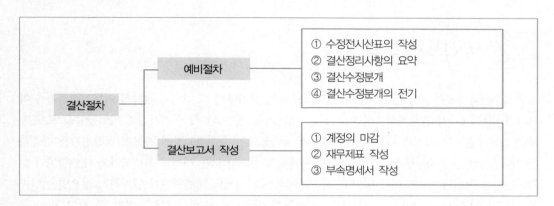

Ⅱ 시산표로 다시 보기

01 시산표의 의의

　회계순환과정에서 거래를 분개한 후 총계정원장에 전기하면 그 기입이 정확히 이루어졌는가를 확인하기 위한 절차가 필요하다. 시산표(trial balance ; T/B)란 각 회계기간의 기업활동을 모두 기록한 총계정원장의 계정별 결과치만을 집계한 요약표로서 총계정원장의 기록이 정확한가를 검증하는 기능을 한다. 총계정원장의 기록검증은 시산표에 망라된 모든 계정의 차변합계와 대변합계가 일치되는가를 확인함으로써 이루어진다. 시산표에서 차변합계와 대변합계가 일치하지 않으면 어딘가에 오류가 있었음을 의미하는 것이므로 그 오류를 발견하여 수정하도록 하여야 할 것이다.

　수정전시산표를 작성하여 차변과 대변의 합계액이 일치하는가를 확인한 후에는 자산, 부채, 자본, 수익 및 비용의 각 항목별로 평가 또는 인식이 이루어져야 할 것이 있는가를 검토해야 한다.

02 시산표의 종류

1 합계시산표

　총계정원장 각 계정의 차변합계액과 대변합계액이 기재된 시산표로서 회계기간 동안 이루어진 거래의 총액이 기재된다.

합계시산표
제××기 : 20×1년 12월 31일 현재

<u>××주식회사</u>

차변합계	계정과목	대변합계
235,121,000	현금	235,010,000
	합계	

2 잔액시산표

각 계정별 잔액만을 집계하여 나타내는 시산표로서 회계기간 동안 이루어진 거래의 결과인 각 계정의 기말잔액이 기재된다.

잔액시산표
제××기 : 20×1년 12월 31일 현재

××주식회사

차변잔액	계정과목	대변잔액
111,000	현금	
	합계	

3 합계잔액시산표

합계잔액시산표는 합계와 잔액을 함께 나타내는 시산표로서 기업체에서 일반적으로 가장 많이 사용하는 시산표이다.

합계잔액시산표
제××기 : 20×1년 12월 31일 현재

××주식회사

차변		계정과목	대변	
잔액	합계		합계	잔액
111,000	235,121,000	현금	235,010,000	
		합계		

시산표상의 차변합계와 대변합계가 일치한다고 해서 시산표가 정확하게 작성되었다고 단정지을 수는 없다. 차변과 대변이 일치하더라도 다음과 같은 오류가 발생할 수 있다.
   ① 차변과 대변이 동시에 누락되는 경우
   ② 차변과 대변이 함께 중복 기록되는 경우
   ③ 금액은 같지만 계정과목을 잘못 분류한 경우
   ④ 우연히 차변과 대변에 같은 금액의 오류가 포함된 경우

이러한 오류들은 그 발생여부를 알기가 어려우며, 오류가 발생한 사실을 안다고 할지라도 그 원인을 찾기 위해서는 원시증빙자료, 전표, 총계정원장 등을 하나하나 일일이 대조확인해야 한다. 시산표를 작성한 후 차변금액과 대변금액이 일치하지 않는 오류가 발생한 경우에는 시산표→총계정원장→보조원장→전표→거래증빙의 역순으로 효율적으로 검토할 수 있다.

시산표는 결산 전에 재무제표작성을 용이하게 하기 위해 작성하지만 기중에 거래가 빈번하게 발생하거나 현금을 많이 취급하는 기업에서는 매일 일계표와 같은 일일시산표를 작성하기도 하며 주 단위, 월 단위로 작성하기도 한다. 시산표의 작성은 재무제표작성의 출발단계이므로 매우 중요한 절차이다.

시산표 작성절차를 합계잔액시산표 중심으로 알아보자.

차변에 잔액이 남는 자산과 비용 항목은 증가시 총계정원장 차변에 기록하고 감소시 반대쪽인 대변에 기록한다. 마찬가지로 대변에 잔액이 남는 부채, 자본 및 수익 항목은 증가시 총계정원장 대변에 기록하고 감소시 차변에 기록한다.

예를 들어 기초에 작년부터 사용하던 200원의 기계장치 2개가 있었으나 1월 10일에 기계장치 1개를 팔고 1월 20일에 새로 500원의 기계를 구입하였다고 하자. 이때 차변합계에는 기초금액 400원에 기중 증가한 500원을 합산하여 기록하고, 대변에는 감소한 200원을 기록하면 기말 잔액은 700원이 될 것이다.

합계잔액시산표

차변		계정과목	대변	
잔액	합계		합계	잔액
700	900	기계장치	200	

기계장치(총계정원장)

1. 1 전기이월	400	1. 10 현금(처분)	200	
1.20 현금(구입)	500	12.31 차기이월	700	
	900		900	

다음의 간단한 사례를 통해 합계잔액시산표 작성방법에 대해서 알아보자.

예 제

20×1년 말(제1기) (주)삼일의 총계정원장이 다음과 같다고 가정할 경우 합계잔액시산표를 작성해보자.

현금및현금성자산

1. 1 자본금	100,000	2. 1 기계장치	50,000
6. 1 차입금	50,000	4.30 미지급금	15,000
6.30 매출채권	10,000	12.30 임차료	10,000
		12.31 잔액	85,000

매출채권

5. 1 매출	20,000	6.30 현금	10,000
		12.31 잔액	10,000

기계장치

2. 1 현금	50,000	12.31 잔액	50,000

미지급금

4.30 현금	15,000	3. 1 비품	20,000
12.31 잔액	5,000		

차입금

12.31 잔액	50,000	6. 1 현금	50,000

자본금

12.31 잔액	100,000	1. 1 현금	100,000

	매출					임차료		
12.31 잔액	20,000	5. 1 매출채권	20,000		12.30 현금	10,000	12.31 잔액	10,000

	비품					감가상각비		
3. 1 미지급금	20,000	12.31 잔액	20,000		12.31감가상각누계액	10,000	12.31 잔액	10,000

	감가상각누계액		
12.31 잔액	10,000	12.31 감가상각비	10,000

풀 이

문제의 총계정원장을 기초로 합계잔액시산표를 작성해보면 다음과 같다.

합계잔액시산표

제××기 : 20×1년 12월 31일 현재

㈜삼일 (단위: 원)

차변합계		계정과목	대변합계	
잔액	합계		합계	잔액
85,000	160,000	현금및현금성자산	75,000	
10,000	20,000	매출채권	10,000	
50,000	50,000	기계장치		
	15,000	미지급금	20,000	5,000
		차입금	50,000	50,000
		자본금	100,000	100,000
		매출	20,000	20,000
10,000	10,000	임차료		
20,000	20,000	비품		
10,000	10,000	감가상각비		
		감가상각누계액	10,000	10,000
185,000	285,000	합계	285,000	185,000

Ⅲ 결산정리사항 살펴보기

01 결산수정분개의 목적

　기업의 거래는 그 귀속시점이 명확히 구분되어 거래가 발생될 때마다 기록된다면 수정기입이 필요하지 않겠지만 어떤 거래는 연속적으로 발생되어 인위적으로 구분하지 않으면 그 귀속기간을 확정할 수 없는 것도 있다. 또 어떤 거래는 발생이 완료되어 귀속기간은 확정되었으나 회계기술상 기중에는 기록하지 않고 있다가 기말에 수정분개하는 것도 있다. 결산수정분개가 필요한 이유는 다음과 같다.

1 발생주의 회계

　현금주의 회계에서는 기업에 현금 유출입이 있을 때 수익과 비용을 인식하지만 발생주의 회계에서는 수익은 실현되었을 때, 비용은 발생되었을 때 인식한다.

　회사에서는 기중에 편의를 위하여 현금주의로 회계처리를 하였다가 결산조정을 통해서 기말에만 발생주의 회계로 전환하는 경우가 많다. 예를 들어 어떤 회계기간에 비용이 발생하였으나 현금지급기일이 도래하지 않아서 기중 회계처리를 하지 않았다면 기말에 그 금액을 미지급비용으로 인식하여야 할 것이다.

　현금주의와 발생주의의 전환은 앞서 배운 T계정을 사용하면 효과적으로 파악이 가능하다. 예제를 통하여 이를 알아보자.

> 예 제
>
> 제조업을 영위하는 (주)삼일은 이자수익을 일단 미수이자계정에 기록한다. 당기에 현금으로 수취한 이자수익은 300,000원이며 전기말(당기초)에 미수이자는 100,000원이었다. 당기말 기준으로 미수이자를 계산한 결과 미수이자는 150,000원이었다. (주)삼일이 손익계산서상 인식할 이자수익은 얼마인가?(선수이자 등은 없다.)

미수이자에 대한 T계정을 그려보면 다음과 같다.

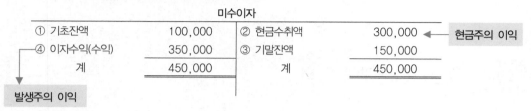

미수이자

① 기초잔액	100,000	② 현금수취액	300,000	← 현금주의 이익
④ 이자수익(수익)	350,000	③ 기말잔액	150,000	
계	450,000	계	450,000	

발생주의 이익

따라서 (주)삼일이 이자수익으로 인식할 금액은 350,000원이 된다.
익숙해지면 현금수취액(300,000원)＋미수이자 증가액(50,000원)＝이자수익(350,000원)으로 계산할 수도 있다.

2 기말현재의 자산·부채평가

어떤 회계기간의 말일 현재(일반적으로 12월 31일)의 재무상태를 적정하게 표시하기 위해서는 자산과 부채를 기말현재시점의 적절한 상태로 평가하여야 한다.

예를 들어 외상매출금이나 받을어음 등과 같은 채권은 미래에 완전히 회수된다고 볼 수 없으므로 회수가능한 금액으로 수정되어야 한다. 또한 재고자산, 유가증권, 투자자산 등의 자산도 그 가치가 하락하여 실질적인 기업가치를 감소시키는 경우에는 적절히 평가한 금액으로 수정되어야 한다. 또한 외화로 표시되는 자산과 부채도 환율의 변동에 따라 실질적으로 기업이 회수 또는 지불할 원화금액으로 수정되어야 한다.

02 계정과목별 결산수정사항

1 현금및현금성자산

현금및현금성자산과 관련된 항목은 결산시에 다음과 같은 절차를 거쳐야 한다.

1) 현금 실사

결산담당자는 결산일의 영업을 모두 종료한 후에 회사가 보유하고 있는 현금을 실사하고, 현금출납장의 현금잔액과 실사한 현금잔액이 일치하지 않는다면 일단 현금과부족이라는 임시계정으로 처리한 후 그 원인을 규명하여 적절한 계정으로 수정해야 한다. 만약 그 내역이 밝혀지지 않으면 현금시재액이 현금출납장 잔액보다 많은 경우에는 잡이익계정으로, 적은 경우에는 잡손실계정으로 대체하고, 금액이 중요한 경우에는 반드시 그 원인을 추적하여 적절한 계정으로 대체하여야 한다.

예 제

(주)삼일의 12월 31일 현재 현금출납부상의 현금잔액은 100,000원이었으나 실제 현금시재액은 70,000원이었다. 경리과장이 전표철을 확인한 결과 12월 임차료 지급액 20,000원에 대한 전표발행이 누락된 사실을 확인하였으나 나머지 금액 10,000원에 대해서는 그 원인을 알 수가 없었다. 이 경우 결산수정분개를 하시오.

풀 이

① 현금부족액 30,000원을 일단 현금과부족이라는 임시계정으로 처리한다.

(차) 현금과부족	30,000	(대) 현금	30,000

② 원인이 규명된 임차료 20,000원을 비용처리하고 나머지 금액은 잡손실 처리한다.

(차) 임차료	20,000	(대) 현금과부족	20,000
(차) 잡손실	10,000	(대) 현금과부족	10,000

---

2) 예금 잔액조회

기말현재 총계정원장상의 예금잔액은 회사에서는 알지 못하는 이자수입, 수수료 등으로 인하여 예금통장잔액과 일치하지 않을 수 있다. 그러므로 결산담당자는 거래은행으로부터 결산일 현재 예금잔고증명서를 징구하여 회사장부상의 금액과 차이가 날 경우 그 원인을 규명하여 적절한 계정으로 처리해야 한다.

3) 계정분류

현금, 현금성자산, 각종 금융상품은 그 성격이 유사하지만, 어느 정도의 기간 내에 현금화할 수 있는 지의 여부(이를 '유동성'이라 함)에 관해서는 많은 차이점을 보이고 있다. 예를 들어 보통예금은 기업이 언제든지 현금화해서 사용할 수 있지만, 정기적금인 경우에는 만기까지 기다려야만 현금화할 수 있으며 중도에 해지할 경우에는 수수료를 부담해야 하므로 보통예금에 비해 유동성이 낮다고 볼 수 있다.

기업회계기준에서는 다음과 같이 계정과목을 분류하도록 하고 있다.

종류		계정과목
현금, 현금성자산		현금및현금성자산
보통예금, 당좌예금		현금및현금성자산
정기예금, 정기적금	1년 이내 만기도래시	단기금융상품
	1년 이후 만기도래시	장기금융상품

그러나 보통예금이나 당좌예금이라도 기업이 임의로 사용할 수 없는 경우(예를 들어 당좌개설보증금)에는 현금및현금성자산으로 분류할 수 없으며 사용제한기간이 1년 이내인 경우에는 단기금융상품으로 분류하고, 1년을 초과하는 경우에는 장기금융상품으로 분류한다.

2 가지급금 · 가수금 · 전도금 등의 미결산항목

일반적으로 기업에서는 회사와 주주 · 임원 · 종업원 등과의 사이에서 일시적으로 자금을 대여 또는 차입하거나 지방 현장 사무실에 운영자금을 송금해 줄 경우에 편의상 가지급금, 가수금, 전도금 등의 임시계정을 사용한다. 그러나 결산시에는 이러한 임시계정들을 그 사용내역에 따라 본계정으로 대체하여야 한다.

일반적으로 가지급금은 주주 · 종업원 일시대여, 여비전도 또는 업무경비 미정산에서 발생하는데 성격에 따라 대여금 또는 비용 등으로 대체한다.

가수금계정은 출처를 알 수 없는 수입금액 등인데 성격에 따라 수익으로 처리하거나 차입금 등의 과목으로 대체처리한다.

결산담당자는 결산 전에 미리 이러한 임시계정의 정산에 필요한 원시증빙자료(예를 들어 영수증, 세금계산서 등)를 제출하도록 종업원 등에게 요청해야 할 것이다.

(주)삼일은 12월 3일에 부산 현장사무소의 12월 운영자금으로 300,000원을 송금하면서 경리담당자는 전도금으로 회계처리하였다. 결산시 경리과장은 부산 현장사무소장에게 자금사용 내역자료를 요청한 바, 200,000원을 비품구입에 사용하였다는 내역과 함께 영수증을 보내왔으며, 잔액 100,000원은 아직 현금으로 보유하고 있다고 통보해 왔다. 이 경우 결산수정분개를 하시오.

풀 이

1. 운영자금 송금시 회사의 회계처리

12. 3 : (차) 전도금	300,000		(대) 현금	300,000	

2. 결산시 수정분개

전도금 300,000원 중에서 비품구입분 200,000원은 비품계정으로 대체해야 하며, 부산 현장사무소에서 보유하고 있는 100,000원은 기업실체 전체입장에서도 결산일 현재 현금으로 보유하고 있는 상태이므로 운영자금 송금시 전도금으로 처리한 100,000원을 현금계정으로 다시 대체해야 한다.

12. 31 : (차) 비품	200,000	(대) 전도금	200,000	
(차) 현금	100,000	(대) 전도금	100,000	

3 유가증권

1) 유가증권 실사

유가증권은 쉽게 현금화할 수 있으므로 유용 등의 부정이 나타날 가능성이 있어 일반적으로 금융기관에 위탁보관 하지만 일부는 회사에서 직접 보유하기도 한다. 결산시 결산담당자는 회사가 보유하고 있는 유가증권을 직접 실사해야 한다.

실사시에는 금액, 수량뿐만 아니라 증권번호, 발행회사명 등도 확인하여 회사의 장부 및 유가증권명세서상의 내용과 일치하는지 검토해야 할 것이다. 금융기관에 위탁보관하고 있는 유가증권에 대해서는 금융기관으로부터 잔고증명서를 징구하여 확인해야 한다.

2) 유가증권의 평가

주식 등의 유가증권은 기말에 주식의 가치가 변동하여 취득원가와는 다른 가치를 가지게 될 경우 그 금액으로 수정해야 한다.

단기매매증권은 공정가치로 평가하며, 이때 발생하는 평가손익은 당기손익항목으로 처리한다.

매도가능증권은 공정가치로 평가하며, 평가손익은 기타포괄손익누계액항목으로 처리하며 당해 유가증권에 대한 기타포괄손익누계액항목의 누적금액은 그 유가증권을 처분하는 시점에 일괄하여 당기손익에 반영한다.

예제

(주)삼일은 20×1년 12월 2일에 (주)용산전자의 주식 10주를 주당 10,000원에 매입해서 20×1년 말 현재까지 보유하고 있으며, 이때 (주)용산전자 주식의 공정가치는 주당 12,000원이다. 이 경우 다음의 상황별로 (주)삼일의 20×1년 말의 유가증권평가와 관련한 결산수정분개를 하시오.
1. 유가증권이 단기매매증권으로 분류되는 경우
2. 유가증권이 매도가능증권으로 분류되는 경우

풀이

1. 단기매매증권의 평가손익은 단기매매증권평가손익으로 당기손익에 반영한다.

(차) 단기매매증권	20,000	(대) 단기매매증권평가이익	20,000*
		(당기이익)	

2. 매도가능증권의 평가손익은 매도가능증권평가손익으로 기타포괄손익누계액에 반영한다. 그러므로 매도가능증권과 관련한 평가손익은 당기손익에 영향을 미치지 않는다.

(차) 매도가능증권	20,000	(대) 매도가능증권평가이익	20,000*
		(기타포괄손익누계액)	

* (12,000-10,000)×10주=20,000원

4 매출 및 매출채권

1) 받을어음 실사

결산시 결산담당자는 회사가 보유하고 있는 받을어음을 직접 실사해야 한다. 받을어음 실사시에는 금액뿐만 아니라 어음번호, 만기일, 발행일 등도 함께 확인하고 회사의 장부 및 어음기입장의 내용과 일치하는지 검토해야 할 것이다. 금융기관에 위탁보관하고 있는 받을어음에 대해서는 해당 금융기관으로부터 잔고증명서를 징구한다.

2) 매출의 기간귀속 조정(cut-off)

거래처에 세금계산서를 먼저 교부한 후 상품을 나중에 인도해 줄 경우 매출은 세금계산서를 교부한 날에 인식해야 할까? 아니면 상품을 인도해준 날에 인식해야 할까?

매출은 현금수령 혹은 세금계산서 발행과 별개로 상품이 판매(인도)되는 시점에 수익으로 인식한다. 결산담당자는 결산시 결산일을 전후한 기간의 매출에 대해서 그 기간귀속이 적정한지 검토해야 한다.

예 제

(주)삼일은 (주)하나에 20×2년 1월 3일, 상품을 10,000원에 인도하고, 세금계산서는 20×1년 12월 29일자로 발행해주면서 동일자로 외상매출로 회계처리한 사실을 발견하였다. 이 경우 20×1년의 결산수정분개를 하시오.

풀 이

상품의 매출인식시점은 인도시점인 20×2년이므로 20×1년에는 매출로 인식해서는 안된다. 기업회계와 세법은 전혀 별개의 문제임을 명심하자.

1. 회계담당자의 회계처리

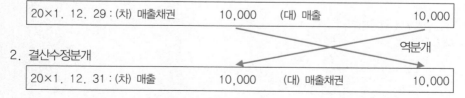

| 20×1. 12. 29 : (차) 매출채권 | 10,000 | (대) 매출 | 10,000 |

2. 결산수정분개

| 20×1. 12. 31 : (차) 매출 | 10,000 | (대) 매출채권 | 10,000 |

역분개

---

3) 대손충당금의 설정

100만 원짜리 상품을 외상으로 판매했는데 10만 원은 회수할 가능성이 없다고 판단되면 회수가능액인 90만 원으로 매출채권을 보여주는 것이 더 나을 것이다.

그러므로 기말현재 매출채권 중에서 회수불가능할 것으로 예상되는 금액(대손충당금)을 추정하여 재무상태표의 매출채권에서 차감하는 형식으로 보여주어야 한다. 결산담당자는 기말현재 매출채권에 대한 대손충당금을 합리적이고 객관적인 기준(예를 들어 과거의 대손경험률)에 따라 산정해서 기말현재(결산전) 장부상 대손충당금 잔액과 결산시 추정한 대손충당금과의 차액을 대손상각비로 계상해야 한다.

당기 대손상각비 (대손충당금 추가설정액)	=	추정한 대손충당금	−	장부상(결산전) 대손충당금 잔액

예제

(주)삼일의 20×1년 말 현재 매출채권잔액은 150,000원이며 장부상 대손충당금 잔액은 1,000원이었다. 경리과장은 과거의 대손경험으로 보았을 때 매출채권의 1%는 회수되지 않았던 것으로 판단하여 당기말 대손충당금을 1,500원(＝150,000×1%)으로 추정하였다. 이 경우 결산수정분개를 하고 재무상태표에 어떻게 나타나는지 설명하시오.

풀이

1. 당기에 인식할 대손상각비
   결산시 추정한 대손충당금은 1,500원이다. 이미 장부에 대손충당금 1,000원이 있으므로 500원만 추가하면 된다.
   대손상각비 = 1,500원−1,000원 = 500원

2. 결산수정분개

20×1. 12. 31 : (차) 대손상각비	500	(대) 대손충당금	500

3. 재무상태표상 표시방법

매출채권	150,000
대손충당금	(1,500)
	148,500

5 재고자산과 매출원가

1) 재고자산 실사

결산담당자는 결산일의 모든 영업을 종료한 후 자재부장 등과 함께 재고자산을 실사하여야 한다. 이때 재고자산의 수량뿐만 아니라 부패 또는 파손된 재고는 없는지, 분실된 재고는 없는지도 확인해야 하며, 실사한 재고수량과 재고자산수불부상의 수량이 일치하는지 확인해야 한다. 실사과정에서의 중복 또는 누락을 방지하기 위해서 실무에서는 개별 재고품목에 재고조사표(tag)를 부착하는 방법을 사용하고 있다.

2) 매출원가의 계산

매출원가란 매출액에 직접적으로 대응되는 비용으로서 판매된 자산의 취득원가 또는 제조원가이다. 예를 들어 상품을 100원에 사와서 120원에 팔았다면 100원이 매출원가에 해당하며, 제품을 200원을 들여서 만든 후 250원에 팔았다면 200원이 매출원가에 해당하는 금액이다.

상품매출과 관련하여 매출원가는 다음과 같이 산출한다.

당기매출원가	=	기초재고액	+	당기매입액	−	기말재고액

① 상품매입시(기중회계처리)

(차) 매입	×××	(대) 현금 등	×××

② 기초상품재고를 상품계정에서 매입계정으로 대체(결산수정분개)

(차) 매입	×××	(대) 상품(기초)	×××

③ 기말상품재고를 매입계정에서 상품계정으로 대체(결산수정분개)

(차) 상품(기말)	×××	(대) 매입	×××

④ 매입계정에 집계된 금액을 매출원가로 대체

(차) 매출원가	×××	(대) 매입	×××

예 제

(주)삼일의 20×1년말 현재 재고자산과 관련된 수정전시산표가 다음과 같고 기말 재고자산 실사후 기말상품이 100,000원일 경우 당기 매출원가를 계산하고 결산수정분개를 수행하시오.

합계잔액시산표
제××기 : 20×1년 12월 31일 현재

(주)삼일   ㈜삼일(단위 : 원)

차변금액		계정과목	대변금액	
잔액	합계		합계	잔액
50,000	50,000	상품		
200,000	200,000	매입		
		⋮		

풀 이

1. 매출원가 = 기초재고자산 + 당기매입액 - 기말재고액
         = 50,000 + 200,000 - 100,000 = 150,000원
   수정전 시산표에 나타나는 상품잔액은 기초잔액임을 명심하자.

2. 결산수정분개
   ① 기초상품재고를 상품계정에서 매입계정으로 대체시킴.

20×1. 12. 31 : (차) 매입	50,000	(대) 상품(기초)	50,000

   ② 기말상품재고를 매입계정에서 상품계정으로 대체시킴.

20×1. 12. 31 : (차) 상품(기말)	100,000	(대) 매입	100,000

   ③ 매입계정에 집계된 금액을 매출원가로 대체시킴.

20×1. 12. 31 : (차) 매출원가	150,000	(대) 매입	150,000

3) 재고자산의 평가

진부화 또는 분실된 재고가 있는 경우에는 해당 재고자산금액을 감소시켜야 한다. 진부화, 부패, 파손 등으로 인해 재고자산의 가치가 감소하는 것을 평가손실이라고 하며, 분실 등 수량감소로 인한 재고자산가액의 감소를 감모손실이라고 한다.

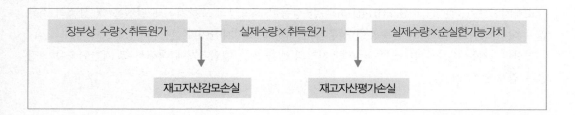

일반기업회계기준에서는 재고자산평가손실은 재고자산의 차감계정으로 표시하고 매출원가에 가산한다. 반면, 재고자산감모손실은 정상적으로 발생하는 경우에는 매출원가에 가산되지만 비정상적으로 발생하는 감모손실은 영업외비용으로 분류하도록 규정하고 있다.

예 제

(주)삼일은 20×1년 말 현재 재고자산 수불부상에는 기말 A상품의 재고수량이 100개, 1개당 취득단가는 1,000원으로 기록되어 있다. 결산시 재고실사를 수행한 결과 5개가 분실되었고, 95개는 진부화되어 판매비용을 고려한 후 1개당 예상 판매액은 500원이다.
이 경우 재고자산감모손실액과 재고자산평가손실액을 계산하고 기업회계기준에 따라 결산수정분개를 하시오. 또한 재무상태표에 계상될 재고자산가액을 구하시오.

풀 이

1. 재고자산감모손실=(100개×1,000원)-(95개×1,000원)=5,000원
2. 재고자산평가손실=(95개×1,000원)-(95개×500원)=47,500원
3. 20×1. 12. 31 : (차) 재고자산감모손실(매출원가)   5,000 (대) 재고자산   5,000
            (차) 재고자산평가손실(매출원가) 47,500 (대) 재고자산평가손실충당금 47,500
                                           (재고자산 차감계정)
4. 재무상태표에는 결산수정분개로 인하여 장부상 재고자산가액에서 재고자산평가손실액을 차감한 금액이 재고자산으로 보고된다.
   재무상태표상 재고자산=(100개×1,000원)-5,000원-47,500원=47,500원

4) 재고자산의 기간귀속 조정(cut-off)

운송중인 상품에 대한 소유권이 이전되는 시점은 선적지인도기준과 도착지인도기준과 같은 매입계약조건에 따라 다르다.

선적지인도기준(F.O.B shipping point)이란 상품을 선적하는 시점에 소유권이 구매자에게로 이전되는 계약으로서 운송중인 상품은 구매자의 재고자산이다.

도착지인도기준(F.O.B destination)이란 상품이 계약상의 도착지에 도달했을 때 상품의 소유권이 이전되는 계약으로서 운송중인 상품은 판매자의 재고자산이다.

결산담당자는 결산시 결산일을 전후한 기간의 매출 또는 매입거래에 대해서 그 기간귀속이 적정한지 검토해야 한다.

예 제

(주)삼일은 20×1년 12월 30일에 원가가 10,000원인 상품을 12,000원에 (주)한강에 도착지인도조건으로 판매하고 외상 매출을 인식하였다. (주)한강도 동일자로 매입을 인식하였다. 그러나 이 상품은 20×2년 1월 3일에 (주)한강에 도착하였다. 이 경우 (주)삼일과 (주)한강이 20×1년에 각각 수행해야 할 결산수정분개는?

풀 이

1. 결산일 현재 운송중인 상품의 소유권
   도착지 인도조건으로 매매계약이 체결되었으나 결산일 현재 아직 (주)한강에 상품이 도착하지 않았으므로 이 상품이 비록 결산일 현재 (주)삼일의 창고에 보관되어 있지는 않지만 (주)삼일의 재고자산에 포함되어야 하며 매출, 매입은 도착시점인 20×2년에 인식해야 한다. 그러므로 결산시 두 회사가 20×1년에 인식한 회계처리를 취소하는 수정분개를 해야 한다.

2. (주)삼일과 (주)한강의 결산수정분개
   ① (주)삼일의 회계처리

20×1. 12. 30 :	(차) 매출채권	12,000	(대) 매출	12,000
	(차) 매출원가	10,000	(대) 재고자산	10,000
20×1. 12. 31 :	(차) 매출	12,000	(대) 매출채권	12,000
	(차) 재고자산	10,000	(대) 매출원가	10,000

   ② (주)한강의 회계처리

20×1. 12. 30 :	(차) 재고자산	12,000	(대) 매입채무	12,000
20×1. 12. 31 :	(차) 매입채무	12,000	(대) 재고자산	12,000

6 기타의 유동자산 · 부채

1) 선급비용

보험료는 일반적으로 기중에 1년치를 한 번에 납부하는 것이 보통이다. 이때 납부하는 보험료 전액을 지급하는 시점에 비용으로 인식한다면 올해는 내년치 보험료만큼 비용이 크게 기록될 것이다.

따라서 당기에 귀속되는 비용 이외의 금액은 선급비용이라는 자산계정을 이용하여 차기 이후로 비용인식을 이연시킨다. 다음의 예를 살펴보자.

20×1년 9월 1일에 자동차 보험계약을 맺고 1년분 보험료 120,000원을 미리 지급하고 전액 비용으로 처리하였다.

| 20×1. 9. 1 : (차) 보험료 | 120,000 | (대) 현금 | 120,000 |

- 12월 31일자 수정전 잔액시산표에는 보험료가 120,000원으로 계상된다.
- 보험기간은 20×1년 9월 1일부터 20×2년 8월 31일까지인데 납부한 보험료 전액을 20×1년에 모두 비용으로 인식하는 것은 발생주의 회계원칙에 위배된다.

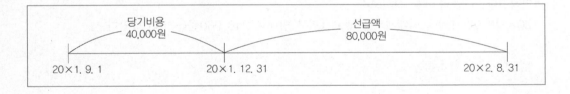

결산수정분개

| 20×1. 12. 31 : (차) 선급비용 | 80,000 | (대) 보험료 | 80,000 |

2) 미지급비용

당기에 속하는 비용으로서 미지급분이 있으면 이를 당기의 비용에 가산하고 부채계정인 미지급비용으로 처리해야 한다. 이는 아직 지불되지 않았지만 발생주의 개념에 의하여 비용이 발생된 회계기간에 이를 인식하는 것이다.

<table>
<tr>
<td rowspan="4" align="center">case</td>
<td>① 20×1년 12월 1일에 만기가 3개월, 연 이자율 12%의 이자지급조건으로 1,000,000원을 차입하였다.</td>
</tr>
<tr>
<td>② 20×1년 12월 31일 현재 발생한 이자비용은

$$\frac{단기차입금}{1,000,000원} \times \frac{연이자율}{12\%} \times \frac{기간}{1/12} = \frac{이자비용}{10,000원}$$</td>
</tr>
<tr>
<td>③ 현금이 지급되지 않았다고 하여 비용으로 인식하지 않는다면 발생주의 회계원칙에 위배된다.</td>
</tr>
<tr>
<td>④ 따라서 다음과 같은 결산수정분개가 필요하다.</td>
</tr>
</table>

20×1. 12. 31 : (차) 이자비용	10,000	(대) 미지급비용	10,000

3) 선수수익

1년분의 임대료를 미리 받았고 수취한 임대료전액을 수익으로 인식한다면 올해 회사의 수익이 크게 기록될 것이다.

따라서 당기에 귀속되지 않는 금액은 선수수익이라는 부채계정을 이용하여 수익인식을 차기 이후로 이연시킨다. 다음의 예를 살펴보자.

20×1년 9월 1일에 임대계약을 맺고 1년분 임대료 240,000원을 미리 받았다.

20×1. 9. 1 : (차) 현금	240,000	(대) 임대료	240,000

• 12월 31일자 수정전시산표에는 임대료수익 240,000원이 계상된다.
• 이 중 160,000원은 차기의 수익으로서 다음 연도에 인식해야 한다.

결산수정분개

20×1. 12. 31 : (차) 임대료	160,000	(대) 선수수익	160,000

4) 미수수익

당기에 속하는 수익으로서 아직 현금으로 수취하지 못한 수익이 있는 경우에는 이를 당기의 수익에 가산하는 동시에 자산계정인 미수수익으로 계상해야 한다.

case	① 20×1년 12월 1일에 만기 3개월, 연 이자율 12%의 조건으로 1,000,000원을 대여했다. ② 대여금에 대한 이자발생액 중 당기에 귀속되는 분은 $$\dfrac{\text{단기대여금}}{1,000,000원} \times \dfrac{\text{연이자율}}{12\%} \times \dfrac{\text{기간}}{1/12} = \dfrac{\text{이자수익}}{1,0,000원}$$ ③ 아직 현금을 수령하지 못했다고 하여 수익으로 인식하지 않는다면 발생주의 회계원칙에 위배된다. ④ 따라서 다음과 같은 결산수정분개가 필요하다.

20×1. 12. 31 : (차) 미수수익	10,000	(대) 이자수익	10,000

이상을 정리해보면 다음과 같다.

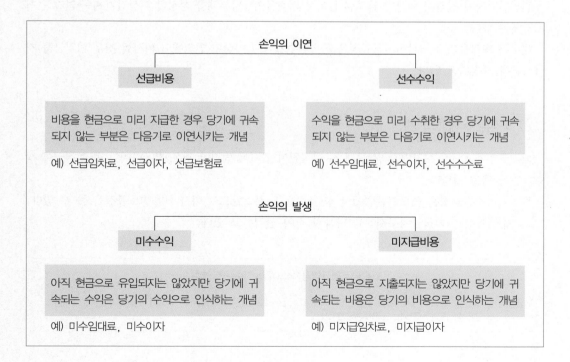

손익의 이연	
선급비용	**선수수익**
비용을 현금으로 미리 지급한 경우 당기에 귀속되지 않는 부분은 다음기로 이연시키는 개념	수익을 현금으로 미리 수취한 경우 당기에 귀속되지 않는 부분은 다음기로 이연시키는 개념
예) 선급임차료, 선급이자, 선급보험료	예) 선수임대료, 선수이자, 선수수수료

손익의 발생	
미수수익	**미지급비용**
아직 현금으로 유입되지는 않았지만 당기에 귀속되는 수익은 당기의 수익으로 인식하는 개념	아직 현금으로 지출되지는 않았지만 당기에 귀속되는 비용은 당기의 비용으로 인식하는 개념
예) 미수임대료, 미수이자	예) 미지급임차료, 미지급이자

7 유형자산과 무형자산

1) 감가상각비의 계상

회사가 건물을 취득하여 사용하고 있는 경우 비록 취득한 건물이 직접적인 수익을 창출하지는 않았지만 회사의 영업활동에 사용되어 간접적인 효익을 주고 있으므로 그 효익에 대응하는 비용을 인식하는 절차가 필요한 것이다. 이것이 바로 감가상각비이다. 결산담당자는 결산시 유형자산과 무형자산에 대해서 합리적인 감가상각방법을 정하고 특별한 변동사항이 없는 한 계속해서 동일한 방법을 적용하여 감가상각비를 계상해야 한다.

자세한 내용은 Chapter2 비유동자산을 참조하자.

8 퇴직급여충당부채

1) 퇴직급여충당부채 설정대상자의 파악

결산담당자는 결산시 회사의 임직원 중에서 퇴직급여충당부채를 설정할 대상자가 누구인지 먼저 파악해야 한다.

대부분 회사들의 퇴직급여지급규정은 근속연수가 1년 이상된 임직원이 퇴사할 경우 퇴직금을 지급하도록 규정하고 있다.

2) 퇴직금추계액의 계산

퇴직금추계액이란 보고기간 말 현재 전 임직원이 일시에 퇴직할 경우 지급하여야 할 퇴직금에 상당하는 금액을 말한다.

퇴직급여지급규정은 근로기준법에서 정한 한도를 최소한으로 회사마다 별도규정을 둘 수 있다. 근로기준법에서는 퇴직급여추계액을 다음과 같이 산적하고 있다.

퇴직금＝평균임금*×30일×계속근로연수

* 평균임금 : 결산일 이전 3개월(12월 결산법인의 경우 10월~12월)간 그 근로자에 대하여 지급된 임금의 총액을 그 기간의 총일수로 나눈 금액을 말한다.

예 제

20×1년말 현재 (주)삼일의 임직원들에 대한 인사정보가 다음과 같을 경우 퇴직금추계액을 계산하시오(단, 회사는 퇴직금을 근로기준법에 따라 지급한다).

성명	직급	1일 평균임금	근속연수
김정욱	사장	100,000원	5년
최수정	과장	70,000원	3년
김을수	대리	50,000원	2년
이연화	신입사원	30,000원	6개월

풀 이

1. 설정대상자 파악
   근로기준법상 1년 이상 근속자에 대해 퇴직금을 지급하도록 하고 있으므로 신입사원인 이연화를 제외한 3명에 대해서만 퇴직급여충당부채를 설정할 수 있다.

2. 퇴직금추계액=평균임금×30일×계속근로연수
   김정욱 : 100,000×30×5= 15,000,000원
   최수정 : 70,000×30×3= 6,300,000원
   김을수 : 50,000×30×2= 3,000,000원
   합계 :   24,300,000원

3) 당기 퇴직급여의 계상

당기에 퇴직금 지급시 퇴직급여충당부채에서 차감하고 현금으로 지급한다. 그러므로 기말 현재 퇴직급여충당부채는 전기말 퇴직급여충당부채에서 당기에 지급한 퇴직금을 차감한 금액이 남아 있을 것이다. 결산담당자는 앞에서 계산한 퇴직금추계액과 기말현재 장부상에 남아 있는 퇴직급여충당부채잔액과의 차액을 당기의 퇴직급여(비용)로 회계처리함으로써 재무상태표에 나타나는 퇴직급여충당부채를 퇴직금추계액과 일치시킨다.

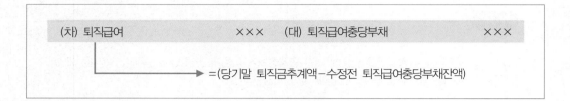

| (차) 퇴직급여 | ××× | (대) 퇴직급여충당부채 | ××× |

=(당기말 퇴직금추계액−수정전 퇴직급여충당부채잔액)

예 제

(주)삼일의 20×1년말 현재 수정전시산표상의 퇴직급여충당부채 계정은 다음과 같고, 결산담당자가 당기말 퇴직금추계액을 계산한 결과 75,000,000원이었다. 이 경우 결산수정분개를 하시오.

합계잔액시산표
제3기 : 20×1년 12월 31일 현재

(주)삼일 (단위: 원)

차변금액		계정과목	대변금액	
잔액	합계		합계	잔액
	15,000,000	퇴직급여충당부채	65,000,000	50,000,000
		⋮		

풀 이

1. 수정전시산표 분석

   수정전시산표의 대변합계액 65,000,000원은 기초 퇴직급여충당부채잔액을 의미하고 차변합계액 15,000,000원은 당기의 퇴직금지급액을 의미한다. 즉, 이 시산표는 전기말에 설정된 퇴직급여충당부채 65,000,000원 중에서 15,000,000원을 당기에 퇴직금으로 지급하고 남은 잔액이 50,000,000원임을 보여주고 있다.

2. 결산수정분개

   | (차) 퇴직급여 | 25,000,000 | (대) 퇴직급여충당부채 | 25,000,000 |

   * 퇴직급여=당기말 퇴직금추계액−수정전 퇴직급여충당부채잔액
      =75,000,000−50,000,000=25,000,000원

9 외화자산 · 부채의 환산

A회사가 미국으로부터 기중에 100달러짜리 원재료를 외상으로 수입해오면서 당시 환율을 적용하여 매입채무로 계상했는데 기말에 환율이 올랐다면 재무상태표에서 매입채무를 결산일 현재의 환율로 환산해야 기업이 부담해야 할 부채를 보다 적절히 나타낼 수 있을 것이다.

일반기업회계기준에서는 화폐성 외화자산 · 부채를 보고기간 말의 마감환율을 적용하여 환산하고 그 차액을 외화환산손익으로 인식하도록 하고 있다.

화폐성자산의 예로서는 현금및현금성자산, 매출채권, 대여금 등이 있으며, 화폐성부채의 예로서는 매입채무, 차입금, 사채 등이 있다.

예 제

(주)삼일은 20×1년 12월 15일에 미국에 있는 거래처에 외상으로 상품을 $1,000에 판매하면서 당일 환율을 적용하여 매출채권을 계상하였다. 일자별 환율이 다음과 같을 경우 결산수정분개를 하시오.

> 20×1. 12. 15 : ₩1,200/$
> 20×1. 12. 31 : ₩1,100/$

풀 이

1. 판매시점 A회사의 회계처리
   20×1. 12. 15 : (차) 매출채권　　1,200,000　(대) 매출　　　　1,200,000

2. 결산수정분개
   매출채권이라는 외화자산을 보유하고 있던 중에 환율이 떨어졌으므로 손실이 발생하였다.
   외화환산손실액=$1,000×(₩1,200/$−₩1,100/$)=100,000원
   20×1. 12. 31 : (차) 외화환산손실　　100,000　(대) 매출채권　　　100,000

Ⅳ 회계장부 끝맺음

다음 회계연도에 발생할 거래들을 새롭게 기록할 준비를 하기 위하여 지금까지 기록해 온 계정들에 대하여 마무리하는 절차를 장부의 마감이라고 한다.

01 손익계정의 마감

손익계정은 한 회계연도의 영업성과를 나타내므로 다음 연도의 수익·비용에 영향을 미치지 않도록 계정잔액을 역분개하여 0으로 만든다.

1) 손익계정의 마감절차

① 비용계정의 차변잔액은 집합손익계정의 차변에, 수익계정의 대변잔액은 집합손익계정의 대변에 옮겨 계정잔액을 0으로 만든다.
② 집합손익계정 잔액인 당기순이익을 이익잉여금(자본)으로 대체한다.

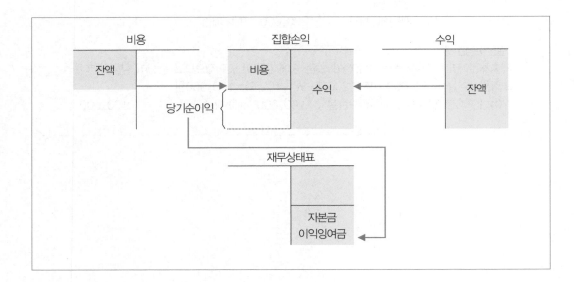

2) 손익계정의 마감분개

① 비용계정의 손익계정 대체

| (차) 집합손익 | ××× | (대) 비용 | ××× |

② 수익계정의 손익계정 대체

| (차) 수익 | ××× | (대) 집합손익 | ××× |

③ 이익의 자본계정 대체

| (차) 집합손익* | ××× | (대) 미처분이익잉여금 | ××× |

* 집합손익 = ② 수익−① 비용

02 재무상태표계정의 마감

　　재무상태표계정은 손익계정과는 달리 그 잔액이 다음 회계연도로 이월되어 계속 존속하게 되므로 영구계정(permanent account)이라고도 한다.

① 결산일에 각 계정의 잔액을 계산한다.
② 해당 계정 반대편에 차기이월(次期移越)이라고 기재한다.
③ 차기 첫날짜로 하여 원래 잔액이 있던 변에 전기이월(前期移越)이라고 기재한다.

자산				부채			
	×××		×××			×××	×××
	×××	차기이월	×××	차기이월	×××		×××
계	×××		×××	계	×××		×××
전기이월	×××					전기이월	×××

자본			
	×××		×××
차기이월	×××		×××
계	×××		×××
		전기이월	×××

사례로 보는 재무제표 작성

20×2년 12월 31일 현재 (주)삼일의 수정전 잔액시산표와 기말정리사항은 다음과 같다. 기업회계기준에 따라 결산수정분개를 행하고, 수정후 시산표를 작성하여 재무상태표와 손익계산서를 완성하시오.

잔액시산표
20×2년 12월 31일 현재

(주)삼일   (단위 : 원)

현금및현금성자산	2,400	매입채무	1,400
단기매매증권	300	대손충당금	20
매출채권	2,400	감가상각누계액	650
상품	500	자본금	3,000
건물	1,400	이월이익잉여금	780
영업권	300	매출	5,000
매입	2,100		
급여	950		
임차료	300		
이자비용	200		
합계	10,850	합계	10,850

[기말정리사항]
① 현금시재액이 현금출납장보다 10원이 적으며 그 원인은 알 수 없다.
② 단기매매증권의 20×2년 말 현재 시가는 350원이다.
③ 매출채권 기말잔액의 5%를 대손충당금으로 설정하기로 하였다.
④ 재고자산수불부상의 기말상품 재고액은 800원이었다.
⑤ 재고자산을 실사한 결과 300원의 상품이 분실된 사실을 확인하였다(단, 감모손실분은 원가성이 없다고 가정한다).
⑥ 건물에 대해서 정률법(상각률 : 20%)을 적용하여 감가상각비를 계상한다.
⑦ 영업권은 5년에 걸쳐 상각하며, 영업권은 20×0년 1월 1일에 취득하였다(단, 전기까지 영업권상각비는 정액법을 적용하며 적정하게 계상하였다).
⑧ 이사회에서 현금배당 110원을 결의하였으나, 20×3년 3월 25일에 주주총회를 통해 최종적으로 배당금이 확정될 것이다.
⑨ 20×2년 12월분 급여 중 65원을 아직 지급하지 아니하였으나 회사는 아무런 회계처리를 하지 않았다.

1. 결산수정분개

① (차) 잡손실   10   (대) 현금및현금성자산   10
② (차) 단기매매증권   50   (대) 단기매매증권평가이익   50
③ (차) 대손상각비   100   (대) 대손충당금   100
   ※ 당기대손상각비=(2,400×5%)−20=100원
④ (차) 매입   500   (대) 상품(기초)   500
   (차) 상품(기말)   800   (대) 매입   800
   (차) 매출원가   1,800   (대) 매입   1,800
⑤ (차) 재고자산감모손실   300   (대) 상품(기말)   300
⑥ (차) 감가상각비   150   (대) 감가상각누계액   150
   ※ 당기감가상각비=(1,400−650)×20%=150원
⑦ (차) 영업권상각비   100   (대) 영업권   100
   ※ 영업권을 20×0년 1월 1일에 취득하였으므로 당기초(20×2년 1월 1일) 현재 상각할 잔여
     연수는 3년이다. 그러므로 당기상각비는 100원(=300÷3년)이다.
⑧ 배당금이 보고기간종료일 이후에 확정이 되므로 당기 재무상태표에는 반영할 필요가 없다. 그
   러므로 회계처리가 불필요하다.
⑨ (차) 급여   65   (대) 미지급비용   65

2. 수정후 시산표의 작성

잔액시산표

20×2년 12월 31일 현재

(주)삼일   (단위 : 원)

현금및현금성자산	2,390	대손충당금	120
유가증권	350	감가상각누계액	800
매출채권	2,400	매입채무	1,400
상품	500	자본금	3,000
건물	1,400	이월이익잉여금	780
영업권	200	매출	5,000
급여	1,015	단기매매증권평가이익	50
임차료	300	미지급비용	65
이자비용	200		
잡손실	10		
대손상각비	100		
감가상각비	150		
무형자산상각비	100		
매출원가	1,800		
재고자산감모손실	300		
합계	11,215	합계	11,215

3. 손익계산서의 작성

손익계산서

20×2년 1월 1일부터 20×2년 12월 31일까지

㈜삼일   (단위 : 원)

Ⅰ. 매출액		5,000
Ⅱ. 매출원가		1,800
1. 기초상품재고액	500	
2. 당기매입액	2,100	
계	2,600	
3. 기말상품재고액	500	
4. 매출이외의 상품감소액*	300	
Ⅲ. 매출총이익		3,200
Ⅳ. 판매비와관리비		1,665
1. 급여	1,015	
2. 임차료	300	
3. 감가상각비	150	
4. 무형자산상각비	100	
5. 대손상각비	100	
Ⅴ. 영업이익		1,535
Ⅵ. 영업외수익		50
1. 단기매매증권평가이익	50	
Ⅶ. 영업외비용		510
1. 이자비용	200	
2. 재고자산감모손실	300	
3. 잡손실	10	
Ⅷ. 법인세비용차감전순이익		1,075
Ⅸ. 법인세비용		–
Ⅹ. 당기순이익		1,075

* 재고자산 감모손실액은 매출 이외의 원인으로 인한 재고자산 감소분에 해당한다.

4. 재무상태표의 작성

재무상태표
20×2년 12월 31일 현재

(주)삼일   (단위 : 원)

자산			부채		
Ⅰ. 유동자산		5,520	Ⅰ. 유동부채		1,465
(1) 당좌자산		5,020	1. 매입채무	1,400	
1. 현금및현금성자산	2,390		2. 미지급비용	65	
2. 단기매매증권	350		Ⅱ. 비유동부채		−
3. 매출채권	2,400		부채총계		1,465
대손충당금	(120)				
(2) 재고자산		500	자본		
1. 상품	500		Ⅰ. 자본금		3,000
			1. 보통주자본금	3,000	
Ⅱ. 비유동자산		800	Ⅱ. 자본잉여금		−
(1) 유형자산		600	Ⅲ. 자본조정		−
1. 건물	1,400		Ⅳ. 기타포괄손익누계액		−
감가상각누계액	(800)		Ⅴ. 이익잉여금		1,855
(2) 무형자산		200	1. 미처분이익잉여금	1,855	
1. 영업권	200		자 본 총 계		4,855
자산총계		6,320	부채와자본총계		6,320

✅ O, X 퀴즈

01 결산절차는 기중기록과 결산정리사항을 통합하여 최종적인 재무제표를 작성하는 과정을 말한다.

02 수익·비용을 인식할 때 발생주의 회계를 적용하고, 기말현재시점에서 자산·부채를 적절한 상태로 평가하여야 하기 때문에 결산수정분개가 필요하다.

03 기말 평가에 의해 산출된 매도가능증권평가손익은 당기손익에 반영된다.

04 재고자산감모손실이 발생했을 경우에는 해당 손실을 영업외비용으로 분류한다.

05 장부를 마감하게 되면 손익계정과 재무상태표계정 모두 잔액이 0으로 된다.

01	○	회계순환과정은 기중거래의 기록절차와 결산절차로 구분되는데 결산절차를 통하여 최종적인 재무제표를 작성하게 된다.
02	○	결산수정분개에 대한 옳은 설명이다.
03	×	매도가능증권평가손익은 재무상태표상의 기타포괄손익누계액항목으로 집계되어 그 유가증권을 처분하는 시점에 일괄하여 당기손익에 반영한다.
04	×	재고자산감모손실이 정상적으로 발생하는 경우에는 매출원가에 가산된다.
05	×	재무상태표계정은 회계연도가 종료하더라도 계속적으로 잔액이 유지되는 개념이므로 잔액을 다음 회계연도로 이월시킨다.

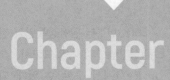

Chapter

재무제표
쉽게 읽는 법

4

Ⅰ 재무제표 둘러보기

01 재무제표의 입수

2000년부터 금융감독원의 전자공시제도에 의하여, 주식회사의 감사보고서 및 주권상장법인 또는 코스닥상장법인의 사업보고서, 기타 공시사항을 금융감독원의 전자공시시스템(http://dart.fss.or.kr/)에서 구할 수 있게 되었다.

1 회사명 검색

전자공시시스템에 접속한 후에 보고 싶은 회사의 이름을 가운데 검색창에 입력한 후 검색버튼을 누르면 원하는 회사를 찾을 수 있다.

검색된 회사의 이름을 누르면 그 회사에서 공시한 모든 재무제표, 사업보고서 그리고 기타 영업상 중요한 공시사항이 나타난다.

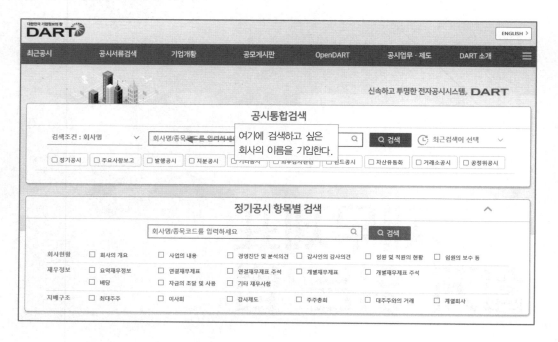

2 재무제표의 검색

사업보고서 및 감사보고서 항목을 클릭하면 사업보고서에 대한 내용과 감사보고서 등의 내용이 표시되고 상단의 첨부문서를 선택하면 재무제표가 포함된 감사보고서를 볼 수 있다.

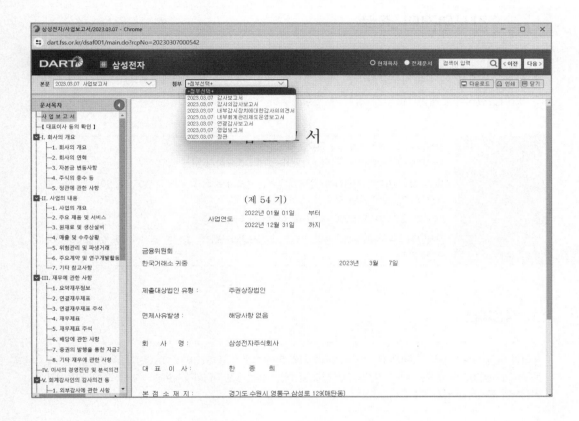

금융감독원에서는 회계감사를 받은 재무제표만 공시하고 있으며, 외부감사의 대상이 되는 회사는 법적으로 회계감사를 받도록 하고 있다.

Ⅱ 감사의견 확인하기

01 감사의견의 종류

감사보고서에서 회사의 외부감사인은 재무제표에 대한 의견을 표명하게 되는데 이를 감사의견이라고 한다. 감사의견에는 네 가지 종류가 있다.

적정의견	감사범위의 제한이 없거나 중요하지 않은 경우 재무제표에 기업회계기준 위배사항이 없거나 중요하지 않은 경우
한정의견	재무제표의 일부가 기업회계기준에서 정하는 방법대로 회계처리되지 않고, 이것이 재무제표에 중요한 영향을 미치는 경우
부적정의견	회사의 재무제표가 기업회계기준을 심각하게 위배한 경우
의견거절	감사인이 재무제표 신뢰가능성에 대한 의견표명에 필요한 충분한 감사증거를 수집하지 못하였을 경우

1) 적정의견

우리의 의견으로는 회사의 재무제표는 ABC 주식회사의 20×1년 12월 31일과 20×0년 12월 31일 현재의 재무상태, 동일로 종료되는 양 보고기간의 재무성과 및 현금흐름을 일반기업회계기준에 따라 중요성의 **관점에서 공정하게 표시**하고 있습니다.

2) 한정의견

우리의 의견으로는, 회사의 재무제표는 **한정의견의 근거문단**에 기술된 사항이 미치는 영향을 제외하고는, ABC 주식회사의 20×1년 12월 31일과 20×0년 12월 31일 현재의 재무상태, 동일로 종료되는 양 보고기간의 재무성과 및 현금흐름을 일반기업회계기준에 따라 중요성의 관점에서 공정하게 표시하고 있습니다.

3) 부적정의견

우리의 의견으로는 **부적정의견의 근거에서 논의된 사항의 유의성으로 인하여**, ABC 주식회사의 20×1년 12월 31일과 20×0년 12월 31일 현재의 재무상태, 동일로 종료되는 양 보고기간의 재무성과 및 현금흐름을 일반 기업회계기준에 따라 중요성의 관점에서 **공정하게 표시하고 있지 않습니다.**

4) 의견거절

우리는 의견거절의 근거문단에서 기술된 사항의 유의성으로 인하여 감사의견의 근거가 되는 **충분하고 적합한 감사증거를 입수할 수 없었습니다.** 따라서 우리는 회사의 재무제표에 대하여 **의견을 표명하지 않습니다.**

감사의견이 적정의견이 아닐 경우 회사는 아래와 같은 불이익을 받게 된다.

의견종류	주권상장기업	코스닥 상장기업
한정의견	2년 연속 감사범위제한으로 인한 한정의견시 상장폐지	감사범위제한 한정의견은 바로 상장폐지
부적정의견	상장폐지	상장폐지
의견거절	상장폐지	상장폐지

III 재무상태표 바로보기

1 회사의 총자산을 파악하고 총자산 중 채권자와 주주의 몫이 얼마인지 파악하자

처음 회사의 재무상태표를 본다면 당연히 회사의 총 규모와 그것이 누구의 재산인지를 파악하는 것이 가장 기본이다. 의외로 부실한 기업과 건실한 기업을 구별하는 기준은 간단하다. 한마디로 주주의 몫이 작은 회사일수록 부실한 회사일 가능성이 높고 주주의 몫이 (−)인 경우는 부도 직전이라고 할 수 있다.

주주의 몫은 주주가 주금을 납입한 것과 회사가 벌어들인 이익으로 크게 구성되어 있다고 앞에서 설명하였다. 따라서 회사가 계속 누적적으로 손해보는 장사를 하는 경우에는 해당 회사의 순자산이 지속적으로 감소할 것이고 이는 주주의 몫이 점점 감소한다는 것을 의미한다.

그러다 결국에는 회사의 총자산보다 채권자에게 갚아야 할 빚이 더 많아 지게 되면 주주의 몫은 (−)가 되는 것이다. 따라서 재무상태표를 볼 때에는 주주의 몫인 자본이 총자산에서 어느 정도인지를 1차적으로 파악하여야 한다.

부실한 회사의 자본구성

재무상태표

제31기 20×2년 12월 31일 현재

B주식회사   (단위 : 원)

과목	금액	과목	금액
자산		**부채**	
Ⅰ. 유동자산	12,805,468,774	Ⅰ. 유동부채	23,103,295,984
(1) 당좌자산	12,263,439,864	1. 매입채무(주	8,772,021,206
1. 현금및현금성자산(주석9)	1,582,252,805	⋮	
2. 단기투자자산	8,293,300,000	Ⅱ. 비유동부채	21,052,256,839
⋮	⋮	1. 장기차입금(주석14)	8,762,000,000
(2) 재고자산(주석2)	542,028,910	2. 퇴직급여충당금(주석2)	6,290,256,839
1. 상품	249,445,429	⋮	⋮
2. 제품	269,353	부채총계	44,155,552,823
⋮	⋮	**자본**	
Ⅱ. 비유동자산	30,585,510,282	Ⅰ. 자본금(주석	7,853,985,000
(1) 투자자산	20,308,922,037	Ⅱ. 자본잉여금	7,310,319,064
1. 투자부동산(주석4)	591,465,916	Ⅲ. 자본조정	2,995,025,317
2. 장기투자자산(주석6)	14,917,465,322	Ⅳ. 기타포괄손익누계액	553,421,358
⋮	⋮	Ⅴ. 이익잉여금(주석17)	(−)19,477,324,506
(2) 유형자산(주석2, 10)	10,241,913,687		
1. 토지	7,593,552,732	10. 미처분이익잉	(−)23,516,247,775
2. 건물	2,672,455,396		
감가상각누계액	(−)260,663,911		
	⋮		
(3) 무형자산(주석12)	33,461,091		
1. 개발비	31,250,000		
	⋮		
(4) 기타비유동자산	1,213,467		
1. 보증금	50,000	자본총계	(−)764,573,767
자산총계	43,390,979,056	부채와자본총계	43,390,979,056

자산 (43,390,979,056)	VS	부채 (44,155,552,823)

⇒ 회사 총자산보다 채권자에게 갚아야 할 빚이 더 많아 주주 몫은 (−)임.

2 자금사정에 대해서 검토하자

다음으로 확인해야 할 것은 회사가 자금사정에 여유가 있는지를 파악하는 것이다. 아무리 이익이 나는 회사라고 할지라도 갚아야 할 빚을 갚지 못한다면 부도가 발생할 것이기 때문이다.

재무상태표를 통해서 다음연도 중에 현금화할 수 있는 금액과 지급해야 할 금액을 확인하고 자금 부분에 큰 문제가 없는지 확인하는 것이 중요하다.

회사의 자금상황에 대해 검토하라.
-차입금 등을 적정한 시기에 갚을 수 있는 능력이 되는가?
-유동자산과 유동부채를 검토한다.

대표적인 검토방법으로 1년내 현금화가 가능한 유동자산과 1년내 지급할 유동부채의 크기를 비교하여 지급능력을 판단하기도 한다.

유동자산과 유동부채의 상대적인 비율을 유동비율이라고 하고, 이 비율이 어느 정도 이상이 되어야 안정적인 유동능력을 보유하고 있다고 간주한다.

재무상태표

제35기 20×2년 12월 31일 현재
제34기 20×1년 12월 31일 현재

A주식회사   (단위 : 백만 원)

과목	제35(당)기		제34(전)기	
	금액		금액	
자산				
Ⅰ. 유동자산		13,482,409		12,068,583
(1) 당좌자산		11,002,451		9,795,860
1. 현금및현금성자산(주석9)	1,268,209		1,409,380	
2. 단기투자자산	4,246,836		4,273,002	
⋮			⋮	
(2) 재고자산(주석6)		2,479,958		2,272,723
1. 상품	62,775		115,180	
2. 제품	295,194		355,363	
⋮			⋮	
부 채				
Ⅰ. 유동부채		9,191,898		7,590,014
1. 매입채무			1,657,337	
⋮			⋮	
Ⅱ. 비유동부채		597,008		1,710,645
1. 사채(주석12)	119,780		1,205,552	
사채할인발행차금	(−)5,920		(−)18,549	
⋮		⋮		⋮

> 1년 이내에 현금화 가능한 자산

> 1년 이내에 갚아야 할 채무

227

① 단기유동성 분석

단기유동성분석은 회사의 단기적인 지급능력, 즉 자금상황을 간편하게 알아볼 수 있는 분석방법이다.

㉠ 유동비율(Current Ratio)

유동비율이란 유동자산을 유동부채로 나누어 측정하는 비율로, 유동성을 평가하는 데 가장 보편적으로 이용되는 비율이다.

$$\text{유동비율(\%)} = \frac{\text{유동자산}}{\text{유동부채}} \times 100$$

㉡ 당좌비율(Quick Ratio)

당좌비율이란 유동자산에서 유동성이 상대적으로 낮은 재고자산이나 선급비용을 제외하고 유동성이 높은 자산인 당좌자산(현금·금융상품, 유가증권 및 매출채권 등)만을 고려하여 유동성을 평가하는 비율이다.

$$\text{당좌비율(\%)} = \frac{\text{당좌자산}}{\text{유동부채}} \times 100$$

② 장기안정성 분석

장기안정성 분석은 기업이 장기채무에 대한 원금과 이자를 원활하게 지급할 수 있는지를 평가하는 것으로, 기업의 장기적인 재무 및 영업구조 분석에 일반적으로 활용된다.

㉠ 자기자본비율(Shareholders's Equity to Total Assets)

자기자본비율이란 총자본에서 자기자본의 비중을 나타내는 비율로, 금융비용을 부담하지 않고 기업의 영업에 사용할 수 있는 자본의 비율을 나타내기 때문에, 자기자본비율이 높을수록 기업의 안정성이 높다고 할 수 있다.

$$\text{자기자본비율(\%)} = \frac{\text{자기자본}}{\text{총자본(부채와 자본총계)}} \times 100$$

ⓛ 부채비율(Debt-To-Equity Ratio)

부채비율이란 타인자본인 부채와 자기자본간의 관계를 나타내는 재무지표로서, 부채비율이 클수록 채권자에 대한 위험이 증가한다는 것을 의미한다. 이러한 부채비율은 보통주와 관련된 재무적 위험을 측정하는 데에도 이용될 수 있다.

$$부채비율(\%) = \frac{부채}{자기자본} \times 100$$

예 제

다음의 자료를 참고하여 (주)삼일의 유동비율, 당좌비율과 부채비율을 계산하시오.

유동자산	30,000,000원	유동부채	10,000,000원
당좌자산	20,000,000원	비유동부채	30,000,000원
유형자산	30,000,000원	자본	40,000,000원
자산총계	80,000,000원		

풀 이

$$유동비율 = \frac{유동자산}{유동부채} \times 100 = \frac{30,000,000원}{10,000,000원} \times 100 = 300\%$$

$$당좌비율 = \frac{당좌자산}{유동부채} \times 100 = \frac{20,000,000원}{10,000,000원} \times 100 = 200\%$$

$$부채비율 = \frac{부채}{자기자본} \times 100 = \frac{40,000,000원}{40,000,000원} \times 100 = 100\%$$

3 매출채권과 재고자산을 검토하자

1) 매출채권

일반인들은 매출채권이 많으면 많을수록 좋은 회사라고 생각을 한다.

하지만 매출채권은 장사가 잘되는 경우에도 늘어나지만 대금회수가 안되는 경우에도 늘어난다.

따라서 손익계산서상 매출액과 같이 비교하여 매출액의 증감과 채권의 증감이 어떻게 연관되는지도 같이 파악하면 보다 더 정확히 회사의 매출채권 규모가 적정한지를 이해할 수 있을 것이다.

매출채권이 총자산에 비해 너무 크거나 갑자기 전기 대비 증가를 하는 경우는 경기특수 등으로 인한 특이한 상황을 제외하고는 대부분 분식을 통한 가공매출을 계상하거나 부도 등으로 인하여 대금회수가 안된 불량채권이 많다고 볼 수 있을 것이다.

> 회사의 매출채권에 대해서 검토하자.
> – 총자산에서 차지하는 비중이 과연 정상적인 것인지
> – 매출액과 비교하여 매출채권이 적정 수준인지
> – 갑작스럽게 매출채권이 늘어나거나 줄어들었는지
> – 대손충당금이 총 채권대비 얼마나 되는지

2) 재고자산

특정연도의 재고가 갑자기 증가한다면 분식 혹은 불량재고나 장기간 팔리지 않은 재고로 인한 경우가 많으므로 재고가 적정수준인지 확인하여야 한다. 장기간 팔리지 않은 재고는 앞으로도 팔리지 않을 가능성이 높으므로 재고의 가치가 실제보다 높게 계상되어 재고 수준이 높게 나타나게 된다.

> 회사의 재고자산 비중을 검토한다.
> – 총자산에서 차지하는 비중이 과연 정상적인 것인지
> – 매출원가대비 어느 정도의 재고수준을 유지하고 있는지

3) 매출채권회전율과 매출채권 평균회수기간

매출채권회전율(Account Receivable Turnover)이란 매출채권이 일정 기간 동안 평균적으로 몇 번이나 발생하고 회수되었는가를 나타내는 지표이다.

따라서 매출채권회전율이 높을수록 현금화되는 속도가 빠르다는 것을 의미하게 된다.

$$\text{매출채권회전율} = \frac{\text{매출액}}{\text{평균매출채권}}$$

365일을 매출채권회전율로 나누면 매출채권을 회수하는 데 평균적으로 소요되는 기간을 분석할 수 있으며, 이를 매출채권 평균회수기간(Average Collection Period)이라고 한다.

$$\text{매출채권 평균회수기간} = \frac{365\text{일}}{\text{매출채권회전율}}$$

재고자산회전율(Inventory Turnover)이란 재고자산을 얼마나 효율적으로 관리하고 있는지를 나타내는 지표로 재고자산이 얼마나 빨리 판매되는지를 나타낸다.

판매가 부진하여 재고자산이 적체되어 있거나 재고자산이 진부화되면 재고자산회전율이 크게 둔화된다.

$$\text{재고자산회전율} = \frac{\text{매출원가}}{\text{평균재고자산}}$$

재고자산의 유동성을 평가하는 방법으로 365일을 재고자산회전율로 나누어 측정한 재고자산 평균회전기간(Average Turnover Period)을 이용하기도 한다. 이는 재고자산을 판매하는 데 소요되는 기간을 뜻하므로 기업의 구매정책을 평가하는 데 유용한 분석방법이 된다.

$$\text{재고자산 평균회전기간} = \frac{365\text{일}}{\text{재고자산회전율}}$$

다음의 자료를 참고하여 20×2년 (주)삼일의 매출채권회전율과 재고자산회전율을 계산하시오.
(단, 재고자산회전율 계산시 매출원가를 사용한다.)

	20×2년	20×1년
매출액	200,000,000원	
매출원가	100,000,000원	
매출채권	30,000,000원	10,000,000원
재고자산	25,000,000원	15,000,000원

$$\text{매출채권회전율} = \frac{\text{매출액}}{\text{평균매출채권}} = \frac{200,000,000원}{20,000,000원} = 10회$$

$$\text{재고자산회전율} = \frac{\text{매출원가}}{\text{평균재고자산}} = \frac{100,000,000원}{20,000,000원} = 5회$$

1 각 단계별 이익을 구분해 보자

당기순이익이 똑같이 발생하더라도 그 발생이 토지 등 자산을 처분해서 발생한 것과 매출 등 영업을 통해서 발생한 것은 대단히 많은 차이가 난다.

영업을 통해서 발생되는 이익은 내년 이후에도 계속적으로 발생할 가능성이 대단이 높다. 하지만 자산의 처분 등의 영업외수익은 반복성이 떨어지므로 당기순이익이 어디서 발생하는지를 정확하게 파악하여야 한다.

2 매출총이익률과 영업이익률을 전기와 비교해 보자

1) 매출액증가율

매출액은 회사가 1년 동안 영업활동에 의해 판매한 제품이나 상품 등의 총 금액을 의미한다. 따라서 매출액증가율은 당기의 매출액이 전년도에 비해 얼마만큼 증가했는지 나타낸다.

$$\text{매출액증가율(\%)} = \frac{\text{당기매출액} - \text{전기매출액}}{\text{전기매출액}} \times 100$$

즉, 매출액증가율의 변동은 회사의 영업활동이 전년도에 비해 얼마나 활발하게 이루어졌는가를 나타낸다고 할 수 있다. 경쟁기업보다 빠른 매출액증가율은 영업활동의 호조로 시장점유율의 증가를 의미한다.

2) 순이익증가율

매출액증가율이 기업의 외형적 성장을 의미한다면, 순이익증가율(Growth Rate of Profits)은 기업의 실질적 성장을 의미한다. 예를 들어 매출액증가율은 50%이나 순이익 증가율은 변동이 없다면, 기업은 단지 시장점유율을 증가시키기 위해 가격인하정책 등으로 매출액만 증가시킨 것으로 이는 외형적으로는 기업이 성장하였지만 실속 면에서는 기업활동이 좋아졌다고 볼 수 없다.

$$\text{순이익증가율(\%)} = \frac{\text{당기순이익} - \text{전기순이익}}{\text{전기순이익}} \times 100$$

3 판매비와관리비를 전기와 비교하여 분석해 보자

판매비와관리비는 대부분 고정비적인 성격인 것이 많다. 따라서 인원의 변동이 크지 않다면 발생되는 금액이 대부분 전기와 비슷하게 나타난다.

전기와 크게 차이가 나는 내역이 어떠한 것인지를 확인하여 그 이유를 살펴볼 필요가 있다.

A 주식회사의 판매비와관리비 세부내역과 증감률은 다음과 같다.

과 목	제35(당)기		제34(전)기		증감률
	금액		금액		
Ⅳ. 판매비와관리비		6,870,561		6,034,352	13.86%
1. 급여	605,600		536,103		12.96%
2. 퇴직급여	51,003		77,776		(−)34.42%
3. 지급수수료	1,290,398		1,031,357		25.12%
4. 감가상각비	110,374		111,052		(−)0.61%
5. 광고선전비	708,723		699,357		1.34%
6. 판촉비	370,170		292,890		26.39%
7. 운반비	473,655		394,628		20.03%
8. 애프터서비스비	348,478		269,861		29.13%
9. 기업홍보비	272,623		267,780		1.81%
10. 경상개발비	663,904		594,493		11.68%
11. 연구비	1,353,394		1,165,298		16.14%
12. 주식보상비용	78,998		132,434		(−)40.35%
13. 기타 판매비와관리비	543,241		461,323		17.76%

각 항목의 증감을 들여다보면, 먼저 급여가 13% 증가했음에도 불구하고 퇴직급여는 오히려 34% 감소하였다. 이를 통해 회사가 퇴직금 중간정산제도 등을 시행했음을 유추해 볼 수 있다.

또, 판촉비와 애프터서비스의 증가율이 높은데 이는 회사가 공격적인 홍보전략과 제품서비스의 강화를 통해 고객만족도를 높여가고 있음을 알 수 있다.

4 주당순이익(EPS : earnings per share)

주당순이익은 기업이 벌어들인 당기순이익을 그 기업이 발행한 유통보통주식수로 나누어 1주당 이익을 얼마나 창출하였느냐를 나타내는 지표이다. 즉, 회사가 1년간 올린 수익에 대한 주주의 몫을 나타내는 지표라 할 수 있다.

$$주당순이익 = \frac{당기순이익}{유통보통주식수}$$

지금까지 우리는 재무제표를 이용하여 기업을 분석하는 방법에 대하여 알아보았다. 재무제표를 통한 기업 분석시에 가장 많이 사용하는 방법은 앞서 배웠던 재무비율을 이용하는 것이다. 동종업계의 재무비율과 비교하고 과거 재무비율의 추세를 비교함으로써 분석대상 기업의 재무상태 및 경영성과를 분석할 수 있다.

이와 더불어 비교분석 방법을 이용하여 자사의 장·단점을 파악하는 데도 재무비율을 많이 사용하고 있다. 재무비율의 비교 기준으로 경쟁기업 또는 벤치마킹 대상 기업의 재무비율을 산출한 후 자사의 재무비율과 서로 비교, 분석해 보면 자사의 재무상태 및 경영성과의 문제점을 파악하고 개선 방안을 명확하게 도출할 수 있다.

우리는 앞으로 가상의 두 항공사의 재무비율을 비교하여 회사의 상태를 분석해 보도록 하자. 이 사례를 통하여 재무비율의 비교분석 방법을 이용하여 어떻게 회사의 장·단점을 분석하고 시사점을 파악할 수 있는지 검토해 보자.

1 분석대상 회사의 재무제표를 검토해 보자

가상의 분석대상 회사는 유럽의 A항공사와 아시아의 B항공사이다. A항공사와 B항공사의 재무상태표는 아래와 같다.

항공사의 재무상태표

(단위 : 1,000$)

비고	A항공사	B항공사
유동자산	2,928,158	913,334
당좌자산	2,506,548	803,328
재고자산	421,610	110,006
비유동자산	24,621,252	4,840,373
투자자산	2,328,090	955,974
유형자산	21,899,650	3,873,789
무형자산	393,512	10,610
자산합계	**27,549,410**	**5,753,707**
유동부채	5,989,866	1,558,328
비유동부채	12,428,652	2,671,134
부채합계	**18,418,518**	**4,229,462**
자본금	906,686	1,298,781
기타	8,224,206	225,464
자본합계	**9,130,892**	**1,524,245**
부채와 자본합계	**27,549,410**	**5,753,707**

자산규모에서 A항공사는 B항공사의 약 4.8배가 되어 규모면에서 차이가 있다. 항공회사이므로 자산 중 유형자산의 비중이 상당히 높음을 알 수 있으며, 유형자산규모는 약 5.7배의 차이가 나므로, 항공기 보유 대수에도 상당한 차이가 있음을 알 수 있다.

또한, 각 항공사는 자본에 비해 2배 이상의 부채를 갖고 있어 부채의존도가 높음을 알 수 있다. A항공사의 자본 중 잉여금의 비중이 높은 데 반해 B항공사는 잉여금 비중이 낮아 장차 결손 위험이 있음을 알 수 있다.

참고로 재고자산회전율, 매출채권회전율 등의 활동성 지표를 구하기 위하여는 전기의 재무상태표 금액이 필요하지만, 위의 가상의 2개 항공사 재무상태표에는 전기의 재무상태표 금액은 주어지지 않았다. 따라서 회전율 분석시에는 주어진 회전율을 이용하여 분석하는 것으로 가정하도록 하자.

항공사의 손익계산서

(단위 : 1,000$)

비고	A항공사	B항공사
매출액	15,967,742	5,162,292
매출원가	12,308,960	4,150,053
매출총이익	**3,658,782**	**1,012,239**
판매비와관리비	2,552,072	821,763
영업이익	**1,106,710**	**190,476**
영업외수익	1,351,762	413,349
영업외비용	1,372,532	392,711
법인세비용	165,876	31,667
당기순이익	**920,064**	**179,447**

　　손익계산서를 통하여 A항공사와 B항공사의 경영성과를 검토해보면 매출규모면에서 A항공사는 B항공사의 약 3.1배 이상이며, 영업이익은 5.8배 이상이어서 A항공사의 경영성과가 B항공사의 경영성과보다 규모의 측면에서 크다는 것을 알 수 있다.

2 자금사정에 대하여 검토하자

비고	A항공사	B항공사
유동비율	49%	59%
당좌비율	42%	52%
부채비율	202%	277%

　　A항공사와 B항공사의 자금사정에 대하여 검토해 보자.

　　우선 A항공사와 B항공사 모두 유동비율이 100%에 미달하고 있다. 특히 50% 내외의 유동비율은 단기채무에 매우 취약하다는 것을 의미하므로, 근본적인 단기채무에 대한 개선책이 필요하다고 볼 수 있다.

　　당좌비율 역시 두 항공사 역시 50% 내외로 상당히 낮은 수준을 유지하고 있다. 단기채무에 대한 초단기적인 지급능력에 의문이 있음을 알 수 있다.

　　그러나 유동비율 또는 당좌비율이 100% 미만인 회사 모두가 자금사정이 어려워 부도가능성이 상당히 높다고 볼 필요는 없다. 기업에는 여러 가지 유동성 부족액의 해결방안이 있기 때문이다. 대표적인 유동성 부족액의 해결방안에는 영업활동을 통한 현금유입, 차환 또는 만기연장이 있으며,

이러한 해결방안이 어렵다면 비유동자산의 매각 및 증자를 통하여 유동성 부족액을 해결할 수도 있다. A항공사와 B항공사 모두 영업이익을 기록하고 있어 영업활동을 통하여 현금을 유입할 수 있으며, 항공사의 유형자산 특성상 담보여력이 충분하므로 차환 또는 만기연장이 가능할 것으로 판단할 수 있다. 다만, 상대적으로 유동성이 낮으므로 전세계적 금융위기 등의 외부 충격에 취약할 수 있다.

A항공사는 202%, B항공사는 277%에 달하는 부채비율의 수치를 나타내고 있다. 흔히 부채비율은 100% 내외가 적정한 수준이라고 말하고 있다. 해당 산업의 특성을 감안하더라도, A항공사와 B항공사 모두 높은 부채비율을 나타내고 있다. 특히 B항공사는 유동부채의 비율이 상대적으로 높으므로 기업의 안정성에 특별히 신경을 써야 할 것이다.

3 매출채권과 재고자산을 검토하자

비고	A항공사	B항공사
매출채권회전율	13.60회	13.74회
매출채권평균회수기간	26.8일	26.6일
재고자산회전율	30.24회	40.55회
재고자산평균회전기간	12.1일	9.0일

매출채권회전율과 재고자산회전율을 이용하여 매출채권과 재고자산이 얼마나 효율적으로 관리되고 있는지를 검토한다. 회전율이 높을수록 매출채권 및 재고자산이 효율적으로 관리되고 있다는 것을 나타내며, 반대로 회전율이 낮을수록 매출채권 및 재고자산관리에 비효율성이 있을 가능성이 높다는 것을 나타낸다.

항공회사는 기본적으로 현금 및 신용카드 결제를 통하여 항공료를 받으므로, 타 산업에 비하여 매출채권이 상대적으로 적다. A항공사 및 B항공사 모두 매출채권회전율이 상당히 높은 양호한 수준을 보임을 알 수 있다. 항공산업 특성상 재고자산이 거의 없기 때문에 재고자산회전율 역시 상당히 높은 수치를 보이고 있다.

다만, A항공사는 B항공사에 비해 매출채권회전율 및 재고자산회전율이 모두 낮으므로 이러한 자산관리에 있어서 상대적인 비효율의 존재가능성이 검토된다 할 것이다.

4 각 단계별 이익을 구분해 보자

비고	A항공사	B항공사
매출총이익률	23%	20%
영업이익률	7%	4%
당기순이익률	6%	3%

　　매출총이익률과 영업이익률은 특별한 변동이 발생하지 않는다면 매년 일정하게 나타나게 되므로 회사의 수익성을 분석할 때 매우 중요하게 체크해야 하는 이익률이다. 매출총이익률과 영업이익률은 A항공사가 B항공사에 비하여 높게 나타난다. B항공사는 수익성 높은 노선의 개발이 필요하며, 비용절감 노력이 절실한 시점이라고 하겠다.

　　당기순이익률은 반복성이 떨어지는 영업외수익·비용에 의한 손익이 반영되므로 일시적인 당기순이익률의 하락은 회사의 미래 성과에 대한 우려를 크게 가지고 오지는 않는다. B항공사는 당기순이익률이 A항공사보다 상대적으로 낮은 요인이 만성적인 원인 때문인지 일시적인 원인 때문인지를 분석해 볼 필요가 있다.

5 종합적으로 검토해 보자

　　A항공사는 안정성, 수익성 측면에서, B항공사는 자산의 효율적 사용 측면에서 경쟁회사보다 앞선 결과를 보이고 있다.

　　A항공사는 B항공사에 비해 안정적이며, 높은 수익을 창출하고 있음을 보여주고 있다. 하지만, A항공사는 회사의 규모가 커짐에 따라 비효율적인 자산이 증가하고 있어 자산의 효율적 사용에 집중하여야 하며 비효율적 자산의 처분 노력이 필요한 시점이다.

　　B항공사는 A항공사에 비하여 자산은 효율적으로 사용하고 있다. 하지만, 증자 등을 통한 기업의 안정성을 높이는 방안에 대하여 검토하여야 하며, 수익성 제고에도 힘을 기울여야 하는 시점이다.

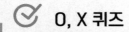 O, X 퀴즈

01	감사인과 기업회계기준의 위배로 인한 영향이 특히 중요하고 전반적이어서 한정의견의 표명으로는 재무제표의 오도 또는 왜곡표시된 내용을 적절히 공시할 수 없을 경우에 의견표명을 거절한다.	

02	유동비율이란 유동자산을 유동부채로 나누어 측정하는 비율로, 유동성을 평가하는데 가장 보편적으로 이용되는 비율이다.	

03	재무제표에 대한 주석은 재무제표의 일부가 아니다.	

01	×	부적정의견에 대한 설명이다.
02	○	회사의 단기적인 자금상황을 간편하게 알아볼 수 있다.
03	×	주석은 재무제표 구성요소 중 하나로서 재무제표 이용자에게 유용하고 의미있는 회계정보를 제공해준다.

Part 2
실전편

핵심요약노트
연습문제
연습문제 정답 및 해설
모의고사 1~3회
모의고사 정답 및 해설

Chapter

핵심요약노트

Chapter 1 회계의 첫걸음

I. 회계의 개념

1. 재무회계와 관리회계 비교

구분	재무회계	관리회계
의미	• 기업이 재무상태, 경영성과, 자본변동, 현금흐름을 표시 • 외부보고	• 의사결정을 위한 정보의 제공 • 경영계획·통제를 위한 회계
목적	투자의사결정 같은 정보이용자의 경제적 의사결정에 유용한 정보의 제공	경영자의 관리적 의사결정에 유용한 정보의 제공
정보이용자	외부 정보이용자(투자자 등)	내부 정보이용자(경영자)
작성근거	기업회계기준	경제이론, 경영학 등
보고수단	재무제표	일정한 양식 없음
보고시점	1년 단위(분기, 반기)	일별, 월별, 분기별, 반기별 등 수시
법적강제력	있음	없음

2. 재무제표의 종류

구분	정보
재무상태표	보고기간종료일(일정시점) 현재의 모든 자산·부채 및 자본을 나타내는 정태적 보고서
손익계산서	일정기간 동안에 발생한 수익과 비용을 나타내는 동태적 보고서
현금흐름표	일정기간 동안에 발생한 현금흐름 변동내역을 나타내는 보고서
자본변동표	일정기간 동안의 자본의 크기와 변동내역을 나타내는 보고서
주석	재무제표상에 필요한 추가적인 정보 보고

3. 재무상태표

① 재무상태표 구성

자산 = 부채 + 자본	
자산	기업이 소유하고 있으며 금전적인 가치가 있을 뿐만 아니라 앞으로도 유용하게 사용할 수 있는 회사의 재산
부채	미래에 일정한 금액을 갚아야 할 의무가 있는 기업의 채무
자본	주주들만의 자산, 순자산을 의미

② 재무상태표의 작성기준

구분표시 원칙	재무상태표상 자산·부채, 자본을 종류별, 성격별로 구분 표시
총액주의 원칙	자산·부채, 자본을 상계하여 순액으로 표기하지 않고 총액으로 기재
1년 기준 원칙	자산과 부채는 결산일 현재 1년 또는 영업주기 기준으로 구분표시
유동성배열법	자산과 부채는 유동성이 높은 순서로 배열
잉여금구분의 원칙	잉여금은 주주와의 거래에서 발생한 자본잉여금과 영업활동의 결과인 이익잉여금으로 구분
미결산항목 및 비망계정표시금지원칙	가지급금, 가수금 등 미결산계정은 적절한 계정과목으로 표시

4. 손익계산서

① 손익계산서 등식

수익 - 비용 = 이익 또는 손실	
수익	회사의 지속적인 영업활동의 결과로서 획득하거나 실현한 금액
비용	수익을 얻기 위해 지출하거나 발생한 금액

② 손익계산서의 작성기준

발생주의	현금의 유·출입시점에 관계없이 경제적 사건이 발생한 회계기간에 수익·비용을 인식
실현주의	수익은 수익창출활동이 거의 완료되고 현금유입액을 합리적으로 측정할 수 있는 실현 시기에 수익 인식
수익·비용대응의 원칙	수익을 창출하기 위하여 발생된 비용을 관련 수익이 인식되는 기간에 인식 ex) 감가상각비
총액주의	수익과 비용은 상계하지 않고 총액으로 표시
구분표시의 원칙	손익은 매출총손익, 영업손익, 법인세비용차감전순손익, 당기순손익으로 구분 표시

5. 재무상태표와 손익계산서의 관계

• 일정기간을 나타내는 손익계산서는 일정시점을 나타내는 재무상태표에서 출발하여 다시 일정시점을 나타내는 재무상태표와 연결

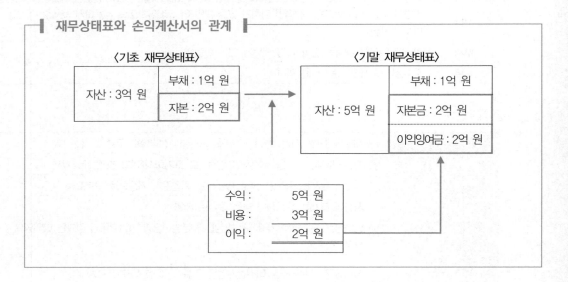

II. 회계의 흐름

1. 복식부기

① 복식부기 정의

회사의 재산에 영향을 미치는 모든 거래를 파악하여 재산이 변화한 원인과 그로 인한 결과를 동시에 기록하는 방법

② 복식부기 원리

• 재무제표의 구조

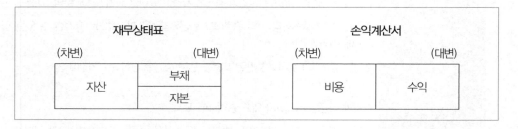

• 재산의 변화와 이러한 재산의 변화를 가져온 원인을 차변과 대변으로 나누어 재무제표에 표시된 구성요소의 위치에 맞추어 작성. (−)를 표시하는 경우에는 반대편에 위치

<표 제목 생략>

〈복식부기원리〉	
(차변)	(대변)
자산(+)	자산(−)
부채(−)	부채(+)
자본(−)	자본(+)
비용(+)	수익(+)

2. 회계처리(분개) 사례

	차변		대변	
① 건물을 취득하고 현금을 500,000원 지급하다.	건물	500,000	현금	500,000
② 상품 30,000원을 외상으로 구입하다.	상품	30,000	매입채무	30,000
③ 현금 100,000원을 출자하여 회사를 설립하다.	현금	100,000	자본금	100,000
④ 소유하고 있던 건물의 임대료 20,000원을 받다.	현금	20,000	수익	20,000
⑤ 은행에서 빌린 40,000원을 갚다.	차입금	40,000	현금	40,000
⑥ 종업원 급여 50,000원을 현금으로 지급하다.	급여	50,000	현금	50,000
⑦ 지급해야 할 이자 9,000원을 지급하지 않았다.	이자비용	9,000	미지급비용	9,000

계정과목 이해하기

I. 자산계정 살펴보기

1. 자산의 의의
과거 거래나 사건의 결과로서 보고기간종료일 현재 기업에 의해 지배되고 미래에 경제적 가치를 창출할 것으로 기대되는 자원

2. 유동자산
① 유동자산 의의
보고기간종료일로부터 1년 또는 정상적인 영업주기 이내에 현금화가 가능한 자산

② 유동자산의 종류

1) 당좌자산

구분	정의
현금및현금성자산	돈 · 현금 · 금전이라고 부르는 현금과 이와 유사한 가치를 가지는 현금성자산 포함
단기투자자산	기업이 여유자금의 활용 목적으로 보유하는 자산으로 단기적 자금운용목적으로 소유하거나 기한이 1년 이내에 도래하는 것(단기금융상품, 단기대여금, 유가증권)
매출채권	일반적인 상품거래에서 발생한 채권(vs. 매입채무)
미수금	일반적인 상품거래 이외에서 발생한 채권(vs. 미지급금)

• 현금및현금성자산의 범위: 자기앞수표 · 타인발행수표 · 송금수표 · 여행자수표 · 우편환증서 · 이자표 취득일 현재 만기 3개월 이내 금융상품 등

• 유가증권 분류

구분	정의
단기매매증권	단기간 매매차익을 목적으로 매수와 매도가 적극적이고 빈번하게 이루어지는 경우
만기보유증권	만기가 확정된 채무증권으로 상환금액이 확정되었거나 확정이 가능한 채무증권을 만기까지 보유할 적극적인 의도와 능력이 있는 경우
매도가능증권	단기매매증권이나 만기보유증권으로 분류되지 아니하는 유가증권

• 유가증권 평가

분류	유가증권 평가방법	평가손익 처리
단기매매증권	공정가치	당기손익
매도가능증권	공정가치	기타포괄손익누계액
만기보유증권	상각후원가	N/A

• 유가증권 양도

분류	유가증권 처분손익
단기매매증권	= 양도금액 − 장부금액
매도가능증권	= 양도금액 − 취득금액(처분시 기타포괄손익누계액의 매도가능증권평가손익도 제거)

• 매출채권 대손충당금 설정

대손추산액	기말 보유중인 채권 잔액 중 회수하지 못할 것으로 예상되는 금액
대손충당금	대손추계액으로 감소되어야 할 채권잔액을 간접적으로 차감시키는 채권의 차감계정
대손상각비	기말 대손충당금 추가 설정으로 인한 비용발생액

2) 재고자산

• 재고자산의 의의: 정상적인 영업활동과정에서 판매를 목적으로 보유하거나 판매할 제품의 생산을 위하여 사용되거나 소비될 자산

• 재고자산의 흐름

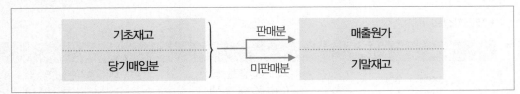

• 재고자산의 분류

상품	정상적인 영업활동과정에서 판매를 목적으로 구입한 물건
제품	판매를 목적으로 제조한 물건
재공품	제품의 제조를 위하여 제조과정에 있는 것
원재료	제품을 제조할 목적으로 구입한 원료, 재료
저장품	소모품, 수선용 부분품 및 기타 저장품

• 미착상품의 재고자산 포함 여부

구분	판매회사		구매회사	
	선적시점	도착시점	선적시점	도착시점
선적지인도조건	매출 발생	–	재고자산 매입	–
도착지인도조건	–	매출 발생	–	재고자산 매입

• 재고자산의 취득원가 = 매입가액 + <u>매입부대비용</u> – 매입할인, 매입에누리, 매입환출 등

        → 운송운임 · 매입수수료 · 보험료 · 하역비 · 수입관세 등

• 재고자산의 수량결정

  1) 계속기록법: 기말재고 = 기초재고 + 당기매입 – 매출원가

  2) 실지재고조사: 매출원가 = 기초재고 + 당기매입 – 기말재고

• 재고자산흐름의 가정: 재고자산의 단가결정

개별법	• 원리: 식별되는 재고자산별로 개별 취득원가 산정 • 적용: 통상적으로 상호 교환될 수 없는 재고항목, 특정 프로젝트별로 생산되는 제품 또는 서비스의 원가 ex)수기계를 주문 생산하는 경우
선입선출법	• 원리: 기말재고에 가장 최근에 구입한 매입원가를 부과 • 적용: 장기간 보관할 때 품질이 저하되거나 진부화되는 재고자산 • 장점: 물량의 흐름 = 원가의 흐름
가중평균법	• 원리: 기초재고자산과 당기 매입재고자산의 원가를 가중평균하여 부과 • 적용: 실지재고조사법에 따라 장부기록 – 총평균법 계속기록법에 따라 장부기록 – 이동평균법

• 재고자산의 평가손실

재고자산의 평가시점	비용의 처리	재고자산의 표시
공정가치 하락시	재고자산평가손실 (매출원가로 인식)	재고자산평가손실충당금 (재고자산에서 차감 표시)
공정가치 회복시 (본래의 장부금액 한도)	재고자산평가손실환입 (매출원가에서 차감)	재고자산평가손실충당금 차감

• 재고자산의 감모손실

재고자산의 평가시점	비용의 처리	재고자산의 표시
재고자산 분실, 손망실	재고자산감모손실 (매출원가로 인식, 비정상감모손실은 영업외비용)	재고자산 직접 감소

3. 비유동자산

① 비유동자산 의의

보고기간종료일로부터 1년 또는 정상적인 영업주기 이내에 현금화가 가능한 유동자산이 아닌 자산

② 비유동자산의 종류

1) 투자자산
  • 투자자산의 의의: 기업이 장기적인 투자수익창출이나 타기업의 지배 등을 목적으로 부수적인 기업활동의 결과로써 보유하는 자산
  • 투자자산의 분류: 장기금융상품 · 장기투자증권 · 투자부동산 · 지분법적용투자주식 · 기타 투자자산

2) 유형자산
  • 유형자산의 의의: 판매를 목적으로 하지 않고 영업활동이나 제조활동을 위하여 보유하는 유형의 자산
  • 유형자산의 분류: 토지 · 건물 · 구축물 · 기계장치 · 건설중인 · 기타의 유형자산
  • 유형자산의 취득원가 = 매입가액 + 매입부대비용(취득세 · 등록세 · 등기수수료 · 운송비 · 시운전비용 등)
  • 감가상각

감가상각대상금액	= 자산의 취득원가 − 잔존가치	
내용연수	자산의 경제적 수명	
감가상각방법	정액법	감가상각비 = (취득금액 − 잔존가치)/내용연수
	정률법	감가상각비 = (취득금액 − 감가상각누계액) × 상각률

• 유형자산의 처분

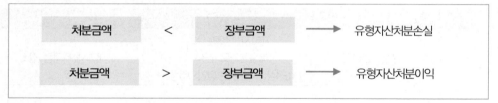

| 처분금액 | < | 장부금액 | ⟶ | 유형자산처분손실 |
| 처분금액 | > | 장부금액 | ⟶ | 유형자산처분이익 |

3) 무형자산
• 무형자산의 의의: 영업활동을 위해 사용하는 물리적 실체가 없는 자산
• 무형자산의 분류

영업권	= 합병 등의 대가로 지급한 금액 − 취득한 순자산의 공정가치	내부적으로 창출된 영업권은 불인정
산업권	일정기간 독점적 · 배타적으로 이용할 수 있는 권리	특허권 · 실용신안권 · 의장권 · 상표권
개발비	<table><tr><th>구분</th><th>관련내용</th><th>회계처리</th></tr><tr><td>연구비</td><td>연구활동과 관련된 비용</td><td>판매비와관리비로 비용화</td></tr><tr><td>경상개발비</td><td>자산 인식기준을 충족하지 못한 개발비</td><td>제조원가나 판매비와관리비로 비용화</td></tr><tr><td>개발비</td><td>자산 인식기준을 충족한 개발비</td><td>무형자산으로 계상하고 상각</td></tr></table>	

• 무형자산의 상각: 합리적인 방법으로 상각기간은 20년을 초과하지 않는 범위 내에서 상각

4) 기타비유동자산
• 기타비유동자산의 분류: 임차보증금 · 이연법인세자산 · 장기매출채권 · 장기미수금

Ⅱ. 부채계정 살펴보기

1. 부채의 의의

과거 거래나 사건의 결과로서 현재 기업이 부담하고 그 이행에 경제적 가치의 유출이 예상되는 의무

2. 유동부채

① 유동부채 의의
보고기간종료일로부터 1년 또는 정상적인 영업주기 이내에 만기가 도래하는 부채

② 유동부채의 종류

매입채무	일반적인 상거래에서 발생한 외상매입금과 지급어음
단기차입금	금융기관으로부터의 당좌차월액과 1년 이내에 상환될 차입금
미지급금	일반적인 상거래 이외에서 발생한 채무
미지급비용	발생된 비용으로서 지급되지 아니한 것
선수금	일반적인 상거래에서 발생한 선수액
선수수익	받은 수익 중 차기 이후에 속하는 금액
예수금	회사가 일시적으로 받아 놓은 금액
유동성장기부채	비유동부채 중 1년 이내에 상환될 금액

3. 비유동부채

① 비유동부채 의의

보고기간종료일로부터 1년 또는 정상적인 영업주기 이후에 만기가 도래하는 부채

② 비유동부채의 종류

사채	주식회사가 회사의 의무를 나타내는 증서를 발행해주고 일반투자자들로부터 자금을 조달하는 방법
장기차입금	지급기일이 결산일로부터 1년 이후에 도래하는 차입금
퇴직급여충당부채	보고기간 말 현재 전 종업원이 일시에 퇴직할 경우 지급하여야 할 퇴직금 지급을 위한 충당부채

③ 사채의 회계처리

• 사채의 가격결정원리

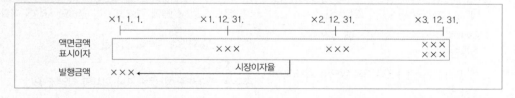

- 사채의 발행금액

구분	이자율 간의 관계	액면금액과 발행금액의 관계
액면발행	표시이자율 = 시장이자율	액면금액 = 발행금액
할인발행	표시이자율 〈 시장이자율	액면금액 〉 발행금액
할증발행	표시이자율 〉 시장이자율	액면금액 〈 발행금액

- 사채의 상환
  1) 사채의 상환손익 = 사채의 상환금액 − 사채의 장부금액
  2) 시장이자율의 변동과 상환손익

시장이자율의 관계	상환가액과 장부금액의 관계	손익의 구분
발행 시 = 상환 시	상환가액 = 장부금액	손익없음
발행 시 〉 상환 시	상환가액 〉 장부금액	사채상환손실
발행 시 〈 상환 시	상환가액 〈 장부금액	사채상환이익

Ⅲ. 자본계정 살펴보기

1. 자본의 의의

- 자산에서 부채를 차감한 잔액으로 회사에 자금을 투자한 소유주의 몫을 의미
- 채권자와 주주의 차이 비교

채권자	주주
이익발생여부와 관계없이 확정이자 수령	배당은 이익발생여부에 영향 받으며 금액도 사전에 미확정
회사 해산 시 채권자는 주주에 우선하여 청구권 가짐	주주는 잔여재산에 대하여 청구권 가짐
채권자는 의결권이 주어지지 않으며 회사경영에 참가 불가	주주는 의결권을 행사함으로써 회사의 경영에 참가

2. 자본의 분류

구분	의의
1. 자본금	발행주식의 액면금액 합계
2. 자본잉여금	자본금을 초과해서 출자한 금액 등 주주와의 자본거래에서 발생한 잉여금
3. 자본조정	자본거래 중 자본금 및 자본잉여금으로 분류할 수 없는 항목
4. 기타포괄손익누계액	아직 손익으로 확정할 수는 없으나 포괄적인 의미에서 잠재적인 손익에 해당하는 항목
5. 이익잉여금	벌어들인 이익 중 회사에 남아 있는 금액

① 자본금 = 발행주식수 × 1주당 액면금액
② 주식의 발행

구분	개념	회계처리
할증발행	발행금액 〉액면금액	액면금액 → 자본금 초과금액 → 주식발행초과금
액면발행	발행금액 = 액면금액	액면금 전액을 자본금처리
할인발행	발행금액 〈 액면금액	액면금액 → 자본금 미달금액 → 주식할인발행차금

③ 자본잉여금: 주식발행초과금, 감자차익, 기타자본잉여금
④ 자본조정: 주식할인발행차금, 자기주식, 감자차손
⑤ 기타포괄손익누계액: 매도가능증권평가손익
⑥ 이익잉여금

구분	종류
이익준비금	법정적립금으로 자본금의 1/2에 달할 때까지 현금배당액의 10% 이상 적립
임의적립금	회사가 임의적으로 일정한 목적을 위하여 적립(사업확장적립금 등)
미처분 이익잉여금	회사가 벌어들인 이익 중 배당금을 지급하거나 다른 목적으로 적립한 후 남아있는 잉여금으로, 이익잉여금처분계산서의 차기이월미처분이익잉여금 의미

Ⅳ. 수익계정 살펴보기

1. 수익의 의의

- 통상적인 경영활동에서 발생하는 경제적 효익의 총 유입을 의미
- 주된 영업활동으로부터 창출된 수익과 일시적이거나 우연적인 거래로부터 발생한 이득으로 분류

2. 수익의 측정

대가를 현금으로 받는 경우	받는 현금액
대가를 현금 이외의 자산으로 받는 경우	취득한 자산의 공정가치
매출에누리나 반품 또는 매출할인	이를 차감한 금액

3. 수익의 분류

① 매출액
- 상품 · 제품의 판매 또는 용역의 제공으로 실현된 금액
- 매출의 인식시점: 판매기준과 진행기준

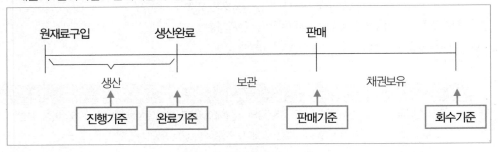

② 영업외수익: 영업활동 이외의 보조적 또는 부수적인 활동에서 순환적으로 발생하는 수익

이자수익	예금이나 대여금에서 발생하는 이자
유가증권처분이익	= 처분금액 − 장부금액
외환차익	외화자산의 회수나 외화부채의 상환시에 발생하는 이익
외화환산이익	외화자산이나 외화부채의 기말평가시 발생하는 이익
투자자산처분이익	= 처분금액 − 장부금액
유형자산처분이익	= 처분금액 − 장부금액
자산수증이익	주주나 제3자 등으로부터 자산을 무상으로 증여받을 경우 그 금액

• 외화환산손익과 외환차손익 회계처리

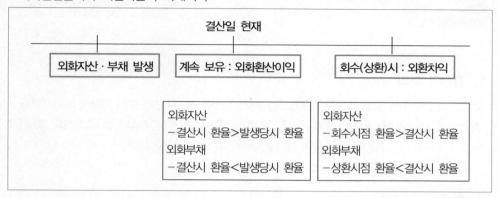

V. 비용계정 살펴보기

1. 비용의 의의

• 제품의 판매나 생산, 용역제공 및 회사의 영업활동을 구성하는 활동으로부터 일정기간 동안 발생한 자산의 유출이나 사용 또는 부채의 발생액을 의미
• 주된 영업활동에서 발생한 비용과 일시적이거나 우연적인 거래로부터 발생한 손실로 분류

2. 비용의 분류

구분	의의	분류
매출원가	판매된 상품이나 제품의 원가, 제공한 용역의 원가	수익·비용대응의 원칙에 따라 인식
판매비와관리비	상품과 용역의 판매활동 또는 회사의 관리와 유지에서 발생하는 비용	급여, 퇴직급여, 복리후생비, 임차료, 접대비, 감가상각비, 무형자산상각비, 세금과공과, 광고선전비, 연구비, 경상개발비, 대손상각비
영업외비용	매출수익을 얻기 위한 주된 영업활동 이외의 보조적 또는 부수적인 활동에서 순환적으로 발생하는 비용	이자비용, 기타의 대손상각비, 유가증권처분손실, 단기매매증권평가손실, 재고자산감모손실, 외환차손, 외화환산손실, 기부금, 투자자산처분손실, 유형자산처분손실, 사채상환손실
법인세비용	일정기간에 영업활동 소득에 대하여 부과하는 세금에 대해 영업활동이 보고되는 기간에 인식되는 비용	

1. 결산의 의의

투자자나 채권자들에게 유용한 정보를 제공하기 위하여 보고기간종료일 현재의 자산·부채·자본을 평가하여 재무상태를 파악하고 회계기간 동안의 수익·비용·당기순이익을 확정하여 경영성과를 파악함과 동시에 각 계정에 정리하여 제 장부를 마감하는 절차를 의미

2. 회계의 순환과정

거래

↓ 분개 : 회계상 거래인지의 여부를 판단하고 재무제표 구성요소 중 어느 항목에 변동을 가져오는지 분석하여 이를 적절한 계정의 증가, 감소로 구분

전표

↓ 전기 : 각 계정별 총계정원장에 분개의 내역을 기록

총계정원장

↓ 결산절차 : 수정전시산표의 작성, 결산정리사항의 요약, 결산수정분개

장부의 마감

↓

재무제표

3. 시산표의 정의

각 회계기간의 기업활동의 계정별 결과치만을 집계한 표로서 총계정원장의 기록의 정확성을 검증하는 기능 수행

4. 시산표의 종류

- 합계시산표: 총계정원장 각 계정의 차변합계액과 대변합계액이 기록된 시산표
- 잔액시산표: 각 계정별 잔액만을 집계하여 나타내는 시산표
- 합계잔액시산표: 회사의 자산·부채·자본·수익·비용 계정에서 당기에 발생한 모든 변동이 요약되어 나타나 있는 합계와 잔액을 함께 나타내는 시산표

합계시산표

제××기 : 20×1년 12월 31일 현재

××주식회사

차변합계		계정과목	대변합계	
잔액	합계		합계	잔액
100,000,000	123,456,000	현금	23,456,000	
		...		
	100,000,000	차입금	300,000,000	200,000,000
		합계		

5. 결산수정분개

발생주의 금액으로 각 계정의 기말잔액을 수정하는 분개로 기중에 현금주의로 회계처리했던 내용을 발생주의로 전환하고 기말현재의 자산·부채를 평가하는 데 의의

구분	계정과목
가지급금·가수금·전도금 등 미결산항목	사용내역에 따라 본계정으로 대체
유가증권	계정분류 및 공정가치 평가
매출채권	매출 기간귀속 조정 및 대손충당금 설정
재고자산	매출원가 계산 및 재고자산 평가
손익의 이연항목	선급비용, 선수수익 조정
손익의 발생항목	미수수익, 미지급비용 조정
유형자산과 무형자산	감가상각비 계상
퇴직급여충당부채	퇴직급추계액산정 및 퇴직급여 계상
외화자산·부채	외화환산손익 계상(외환차손익은 거래손익이다)

재무제표 쉽게 읽는 법

1. 재무제표의 종류

기업의 재산상황을 표시하는 재무상태표, 기업의 매출 등 경영성과를 표시하는 손익계산서, 현금흐름에 대한 정보를 표시하는 현금흐름표, 자본의 크기와 변동내역을 제시하는 자본변동표 및 주석

2. 감사의견의 종류

구분	의의
적정의견	정보이용자가 의사결정을 하는 데 있어 재무제표를 신뢰할 수 있다는 감사의견
한정의견	감사범위제한이나 기업회계기준 위반으로 재무제표의 일부를 신뢰할 수 없다는 감사의견
부적정의견	기업회계기준 위반으로 인하여 재무제표의 전체를 신뢰할 수 없다는 감사의견
의견거절	감사범위제한 등으로 재무제표에 대한 감사의견을 표명할 수 없다는 감사의견

3. 재무상태표 체크포인트

① 기업의 총자산을 파악하고 이 중 채권자와 주주의 몫이 얼마인지 파악

→ 부채와 자본의 비중 및 이익(손실)발생에 따른 주주 몫의 변화 여부 파악

② 기업의 자금상황 검토

→ 기업의 추가 자금조달 가능액이나 당기 중 지급해야 할 금액이 얼마인지 파악

단기유동성 분석	유동비율	= 유동자산/유동부채 × 100
	당좌비율	= 당좌자산/유동부채 × 100
장기안정성 분석	부채비율	= 부채/자기자본 × 100

③ 매출채권과 재고자산 검토

• 총자산에서 차지하는 비중이 정상적인지 파악
• 매출액(매출원가)와 비교하여 매출채권(재고자산)이 적정 수준인지 파악
• 갑작스럽게 매출채권, 재고자산이 늘어나거나 줄어들었는지 파악
• 대손충당금이 총 채권대비 얼마나 되는지 파악

매출채권회전율	= 매출액/평균매출채권	매출채권이 현금화되는 속도로, 빠를수록 대금회수가 잘되는 것임
재고자산회전율	= 매출원가/평균재고자산	재고자산의 판매속도로, 빠를수록 재고자산 구매 후 빨리 판매되는 것임

4. 손익계산서 체크포인트

① 각 단계별 이익 구분

② 매출총이익률과 영업이익률을 전기와 비교

매출액증가율(%)	= (당기매출액 − 전기매출액)/전기매출액 × 100
순이익증가율(%)	= (당기순이익 − 전기순이익)/전기순이익 × 100

③ 판매비와관리비는 주로 전기와 비교하여 증가내역 분석

④ 당기순이익의 적정성 검토

주당순이익(EPS)	= 당기순이익/유통보통주식수	주식1주당 순이익이 얼마인지 나타내는 지표

※ 유통보통주식수는 일반적으로 월평균하여 산정한다.

5. 주석

재무제표에 대한 주석이란 비교적 설명이 길거나 동일한 내용으로 둘 이상의 계정과목에 대하여 설명을 하게 되는 경우에 사용되며, 주석이 필요한 경우에는 해당 재무제표상 관련과목이나 금액 옆에 (주석×) 또는 (주석×참조) 식으로 표시한 후, 별지에 주석번호 순서대로 필요한 설명을 한다.

Chapter

연습문제

연습문제

01 다음 중 재무회계 및 관리회계에 관한 설명으로 옳지 않은 것은?

① 재무회계의 보고시점은 보통 1년 단위(또는 분기, 반기)이다.
② 관리회계는 기업의 자체 기준에 따라 작성되며, 과세정보 제공 목적으로 활용된다.
③ 재무회계 정보는 관련 법규 및 규정에 의하지 않을 경우 제재를 당하게 된다.
④ 재무회계와 관리회계는 모두 정보이용자에게 목적적합한 정보를 제공하기 위해 작성된다.

02 다음 중 일반기업회계기준에서 규정하고 있는 재무제표의 종류로 옳지 않은 것은?

① 재무상태표
② 손익계산서
③ 자본변동표
④ 잔액시산표

03 다음 중 현금흐름표에 관한 설명으로 옳지 않은 것은?

① 현금흐름표는 기업의 활동을 영업활동, 투자활동, 재무활동으로 구분하여 각 활동별로 현금의 유입과 유출에 대한 내역을 보여준다.
② 영업활동현금흐름을 통해 유형자산, 투자자산, 유가증권 등의 자산취득과 처분으로 인한 현금흐름을 파악할 수 있다.
③ 재무활동현금흐름을 통해 현금의 차입 및 상환, 신주발행이나 배당금 지급 등으로 인한 현금흐름을 파악할 수 있다.
④ 현금흐름표의 작성법에는 영업활동현금흐름을 보고하는 형식에 따라 직접법과 간접법이 있다.

04 다음 설명에 해당하는 재무제표는 무엇인가?

재무제표의 본문에 표시되지 않는 사항으로서 재무제표를 이해하는 데 필요한 추가정보

① 재무상태표   ② 손익계산서
③ 주석   ④ 현금흐름표

05 다음 중 재무상태표의 작성기준으로 가장 올바르지 않은 것은?

① 자산·자본·부채는 순액으로 표기하지 않고 총액으로 기재한다.
② 자산과 부채는 결산일 현재 1년 또는 영업주기를 기준으로 구분 및 표시한다.
③ 자산과 부채는 유동성이 낮은 것부터 먼저 표시한다.
④ 자본거래에서 발생한 잉여금은 자본잉여금으로 기재하고, 손익거래에서 발생한 잉여금
은 이익잉여금으로 구분 및 표시한다.

06 다음 중 재무상태표에 나타나는 계정과목으로 가장 올바르지 않은 것은?

① 매출원가   ② 매출채권
③ 재고자산   ④ 매입채무

07 다음 자산의 내역 중 유동성배열법에 따를 때 재무상태표에 가장 먼저 표시해야 하는 항목은?

① 재고자산　　　　　　　　　　② 단기금융상품
③ 기계장치　　　　　　　　　　④ 임차보증금

08 ㈜삼일의 자산과 부채가 다음과 같을 경우, ㈜삼일의 순자산은 얼마인가?

매출채권	500,000원	미 수 금	100,000원
차 입 금	300,000원	매입채무	80,000원
현　　금	150,000원	대 여 금	200,000원

① 370,000원　　　　　　　　　② 470,000원
③ 570,000원　　　　　　　　　④ 670,000원

09 ㈜삼일의 다음 자료를 통해 빈칸에 들어갈 금액을 구하면 얼마인가?(기중에 자본거래는 없다고 가정한다)

재무상태표						손익계산서	
	당기말	전기말		당기말	전기말	수익	700
자산	1,200	(ㄱ)	부채	(ㄴ)	200	비용	(ㄹ)
			자본	(ㄷ)	600	이익	300

	ㄱ	ㄴ	ㄷ	ㄹ
①	800	300	700	400
②	800	300	900	400
③	800	400	900	400
④	900	400	900	500

10 다음은 ㈜삼일의 기초와 기말 재무상태표이다. 당기 중 추가적인 자본출자 및 자본거래가 없다고 할 때, 당기의 ㈜삼일의 이익은 얼마인가?

(단위: 백만 원)

기초 재무상태표				기말 재무상태표			
현금	100	매입채무	40	현금	80	매입채무	30
매출채권	50	차입금	80	매출채권	40	차입금	60
토지	30	자본금	50	토지	30	자본금	50
기계장치	150	이익잉여금	160	기계장치	200	이익잉여금	210
합계	330	합계	330	합계	350	합계	350

① 20백만 원
② 30백만 원
③ 40백만 원
④ 50백만 원

11 다음 중 계정과목의 분류가 올바르지 않은 것은?

① 선급비용 – 자산계정
② 예수금 – 부채계정
③ 미지급비용 – 부채계정
④ 선수금 – 자산계정

12 다음에서 제시하고 있는 재무상태표의 작성기준에 따라 재무상태표를 작성할 때 (가)에 들어갈 계정과목으로 가장 옳은 것은?

> 재무상태표상에 자산·부채·자본을 종류별, 성격별로 적절히 분류하여 일정한 체계하에 구분·표시함으로써 기업의 재무상태를 명확히 표시할 수 있도록 작성해야 한다.

재무상태표

㈜삼일   제1기 20×1년 12월 31현재   (단위: 원)

과목	금액	과목	금액
현금	60,000,000	(가)	20,000,000
보통예금	60,000,000	자본금	100,000,000
자산총계	120,000,000	부채와자본총계	120,000,000

① 매출채권   ② 선급금

③ 단기차입금   ④ 자기주식

13 다음 중 손익계산서에는 영향을 미치지 않고 재무상태표에만 영향을 주는 거래는?

① 상품의 현금매출   ② 보험료를 법인카드로 지출

③ 업무용 기계의 수선유지비 사용   ④ 외상매출금의 회수

14 한 해 동안의 수익과 비용의 자료들이 다음과 같을 때 당기순이익은 얼마인가?

현금매출액	2,000,000원	외상매출액	1,000,000원
종업원급여	1,300,000원	임차료	300,000원
이자비용	200,000원		

①   200,000원   ②   400,000원

③ 1,200,000원   ④ 1,400,000원

15 다음은 ㈜삼일의 회계교육 중 논의된 손익계산서 작성기준에 대한 의견이다. 기업회계기준에 가장 부합한 설명을 한 사람은 누구인가?

> 철수: 손익계산서는 금액이 큰 금액 순서대로 작성해야 한다.
> 영희: 물건을 판매하고 대금을 지급 받은 때 수익을 인식한다.
> 순희: 손익계산서는 이익의 성격을 구분하기 위해 매출총손익, 영업손익, 법인세비용차감전순손익, 당기순손익으로 구분하여 표시하여야 한다.
> 영수: 한 거래처에 판매와 구입이 둘 다 있을 때는 수익과 비용을 상계하고 순액만을 표시한다.

① 철수   ② 영희
③ 순희   ④ 영수

16 다음 중 손익계산서 계정과목에 영향을 주는 거래로 옳은 것은?

① 현금 1,000,000원을 연 이자율 3%의 은행 정기예금에 가입하다.
② 거래처로부터 300,000원의 원재료를 공급받기로 계약하다.
③ 관리직 직원 임금 2,000,000원을 현금으로 지급하기로 계약하다.
④ 사무실 임차를 위해 당월 임차료 20,000,000원을 어음으로 지급하다.

17 다음 중 비용에 관한 설명으로 옳은 것을 모두 고른 것은?

> ㄱ. 비용은 순자산 감소의 원인이 된다.
> ㄴ. 기업이 경영활동으로 지출하는 경제적 가치이다.
> ㄷ. 기업이 일정시점에 소유하고 있는 재화나 권리이다.
> ㄹ. 기업의 지속적인 영업활동에 따라 획득하거나 실현한 금액이다.

① ㄱ, ㄴ   ② ㄱ, ㄴ, ㄷ
③ ㄱ, ㄴ, ㄹ   ④ ㄱ, ㄴ, ㄷ, ㄹ

18 다음 중 복식부기의 특징으로 옳지 않은 것은?

① 거래8요소의 결합관계에 따라 발생원인과 발생결과를 분리하여 이중으로 기록하는 방법이다.
② 거래발생시 현금의 유입과 유출시에만 장부에 반영하는 방법으로 대체적 회계처리를 최소화시키는 방법이다.
③ 대차평균의 원리에 의한 오류의 발견과 자기검증능력이 있다.
④ 재무상태표와 손익계산서 구성요소들의 변화내역을 기록하는 것이다.

19 복식부기란 회사의 재산에 영향을 미치는 거래를 파악하여 재산이 변화한 원인과 그로 인한 결과를 동시에 기록하는 방법이다. 이때 자산, 부채, 자본의 증감이나 수익, 비용의 발생을 일정한 원리에 따라 차변과 대변으로 분리하여 이중으로 기록하는데 이를 복식부기의 원리라고 한다. 다음 중 복식부기의 원리로 가장 올바르지 않은 것은?

① 자산의 증가는 차변에, 감소는 대변에 기록한다.
② 부채의 감소는 차변에, 증가는 대변에 기록한다.
③ 자본의 감소는 차변에, 증가는 대변에 기록한다.
④ 수익의 증가는 차변에, 비용의 증가는 대변에 기록한다.

20 회계순환과정이란 거래를 기록하고 요약하여 재무제표를 작성하는 과정을 의미한다. 다음 보기를 회계순환과정에 따라 나열할 경우 가장 먼저 수행해야 할 과정은?

① 총계정원장에 전기　　　　　　② 전표 작성(분개)
③ 시산표 작성　　　　　　　　　④ 재무제표 작성

21 다음 중 회계상 거래에 해당하는 것은 모두 몇개인가?

> ㄱ. 종업원의 실수로 금고에 보관중이던 현금 500,000원을 도난당하였다.
> ㄴ. 거래처에 상품을 판매하기로 하고 계약을 체결하였다.
> ㄷ. 급여 2,000,000원을 주기로 하고 종업원을 채용하였다.
> ㄹ. 거래처에 상품 300,000원을 매입하기 위하여 주문을 하였다.
> ㅁ. 화재로 인하여 창고건물이 소실되었다.

① 1개   ② 2개
③ 3개   ④ 4개

22 회계상 거래를 인식하기 위한 조건은 그 거래가 회사의 (㉠)에 영향을 미쳐야 하고, 그 영향을 (㉡)(으)로 측정할 수 있어야 한다. 빈칸에 가장 적절한 단어는 무엇인가?

	㉠	㉡
①	주주	배당금
②	신용도	문서
③	업무의 효율성	생산량
④	재산상태	금액

23 다음 중 계정에 관한 설명으로 가장 올바르지 않은 것은?

① 계정이란 거래의 성격을 간단하고 이해하기 쉽게 표시할 수 있도록 미리 정해 놓은 고유 명칭이다.
② 접대비는 증가시 차변에 기록되는 비용계정이다.
③ 미수금은 증가시 차변에 기록되는 자산계정이다.
④ 미수수익은 증가시 대변에 기록되는 수익계정이다.

24 다음은 회계소프트웨어를 개발하는 ㈜삼일의 거래를 나열한 것이다. 옳지 않은 것은?

① 종업원 급여 15,000원을 현금으로 지급하였다.
  (차) 급여   15,000원   (대) 현금   15,000원
② 프로그램용역을 제공하고 용역제공대가 20,000원은 다음 달에 받기로 하였다.
  (차) 매입채무   20,000원   (대) 매출   20,000원
③ 컴퓨터를 70,000원에 외상으로 구입하였다.
  (차) 유형자산   70,000원   (대) 미지급금   70,000원
④ 다음 달의 추가적인 자금사용에 대비하여 은행에서 현금 20,000원을 차입하였다.
  (차) 현금   20,000원   (대) 차입금   20,000원

25 아래 보기에 해당하는 거래는 다음 중 어느 것인가?

차 변		대 변	
자산의 증가	×××	수익의 증가	×××

① 은행으로부터 설비투자자금을 차입하였다.
② 주식을 발행하여 현금을 조달하였다.
③ 과거에 외상으로 매입한 물건대금을 현금으로 지급하였다.
④ 대여금에 대한 이자를 현금으로 수취하였다.

26 다음 중 보기의 분개 유형이 적용되는 거래는 어느 것인가?

> 〈 보기 〉
>
> (차) 비용 ××× (대) 자산 ×××

① 투자자들로부터 현금 1억 원을 출자 받았다.
② 프로그램 설계용역을 제공하고 용역제공대가 250만 원은 다음달에 받기로 하였다.
③ 당기 발생한 접대비 1,000만 원을 현금으로 지급하였다.
④ 기계장치를 5,000만 원에 외상으로 구입하였다.

27 다음 거래에 대한 분개 중 옳지 않은 것은?

① 매출채권 1,000,000원을 현금으로 회수하였다.
(차) 현금 1,000,000원 (대) 매출채권 1,000,000원
② 토지를 5,000,000원에 외상으로 구입하였다.
(차) 토지 5,000,000원 (대) 미지급금 5,000,000원
③ 차입금을 통하여 현금 5,000,000원을 조달하였다.
(차) 현금 5,000,000원 (대) 차입금 5,000,000원
④ 장부금액이 300,000원(취득원가는 500,000원이고, 감가상각누계액은 200,000원)
인 차량운반구를 현금 800,000원에 처분하였다.
(차) 현금 800,000원 (대) 차량운반구 500,000원
유형자산처분이익 300,000원

28 다음 현금계정의 날짜별 기입내용을 보고 발생한 거래를 추정한 것으로 가장 올바르지 않은 것은?

현 금				(단위: 원)
1/2 자본금	5,000,000	1/13 토지		3,000,000
1/15 외상매출금	1,000,000	1/25 차입금		2,500,000

① 1월 2일 현금 5,000,000원을 출자받았다.
② 1월 13일 토지를 매입하고 대금 3,000,000원을 현금으로 지급하였다.
③ 1월 15일 거래처에서 외상매출금 1,000,000원을 현금으로 회수하였다.
④ 1월 25일 은행으로부터 2,500,000원을 차입하였다.

NEW

29 다음은 ㈜삼일의 20X1년 발생 거래의 내역이다. 20X1년 말 총계정원장상 현금잔액을 계산하면 얼마인가(단, 전기 말 ㈜삼일의 현금잔액은 2,000원이었다)?

ㄱ. 20X1. 2. 1	투자자들로부터 1,000원을 추가 출자 받다.
ㄴ. 20X1. 3. 5	전기 발생한 매출채권 중 1,500원을 회수하다.
ㄷ. 20X1. 5.17	1,200원 상당 재고자산을 외상매입하다.
ㄹ. 20X1. 8. 1	2,500원 매출 대금을 받을어음으로 수령하다.
ㅁ. 20X1.12.31	직원에 대한 급여 800원을 현금으로 지급하다.

① 3,700원　　　　　　　　② 4,500원
③ 5,000원　　　　　　　　④ 6,200원

30 다음 분개를 보고 거래내역을 추정한 것 중 옳은 것은?

(차) 현금	160,000	(대) 매출	300,000
매출채권	140,000		

① 상품을 300,000원에 판매하면서 현금 140,000원을 받고 잔액은 나중에 받기로 하였다.
② 상품을 300,000원에 판매하면서 대가 전액을 현금으로 받았다.
③ 상품을 140,000원에 판매하고 현금 160,000원을 받고 나머지는 돌려주기로 하였다.
④ 상품을 300,000원에 판매하면서 현금 160,000원을 받고 잔액은 나중에 받기로 하였다.

31 다음 거래에서 나타나는 거래의 8요소를 보기에서 모두 고른 것은?

> ◦ 건물 임차료 1,000만원과 종업원 급여 100만원을 지급하였다.

〈 보기 〉
ㄱ. 자산의 감소   ㄴ. 비용의 발생
ㄷ. 부채의 증가   ㄹ. 자본의 감소

① ㄱ, ㄴ   ② ㄴ, ㄷ
③ ㄱ, ㄹ   ④ ㄷ, ㄹ

32 회계기간 중의 회계처리는 다음의 과정을 거쳐 이루어진다. 빈칸에 들어갈 알맞은 단어로 짝지어진 것은?

> 거래가 발생하면 이를 분석하여 (가) 이라고 하는 장부에 기입하고 (나)에 전기하는 과정을 반복한다.

① (가) 분개장   (나) 총계정원장
② (가) 총계정원장   (나) 분개장
③ (가) 분개장   (나) 시산표
④ (가) 정산표   (나) 총계정원장

33 다음 자료를 통해 제2기 기말자본을 계산하면 얼마인가(단, 기중에 자본거래는 없다고 가정한다)?

(단위: 원)

구분	기초자산	기초부채	기초자본	기말자산	기말부채	기말자본	총수익	총비용	순이익
제1기	900	300	XXX	1,200	XXX	XXX	500	300	200
제2기	1,200	XXX	XXX	1,800	XXX	XXX	700	400	300

①   800원
②   1,100원
③   1,300원
④   1,500원

34 다음의 거래를 총계정원장에 전기하는 경우 계정의 증감내용이 기입될 곳으로 가장 옳은 것은?

[거래] 주주로부터 자본금 500,000원을 현금으로 출자받아 회사를 설립하였다.

현금		자본금	
가	나	다	라

① 가, 다   ② 가, 라
③ 나, 다   ④ 나, 라

35 다음은 ㈜삼일의 임대료수익 계정별원장을 나타낸 것이다. 계정별원장의 기록에 관한 설명으로 옳은 것은?

선수수익			
12/31 임대료	45,000원	4/1 현 금	60,000원

① 회사의 1개월분 임대료는 5,000원이며 재무상태표에 인식되는 차기 이연수익은 15,000 원이다.
② 회사의 임대료는 실현주의 요건에 따라 손익계산서에 15,000원으로 인식한다.
③ 회사는 최초 수익계정을 이용하여 회계처리하였고 결산조정을 통해 부채계정을 인식하 였다.
④ 회사의 선수수익은 차기에 임대서비스를 제공할 의무이므로 재무상태표에 60,000원으 로 인식한다.

01 다음 중 자산으로 계상할 수 없는 것은?

① 상품을 판매하고 아직 수령하지 못한 판매대금
② 거래처에 물건을 주문하고 재화의 인도 전 미리 지급한 계약금
③ 판매를 위하여 창고에 보관중인 상품
④ 원재료를 외상으로 구입하였으나 아직 지급하지 않은 구입대금

NEW

02 ㈜삼일의 자산은 다음과 같이 구성되어 있다. 이때 재무상태표에 현금및현금성자산으로 표시되어야 하는 금액을 계산하면 얼마인가?

현금시재액	120,000원	C사 주식	150,000원
D상사 발행수표	200,000원	우편환증서	130,000원

① 120,000원
③ 320,000원
② 200,000원
④ 450,000원

03 20X1년 12월 31일 현재 ㈜삼일의 현금 및 금융상품과 관련된 내역이 다음과 같을 경우 기업회계기준에 따라 20X1년 말 현재 ㈜삼일의 현금및현금성자산 및 단기금융상품계정으로 기재해야 하는 금액은 각각 얼마인가?

ㄱ. 현금시재액	:	200,000원
ㄴ. 자기앞수표	:	500,000원
ㄷ. 당좌예금	:	1,000,000원
ㄹ. 양도성예금증서	:	1,500,000원 (만기 20X2년 4월 30일)
ㅁ. 정기예금	:	1,200,000원 (만기 20X3년 4월 30일)

	현금및현금성자산	단기금융상품
①	700,000원	2,700,000원
②	700,000원	3,700,000원
③	1,700,000원	1,500,000원
④	1,700,000원	2,500,000원

04 다음 중 현금및현금성자산에 관한 설명으로 가장 올바르지 않은 것은?

① 현금은 아니지만 현금과 동일한 가치를 지니는 것을 현금성자산이라고 한다.

② 현금성자산은 당좌예금, 보통예금 및 취득 당시 만기일(또는 상환일)이 1년 이내인 금융상품을 말한다.

③ 현금은 성격상 도난이나 분실의 위험이 매우 높은 자산이므로 현금의 관리를 위한 철저한 내부통제제도를 갖출 필요가 있다.

④ 은행과의 당좌거래약정에 의하여 회사가 예금액의 범위 내에서 어음과 당좌수표를 발행하고 어음·수표의 대금을 은행이 지급할 수 있도록 하기 위하여 예치하는 예금을 당좌예금이라 한다.

05 다음은 ㈜삼일의 1월 현금계정 내역이다. 이에 관한 설명으로 가장 올바르지 않은 것은?

차변			대변		
날짜	적요	금액	날짜	적요	금액
1/1	전기이월	10,000원	1/24	매입	7,000원
1/15	매출	5,000원	1/25	당좌예금	2,000원
1/22	단기대여금	3,000원			

① 1월 15일 상품 5,000원을 현금 매출하다.
② 1월 22일 현금 3,000원을 임직원에게 대여하다.
③ 1월 25일 현금 2,000원을 당좌예금 통장에 입금하다.
④ 1월 31일 현재 현금 기말잔액은 9,000원이다.

06 ㈜삼일은 용산은행과 10,000,000원의 당좌차월계약을 맺은 상태에서 상품 15,000,000원을 매입하고 수표를 발행하여 대금을 지급하였다. 이를 회계처리 하였을 때, 대변에 나타날 계정과목으로 가장 옳은 것은(단, 당좌예금 잔액은 10,000,000원이다)?

① 상품
② 당좌예금
③ 당좌예금, 당좌차월
④ 상품, 당좌예금, 당좌차월

07 다음은 ㈜삼일의 당좌예금 및 당좌차월 관련 자료이다. 다음 중 7월 9일 분개의 대변에 들어갈 계정과 금액으로 가장 옳은 것은?

ㄱ. 기초 당좌예금 금액은 5,000,000원이다.

ㄴ. 회사는 은행과 3,000,000원을 한도로 당좌차월계약을 체결하였다.

ㄷ. 기중 거래내역

    3.1 ㈜삼일은 판매대금 4,000,000원을 입금함.

       (차) 당좌예금   4,000,000   (대) 현금   4,000,000

    5.4 ㈜삼일은 매입채무 6,000,000원을 수표로 지급하여 상환함.

       (차) 매입채무   6,000,000   (대) 당좌예금   6,000,000

    7.9 ㈜삼일은 미지급금 5,000,000원을 수표로 지급하여 상환함.

       (차) 미지급금   5,000,000   (대) ((×××)   ×××)

---

① 매입채무   5,000,000원

② 당좌예금   3,000,000원
    단기차입금   2,000,000원

③ 당좌예금   2,000,000원
    단기차입금   3,000,000원

④ 단기차입금   5,000,000원

NEW

08 ㈜삼일은 소액현금 제도를 사용하고 있다. 자료에서 8월 1일자 회계처리시 차변의 내용으로 옳은 것은?

20X1년 7월 1일 : 500,000원을 전도금으로 지급하다.

20X1년 7월 30일 : 전도금 중 사용내역을 다음과 같이 통보받다.

• 교통비	100,000원	• 접대비	150,000원
• 통신비	70,000원	• 잡비	20,000원

20X1년 8월 1일 : 현금으로 사용액을 보충해주다.

---

① 현금   160,000원

② 현금   340,000원

③ 소액현금 160,000원

④ 소액현금 340,000원

09 다음 중 단기투자자산에 포함되지 않는 것은?

① 1년 이내에 만기가 도래하는 매도가능증권
② 1년 이내에 만기가 도래하는 만기보유증권
③ 1년 이내에 만기가 도래하는 현금성자산에 속하는 금융상품
④ 회수기간이 1년 이내인 금전대차계약에 따른 자금 대여거래에 대한 채권

10 다음 자료에 의한 유가증권의 취득원가는 얼마인가?

> 매도가능증권으로 분류되는 시장성 있는 주식 100주를 주당 30,000원에 구입하면서 수수료로 증권회사에 20,000원을 지급하고, 거래세로 5,000원을 지급하였다.

① 3,000,000원   ② 3,005,000원
③ 3,020,000원   ④ 3,025,000원

11 다음은 12월 31일이 결산일인 ㈜삼일의 단기매매증권 거래내역이다. 20X1년 손익계산서에 인식해야 할 단기매매증권 관련 손익은 얼마인가?

> · 20X1년 4월 1일 : ㈜용산의 주식 1,000주를 주당 1,000원에 취득하였다.
> · 20X1년 7월 1일 : ㈜용산의 주식 500주를 주당 1,500원에 처분하였다.
> · 20X1년 12월 31일 : 주당 공정가치가 700원인 ㈜용산의 주식 500주를 계속 보유중이다.

① 손익계산서에 인식할 손익금액은 없다.   ② 이익 100,000원
③ 손실 150,000원   ④ 이익 250,000원

12 다음 중 유가증권에 관한 설명으로 가장 올바르지 않은 것은?

① 유가증권은 재산권을 나타내는 증권을 의미한다.
② 지분증권은 단기매매증권 또는 매도가능증권 중 하나로 분류될 수 있다.
③ 단기매매증권은 주로 단기간 내의 매매차익을 얻을 목적으로 취득한 유가증권으로서 매수와 매도가 적극적이고 빈번하게 이루어지는 것을 말한다.
④ 만기보유증권이나 매도가능증권으로 분류되는지 여부를 먼저 판단한 후 나머지를 단기매매증권으로 분류한다.

13 다음은 ㈜서울이 20X1년 10월 1일에 매입한 매도가능증권 관련 자료이다. 해당 날짜별 분개 중 가장 올바르지 않은 것은?

> (1) 20X1년 10월 1일 ㈜용산의 주식 100주를 5,000,000원에 취득
> (2) 20X1년 12월 31일 ㈜용산의 주식 1주당 공정가치: 52,000원
> (3) 20X2년 12월 31일 ㈜용산의 주식 1주당 공정가치: 55,000원
> (4) 20X3년 3월 31일 ㈜용산의 주식 100주를 5,3000,000원에 처분

① 20×1년 10월 1일
　(차) 매도가능증권　　　 5,000,000원　　(대) 현금　　　　　　　　 5,000,000원
② 20×1년 12월 31일
　(차) 매도가능증권　　　　 200,000원　　(대) 매도가능증권평가이익　 200,000원
③ 20×2년 12월 31일
　(차) 매도가능증권　　　　 500,000원　　(대) 매도가능증권평가이익　 500,000원
④ 20×3년 3월 31일
　(차) 현금　　　　　　 5,300,000원　　(대) 매도가능증권　　　　 5,500,000원
　　매도가능증권평가이익　 500,000원　　　　매도가능증권처분이익　 300,000원

14 회사가 다음과 같은 성격의 유가증권을 보유하고 있는 경우 기업회계기준상 분류로 가장 옳은 것은?

> ㄱ. 채무증권
> ㄴ. 만기 및 상환금액 확정
> ㄷ. 만기까지 보유할 적극적인 의도와 능력이 존재하지 않음
> ㄹ. 단기간 내의 매매차익을 목적으로 취득하지 않음

① 단기매매증권   ② 매도가능증권

③ 만기보유증권   ④ 단기금융상품

15 ㈜삼일은 20X1년에 다음과 같은 유가증권을 공정가치로 취득하였다.

취득금액	유가증권의 성격
100,000원	채무증권이며 ㈜삼일은 동 채권을 만기까지 보유할 의도와 능력이 있음
300,000원	지분증권이며 ㈜삼일은 동 주식을 향후 2년 이내에 처분할 의도가 없음

다음 중 상기 취득금액을 각 성격에 따라 적절하게 계정분류한 것으로 가장 옳은 것은?

	매도가능증권	만기보유증권
①	300,000원	100,000원
②	400,000원	0원
③	0원	400,000원
④	0원	100,000원

16 ㈜삼일은 20X1년 1월 1일 ㈜용산의 주식을 공정가치인 1,200,000원에 취득하면서 매매 수수료로 20,000원을 지급하고 이를 단기매매증권으로 분류하였다. ㈜용산의 주식을 20X1년 2월 18일 2,000,000원에 처분한 경우 단기매매증권 처분손익은 얼마인가?

① 단기매매증권 처분이익 800,000원   ② 단기매매증권 처분이익 780,000원
③ 단기매매증권 처분손실 800,000원   ④ 단기매매증권 처분손실 780,000원

17 다음 거래와 관련된 회계처리로 옳지 않은 것은?

8월 1일   여유자금의 일시적 투자를 통한 단기매매차익을 얻기 위해 매수와 매도가 적극적으로 이루어지는 ㈜삼일의 주식 100주를 주당 1,000원에 현금을 지급하고 취득하였다.
10월 1일 ㈜삼일의 주식 50주를 주당 1,500원에 처분하고 현금을 수령하였다.
12월 31일 ㈜삼일의 주당 공정가치는 현재 2,000원이다.

① 8월 1일
  (차) 단기매매증권   100,000원   (대) 현금   100,000원
② 10월 1일
  (차) 현금   75,000원   (대) 단기매매증권   50,000원
                                     단기매매증권처분이익 25,000원
                                     (당기손익)
③ 12월 31일
  (차) 단기매매증권   50,000원   (대) 단기매매증권평가이익 50,000원
                                     (당기손익)
④ 12월 31일
  (차) 단기매매증권   50,000원   (대) 단기매매증권평가이익 50,000원
                                     (기타포괄손익)

18 다음은 12월 31일이 결산일인 ㈜삼일의 매도가능증권 거래내역이다. 20X2년 손익계산서에 계상되는 매도가능증권처분손익은 얼마인가?

- 20X1년   6월   1일 : A주식 2,000주를 주당 5,000원에 취득하였다.
- 20X1년   12월   31일 : A주식의 주당 공정가치는 5,500원이다.
- 20X2년   9월   1일 : A주식 1,000주를 주당 4,800원에 처분하였다.

① 처분이익 200,000원
② 처분이익 500,000원
③ 처분손실 200,000원
④ 처분손실 700,000원

19 ㈜삼일은 단기투자 목적으로 ㈜광주의 액면가 @ 5,000원인 주식 10,000주를 주당 @ 7,000 원에 취득하고, 거래수수료 300,000원 포함하여 전액 현금으로 지급하였다. 취득 2개월 후 이 주식을 주당 @ 8,000원에 매각하였다. ㈜삼일의 취득시 재무상태표와 결산시 손익계산서에 공시되는 회계정보로 가장 옳은 것은?

① 재무상태표: 단기매매증권   50,000,000원
   손익계산서: 단기매매증권처분이익   30,000,000원
② 재무상태표: 단기매매증권   70,000,000원
   손익계산서: 단기매매증권처분이익   9,700,000원
③ 재무상태표: 단기매매증권   70,000,000원
   손익계산서: 단기매매증권처분이익   10,000,000원
④ 재무상태표: 단기매매증권   70,300,000원
   손익계산서: 단기매매증권처분이익   9,700,000원

20 다음은 ㈜삼일의 회계장부에서 발췌된 20X2년의 매출 및 매출채권 관련 자료이다. 20X2년 말 ㈜삼일의 재무상태표에 계상될 매출채권잔액은 얼마인가?

20X2년 기초 매출채권잔액(20X1년 말)	21,000원
20X2년 중 외상매출액	439,000원
20X2년 중 매출채권 회수액	300,000원

① 139,000원　　　　　　　　　　② 160,000원
③ 300,000원　　　　　　　　　　④ 439,000원

21 상품이나 제품 또는 용역을 제공하고 현금대신 어음을 지급받음으로써 향후 현금을 수령하리라 예상되는 매출채권을 □□□□(이)라고 하며, 반대로 어음을 교부함으로써 발생하는 매입채무를 □□□□(이)라고 한다. 위 칸에 들어갈 적정한 계정 명칭은 무엇인가?

① 미수수익, 미지급금　　　　　　② 외상매출, 외상매입
③ 받을어음, 지급어음　　　　　　④ 미수수익, 선수수익

[문제 22~23] 다음 자료를 이용하여 대손충당금 금액과 순매출채권 금액을 구하시오.

> A사는 B사에 상품 판매한 후 200,000원은 현금으로 수령하고 300,000원은 기말 현재 매출채권으로 남아
> 있다. 과거의 경험으로 보아 기말 매출채권 잔액의 5%는 회수가 불가능하여 기말 채권에 대해서도 잔액의 5%
> 를 대손충당금으로 설정하기로 하였다(단, 기초 대손충당금 잔액은 없다).

22 기말 대손충당금 잔액은 얼마인가?

① 25,000원   ② 10,000원
③ 15,000원   ④ 300,000원

23 기말 재무상태표상의 순매출채권 금액은 얼마인가?

① 250,000원   ② 285,000원
③ 500,000원   ④ 515,000원

24 다음 자료를 이용하여 ㈜삼일이 기말 결산시 인식해야 하는 대손상각비를 계산하면 얼마인가?

> ㈜삼일의 기말 매출채권 잔액은 200,000원이고, 기말 대손추계액은 기말 매출채권 잔액의 5%
> 이다. 한편 기말 결산 전의 대손충당금 잔액은 8,000원이다.

① 0원   ② 1,000원
③ 2,000원   ④ 3,000원

25 다음은 ㈜삼일의 매출채권에 관한 대손충당금 설정자료이다. 12월 31일 회계처리로 옳은 것은 (단, 기초 대손충당금은 60,000원이었다)?

> • 결산일에 외상매출금(1개월 이내) 5,000,000원의 1%를 대손충당금으로 설정하였다.
> • 결산일에 받을어음(3개월 이내) 2,000,000원의 3%를 대손충당금으로 설정하였다.

① (차) 대손충당금	50,000원	(대) 매출채권	50,000원
② (차) 대손상각비	50,000원	(대) 대손충당금	50,000원
③ (차) 대손상각비	110,000원	(대) 대손충당금	110,000원
④ (차) 대손충당금	110,000원	(대) 매출채권	110,000원

[문제 26~27] 다음 자료를 이용하여 각 질문에 답하여라.

> (1) 기초재고액   200,000원
> (2) 당기매입액   450,000원
> (3) 당기판매액   원가 300,000원에 해당하는 재고자산을 520,000원에 외상판매함.

26 당기 말 재고금액은 얼마인가?

① 130,000원   ② 300,000원
③ 200,000원   ④ 350,000원

27 당기 중 매출총이익은 얼마인가?

① 300,000원   ② 220,000원
③ 520,000원   ④ 450,000원

28 다음 중 재고자산에 관한 설명으로 가장 올바르지 않은 것은?

① 재고자산이란 영업활동 과정에서 판매목적으로 보유하고 있는 자산이다.
② 재고자산의 종류에는 상품, 제품, 재공품뿐만 아니라 아직 생산에 투입하지 않은 원재료도 포함된다.
③ 선적지인도조건인 경우에는 상품이 목적지에 도착하여 매입자가 인수한 시점에 소유권이 매입자에게 이전된다.
④ 재고자산의 취득원가에는 매입가액뿐만 아니라 매입부대비용까지 포함된다.

29 다음은 회계기간 말 재고자산 관련 자료이다. 기말 재고자산평가금액으로 올바른 금액은 얼마인가?

> ㄱ. 기말 창고에 보관중인 상품: 150개, @ 1,000원
> ㄴ. 선적지 인도조건으로 구입하여 운송중인 재고자산: 100개, @ 800원
> ㄷ. 도착지 인도조건으로 구입하여 운송중인 재고자산: 200개, @ 700원
> ㄹ. 선적지 인도조건으로 판매하여 운송중인 재고자산: 50개, @ 1,000원
> ㅁ. 도착지 인도조건으로 판매하여 운송중인 재고자산: 150개, @ 900원

① 150,000원　　　　　　　② 335,000원
③ 365,000원　　　　　　　④ 370,000원

30 다음 중 영업활동과정에 따라 재고자산을 분류한 것으로 가장 올바르지 않은 것은?

① 상품: 정상적인 영업활동과정에서 판매를 목적으로 구입한 물건
② 제품: 정상적인 영업활동과정에서 판매를 목적으로 제조한 물건
③ 원재료: 제품을 제조할 목적으로 구입한 원료와 재료
④ 저장품: 판매된 상품의 취득원가

31 다음 자료를 이용하여 순매입액을 계산하면 얼마인가?

(1) 개당 1,200원의 상품 500개를 600,000원에 외상매입 하였다.
(2) 이 중 30개는 불량품이라서 반품처리 하였으며, 20개는 약간의 흠집이 있어 개당 600원으로 하기로 하였다.
(3) 구매처에 대금을 조기에 지급함으로써 15,000원의 할인을 받았다.

① 600,000원   ② 552,000원
③ 585,000원   ④ 537,000원

32 다음 중 재고자산의 평가방법에 관한 설명으로 가장 올바르지 않은 것은?

① 선입선출법을 적용시 기말재고는 최근에 구입한 상품의 원가로 구성된다.
② 물가가 상승하고 있을 때 선입선출법을 적용하면 평균법에 비해 일반적으로 매출원가가 적게 계상된다.
③ 개별법은 같은 종류의 상품이나 제품을 대량으로 생산, 판매하는 경우 널리 사용되는 방법이다.
④ 평균법에는 기말에 일괄하여 단가를 구하는 총평균법과 상품이 들어오고 나갈 때마다 단가를 구하는 이동평균법이 있다.

33 다음은 도소매업을 영위하는 ㈜삼일의 20X1년 1월 상품 입고 및 출고에 관한 내용이다. 1월 말 현재 ㈜삼일의 재고자산 금액을 계산하면 얼마인가(단, ㈜삼일은 당월에 신규로 사업을 개시하였다)?

(1월 5일) 입고	매입가액 4,900,000원, 매입할인 100,000원, 수입관세 200,000원 (*이 중 500,000원은 도착지인도조건으로 수입한 상품으로서 월말까지 미입고)
(1월 9일) 출고	2,500,000원 (*시송판매를 위한 출고로, 월말 현재 출고액의 10%에 대해 매입자가 매입 의사를 표시하지 아니함)
(1월 18일) 출고	1,800,000원 (*위탁판매를 위한 출고로, 1월 말 현재 수탁자가 150,000 원의 상품 보유)

① 450,000원   ② 600,000원
③ 700,000원   ④ 1,100,000원

34 다음은 ㈜삼일의 재고자산과 관련된 재무제표의 주석에 대한 설명으로 가장 올바르지 않은 것은?

재무제표에 대한 주석

제 2기 : 20X2년 12월 31일 현재
제 1기 : 20X1년 12월 31일 현재

㈜삼일

10. 재고자산

보고기간종료일 현재 재고자산의 내역은 다음과 같습니다.

(단위: 원)

구분	평가전 금액	평가충당금	장부금액
제품	1,200,000	(80,000)	1,120,000
재공품	2,200,000	(250,000)	1,950,000
원재료	1,750,000	(150,000)	1,600,000
저장품	150,000	–	150,000
계	5,300,000	(480,000)	4,820,000

① ㈜삼일의 보고기간종료일 현재 재무상태표에 계상되는 재고자산 순액은 4,820,000원이다.
② ㈜삼일이 보고기간종료일 현재 소모품, 수선용 부분품 등으로 보유한 재고자산의 금액은 150,000원이다.
③ ㈜삼일이 보고기간종료일 현재 보유한 모든 재고자산의 취득원가는 5,300,000원이다.
④ ㈜삼일이 보고기간종료일 현재 보유한 재고자산의 시가가 차기 이후에 회복되더라도 재고자산평가손실충당금은 환입될 수 없다.

35 ㈜삼일은 다음과 같은 거래를 수행하였다. ㈜삼일의 재고자산의 특성을 고려한 재고자산 단가 결정방법으로 적절한 것은?

> • ㈜중앙으로부터 산업용특수기계 1개 조를 100,000,000원에 주문을 받아 납품하였다.
> • ㈜강원으로부터 레미콘용 트럭 3대를 대당 70,000,000원에 판매하였다.

① 개별법 ② 선입선출법
③ 가중평균법 ④ 후입선출법

36 다음은 ㈜삼일의 재고자산 내역이다. ㈜삼일은 재고자산 수량결정 방법으로 실지재고조사법을 사용하고있으며, 선입선출법으로 매출원가와 기말재고액을 산정한다. 기말 재고자산 수량이 200개일 때 기말 재고자산 금액으로 가장 옳은 것은?

> • 기초재고액(1월 1일): 10,000원 (수량 100개, 단가 100원)
> • 당기매입액(3월 1일): 14,000원 (수량 100개, 단가 140원)
> • 당기판매액(6월 1일): 20,000원 (수량 100개)
> • 당기매입액(8월 1일): 18,000원 (수량 100개, 단가 180원)

① 24,000원 ② 28,000원
③ 30,000원 ④ 32,000원

37 다음은 ㈜삼일의 재고와 관련된 자료이다. 총평균법에 의해 재고단가를 결정하는 경우 매출원 가와 기말재고금액을 계산하면 각각 얼마인가(단, 기말시점에 계속기록법에 의한 재고수량과 실지재고조사법에 의한 재고수량은 일치한다)?

	수량	매입단가	금액
기초 재고	100개	10원	1,000원
3. 1 매입	150개	12원	1,800원
5. 8 판매	(100개)	–	–
6.30 매입	200개	13원	2,600원
7. 2 판매	(250개)	–	–
8.27 매입	100개	12원	1,200원

	매출원가	기말재고		매출원가	기말재고
①	2,000원	4,600원	②	2,400원	4,200원
③	4,100원	2,500원	④	4,200원	2,400원

38 다음 중 재고자산의 회계처리에 관한 설명으로 가장 올바르지 않은 것은?

① 재고자산의 수량은 계속기록법이나 실지재고조사법에 의해 결정된다.
② 실지재고수량이 장부상 재고수량보다 적으면 이를 재고자산감모손실이라 한다.
③ 재고자산의 시가가 취득원가보다 하락하여도 재무상태표상 재고자산은 취득원가로 표시 되어야 한다.
④ 재고자산의 재무상태표가액 결정은 손익계산서 매출원가 산정에 영향을 준다.

39 다음 중 실지재고조사법과 계속기록법에 관한 설명으로 가장 올바르지 않은 것은?

① 실지재고조사법은 기말에 재고수량을 직접 파악하는 방법이다.
② 계속기록법은 상품의 입·출고시 일일이 기록하여 기말재고수량을 간접적으로 파악하는 방법이다.
③ 실지재고조사법은 직접 창고에 대한 조사를 해야 하므로 계속기록법에 비해 재고자산수량 파악을 위한 시간과 비용을 절감할 수 있다.
④ 계속기록법은 특정 시점에 몇 개의 재고가 남아 있는지를 확인할 수 있어 실지재고조사법에 비해 적시성이 높다.

40 다음은 ㈜삼일의 당기 말 상품 재고와 관련된 자료이다. ㈜삼일이 결산시 인식해야 할 재고자산 감모손실을 계산하면 얼마인가?

장부수량 : 250개	실사수량 : 235개
취득단가 : 1,500원	단위당 순실현가능가치 : 1,350원

① 15,000원　　　　　　　　② 20,250원
③ 22,500원　　　　　　　　④ 35,250원

41 다음은 ㈜삼일의 당기 말 상품 재고와 관련된 자료이다. ㈜삼일이 결산시 인식해야 할 재고자산 평가손실을 계산하면 얼마인가?

장부수량 : 150개	실사수량 : 145개
취득단가 : 2,000원	단위당 순실현가능가치 : 1,900원

① 9,500원   ② 10,000원
③ 14,500원   ④ 15,000원

42 20X1년 말 ㈜삼일이 재고자산을 평가한 결과 재고자산 100개의 가치가 크게 하락하여 단위당 시가가 500원(취득원가는 단위당 800원)이라고 할 때 이와 관련하여 기말에 수행할 분개로 옳은 것은?

① 분개 없음.
② (차) 재고자산평가손실 50,000원 (대) 재고자산   50,000원
③ (차) 재고자산평가손실 30,000원 (대) 재고자산평가손실충당금 30,000원
④ (차) 재고자산평가손실 30,000원 (대) 재고자산   30,000원

43 다음 자료를 바탕으로 유동자산과 비유동자산을 계산하면 각각 얼마인가?

현금	130,000원	영업권	350,000원
매입채무	89,000원	상품	470,000원
자본금	220,000원	선급금	75,000원
건설중인자산	720,000원	매출채권	180,000원
미지급금	25,000원		

① 유동자산　　780,000원, 비유동자산　1,145,000원
② 유동자산　　780,000원, 비유동자산　1,070,000원
③ 유동자산　　855,000원, 비유동자산　1,070,000원
④ 유동자산　1,155,000원, 비유동자산　1,365,000원

44 다음 중 유형자산의 회계처리에 관한 설명으로 옳지 않은 것은?

① 유형자산을 처분할 경우 유형자산의 장부금액을 제거하고 처분금액과 장부금액의 차이는 유형자산처분손익으로 회계처리한다.
② 유형자산의 취득원가는 매입가액 또는 제조원가에 부수적으로 발생한 취득부대비용을 차감한 금액으로 한다.
③ 일반적인 유형자산은 수익·비용대응의 원칙에 따라 유형자산이 효익을 제공하는 기간에 걸쳐 감가상각비로 비용화된다.
④ 유형자산에 대해 추가 지출이 발생한 경우 이 지출의 효과가 단기간에 종료되고 유형자산의 능률유지를 위한 지출이라면 이는 수선비 등의 비용계정으로 회계처리한다.

45 다음 중 일반적으로 수익적 지출에 해당하는 것으로 가장 옳은 것은?

① 일상적인 공장설비의 유지 · 보수
② 건물의 증설비용
③ 엘리베이터 설치비용
④ 난방장치 설치비용

46 다음 자료에서 건물처분시 유형자산처분손익을 계산하면 얼마인가?

20X1년 1월 1일　건물 취득 　　　　　　　　　　(취득가액 10,000,000원, 잔존가액 0원, 내용연수 20년, 정액법상각) 20X2년 12월 31일　사용하던 건물을 8,500,000원에 처분

① 유형자산처분이익　　500,000원
② 유형자산처분손실　　500,000원
③ 유형자산처분이익　1,500,000원
④ 유형자산처분손실　1,500,000원

47 다음 중 감가상각 대상이 아닌 유형자산으로 짝지어진 것은?

① 건물, 토지 　　　　　　　　　② 구축물, 선박
③ 차량운반구, 건설중인 자산　　④ 토지, 건설중인 자산

48 다음 중 소프트웨어 개발업을 영위하는 ㈜삼일의 재무상태표상 유형자산으로 분류하기 어려운 항목은?

① 임대목적으로 보유중인 토지
② 사용목적으로 보유중인 건물
③ IT기기 및 사무비품
④ 업무용 차량운반구

49 ㈜삼일은 공장확장에 필요한 기계장치를 용산중공업으로부터 구입하였다. 용산중공업으로부터의 기계구입대금은 외상이었으며, 연말까지 지급하기로 하였다. 운임, 설치비, 시운전비는 모두 수표를 발행하여 지급하였다. 기계장치의 취득원가는 얼마인가?

ㄱ. 순수한 기계구입대금	: 1,000,000원
ㄴ. 공장까지의 운임	: 100,000원
ㄷ. 공장 내 설치비	: 30,000원
ㄹ. 시운전비	: 70,000원
ㅁ. 보유중에 발생한 부속품교체비	: 50,000원
합 계	1,250,000원

① 1,000,000원 ② 1,100,000원
③ 1,200,000원 ④ 1,250,000원

50 다음 중 ㈜용산의 유형자산명세서에 대한 설명으로 가장 올바르지 않은 것은?

㈜용산 (단위: 원)

구 분	당기말		
	취득원가	감가상각누계액	장부금액
토지	400,000,000	−	400,000,000
기계장치	1,500,000,000	(1,500,000,000)	−
차량운반구	50,000,000	(10,000,000)	40,000,000
건설중인자산	600,000,000	−	600,000,000
합 계	2,550,000,000	(1,510,000,000)	1,040,000,000

① 회사가 영업활동에 사용하기 위해 보유하고 있는 토지의 장부금액은 400,000,000원 이다.
② 회사가 보유한 기계장치는 감가상각이 완료되었으므로, 전부 처분되었거나 폐기되었을 것이다.
③ 회사의 재무상태표상 유형자산의 장부금액으로 표기되는 금액은 1,040,000,000원이다.
④ 건설중인자산은 아직 사용중이지 않은 자산이므로 감가상각이 필요하지 않다.

51 다음 자료를 이용하여 20X1년의 감가상각비를 계산하면 얼마인가(단, 회계기간은 1월 1일부 터 12월 31일까지이다)?

- 20X1년 10월 1일 차량운반구를 12,000,000원에 구입하여 20X1년 12월 31일 현재 계속하 여 사용 중이다.
- 20X1년 1월 1일 2,000,000원의 건설중인 자산이 있었으며, 20X1년 12월 31일 현재 계속 건설 중이다.
- 감가상각방법은 정액법을 이용하며, 내용연수는 4년, 잔존가치는 0원이다.

① 750,000원　　　　② 875,000원
③ 1,250,000원　　　　④ 3,000,000원

52 다음은 ㈜삼일의 20X1년 말 시점의 유형자산에 대한 자료이다. ㈜삼일의 20X2년 유형자산에 대한 감가상각비를 계산하면 얼마인가?(단, 20X2년 중 취득과 처분은 없으며, 잔존가치는 0 원이다)

유형자산
20X1년 12월 31일 (단위: 원)

건물	10,000,000
감가상각누계액	(5,000,000)
	5,000,000
기계장치	5,000,000
감가상각누계액	(1,500,000)
	3,500,000

〈 추가정보 〉

구분	감가상각방법	상각률
건물	정액법	0.25
기계장치	정률법	0.30

① 2,000,000원   ② 2,300,000원

③ 3,550,000원   ④ 4,000,000원

53 다음은 감가상각방법에 따른 감가상각비를 나타낸 것이다. (가), (나)와 관련된 설명으로 옳은 것을 모두 고른 것은?

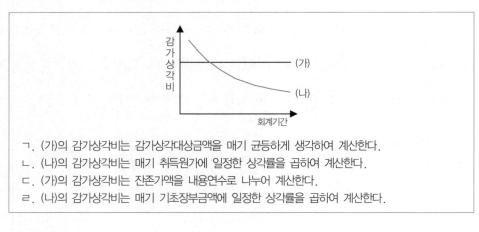

ㄱ. (가)의 감가상각비는 감가상각대상금액을 매기 균등하게 생각하여 계산한다.
ㄴ. (나)의 감가상각비는 매기 취득원가에 일정한 상각률을 곱하여 계산한다.
ㄷ. (가)의 감가상각비는 잔존가액을 내용연수로 나누어 계산한다.
ㄹ. (나)의 감가상각비는 매기 기초장부금액에 일정한 상각률을 곱하여 계산한다.

① ㄱ, ㄴ   ② ㄱ, ㄷ   ③ ㄱ, ㄹ   ④ ㄴ, ㄷ

54 다음 회계추정의 변경 중 회사의 당기순이익(채택연도)이 증가하게 되는 것은?

① 기계장치의 내용연수 증가
② 외상매출금에 대한 대손예상률을 높게 설정
③ 건물의 잔존가치 감소
④ 영업권에서 손상발생

55 다음 중 무형자산의 상각에 관한 설명으로 가장 올바르지 않은 것은?

① 무형자산의 원가와 효익을 체계적으로 대응시키는 과정이다.
② 합리적인 상각방법을 정할 수 없는 경우 정액법을 사용한다.
③ 무형자산의 상각시에는 무형자산상각비(비용)계정의 대변계정으로 무형자산상각누계액 계정을 반드시 설정하여야 한다.
④ 관계법령이나 계약에 의하여 정해진 경우를 제외하고는 상각기간은 20년을 초과하지 못하도록 규정하고 있다.

56 ㈜삼일은 20X1년 7월 1일 ㈜용산을 합병하면서 현금 20,000,000원을 지급하였다. ㈜용산의 20X1년 7월 1일 현재 자산의 공정가치는 13,000,000원이며 부채의 공정가치는 8,000,000원이다. 합병시 ㈜삼일이 취득한 영업권의 가액은 얼마인가?

① 7,000,000원
② 12,000,000원
③ 13,000,000원
④ 15,000,000원

303

57 다음 중 무형자산의 종류로 가장 올바르지 않은 것은?

① 상표권   ② 개발비
③ 특허권   ④ 내부적으로 창출된 영업권

NEW

58 다음 중 일반기업회계기준에 따라 기타비유동자산 항목으로 분류되는 것은?

① 영업권   ② 지분법적용투자주식
③ 임대보증금   ④ 장기미수금

59 다음 중 부채에 관한 설명으로 가장 올바르지 않은 것은?

① 유형자산을 구입하고 대금을 지급하지 않은 것은 미지급금에 해당한다.
② 차용증서에 의하여 금전을 빌릴 때 발생하는 부채를 대여금이라 한다.
③ 상품매매업을 영위하는 기업이 판매할 상품을 구입하고 지급하지 않은 금액은 매입채무에 해당한다.
④ 선수금은 상품을 매출하기로 하고, 수령한 계약금에 대한 부채 계정이다.

60 다음 계정과목 중 재무상태표상 유동부채로 분류되는 금액의 합계는 얼마인가?

ㄱ. 대손충당금	5,000원	ㄹ. 사채(만기 3년)	30,000원
ㄴ. 매입채무	40,000원	ㅁ. 당좌차월	8,000원
ㄷ. 유동성장기부채	15,000원	ㅂ. 퇴직급여충당부채	12,000원

① 55,000원   ② 63,000원

③ 68,000원   ④ 80,000원

61 다음은 회계 사건별로 채권자와 채무자 각각의 재무상태표 계정을 연결한 것이다. 가장 옳지 않은 것은?

회계사건	채권자계정	채무자계정
① 상품을 인수·인도 전에 대금을 지급 또는 수령한 경우	미수금	미지급금
② 1년치 임차료를 선지급 또는 임대료를 선수한 경우	선급비용	선수수익
③ 차용증서에 의해 금전을 빌려주거나 빌려온 경우	대여금	차입금
④ 제품을 판매하거나 매입하고 대가를 나중에 수령 또는 지급한 경우	매출채권	매입채무

62 다음 거래 중 유동부채를 증가시키는 거래로만 짝지어진 것은?

> 가. 부동산 매각 계약을 하고, 계약금으로 3,000,000원을 현금으로 받다.
> 나. 기계장치를 400,000원에 매각하고 대금은 한 달 뒤에 받기로 하다.
> 다. 5개월 뒤에 상환하기로 하고 우리은행에서 현금 300,000원을 차입하다.
> 라. 상품 200,000원을 판매하고 대금은 2년 뒤에 받기로 하다.

① 가, 나   ② 나, 다

③ 가, 다   ④ 가, 라

63 다음 중 20X1년 12월 1일에 필요한 회계처리로 가장 옳은 것은?

> ㈜삼일은 20X1년 12월 1일 상품을 판매하면서 3,300,000원(부가가치세 300,000원 포함)을 어음으로 수령하였다.

①	(차) 매출채권	3,300,000원	(대) 매출	3,300,000원	
②	(차) 매출채권	3,300,000원	(대) 매출	3,000,000원	
			예수금	300,000원	
③	(차) 매출채권	3,300,000원	(대) 매출	3,000,000원	
			미지급금	300,000원	
④	(차) 매출채권	3,000,000원	(대) 매출	3,300,000원	
	예수금	300,000원			

64 다음의 회계처리가 재무제표에 미치는 영향으로 가장 옳은 것은?

| (차) 매입채무 100,000원 | (대) 현금 100,000원 |

> ㄱ. 당기순이익이 감소한다.   ㄴ. 유동자산이 감소한다.
> ㄷ. 재고자산이 증가한다.   ㄹ. 유동부채가 감소한다.

① ㄱ, ㄴ   ② ㄴ, ㄷ
③ ㄴ, ㄹ   ④ ㄷ, ㄹ

65 다음 중 미지급금 계정을 사용하여 분개할 수 없는 거래로 옳은 것은?

① 원재료를 1,000,000원에 구입하고 대금은 2개월 후 지급하기로 하다.
② 휴게실용 안마의자를 300,000원에 무이자 할부로 구입하다.
③ 사무용 비품 20,000원을 구입하고 대금은 월말에 지급하기로 약속하다.
④ 전월 회식비로 결제한 카드대금 150,000원이 보통예금에서 자동이체 되다.

66 다음 중 비유동부채에 계상할 수 없는 것은?

① 회사가 자금조달을 위하여 만기 3년으로 발행한 사채
② 원재료 매입시 발생하여 지급기일이 6개월 후에 도래하는 매입채무
③ 상품을 구입하면서 2년 만기의 어음을 교부한 경우
④ 종업원의 퇴직시 지급되는 퇴직금에 대비하여 설정하는 충당금

67 다음 20X1년 12월 31일 현재 ㈜삼일의 부채내역이다. 비유동부채의 총합은 얼마인가?

• 사채	700,000원(만기: 20X5년 12월 31일)
• 장기차입금	300,000원
• 퇴직급여충당부채	500,000원
• 유동성장기부채	150,000원

① 1,000,000원   ② 1,150,000원
③ 1,500,000원   ④ 1,650,000원

68 다음 중 비유동부채 회계처리에 관한 설명으로 옳지 않은 것은?

① 퇴직급여충당부채는 결산일 현재 전 임직원이 퇴사할 경우를 가정하여 지급하여야 할 퇴직금예상액(퇴직금추계액)총액을 설정해야 한다.
② 사채의 시장이자율과 액면이자율이 상이한 경우에는 발행가액과 액면가액이 일치하지 않을 수 있다.
③ 장기차입금은 일반적으로 비유동부채로 분류하나, 보고기간 종료일로부터 1년 이내에 상환일이 도래하면 유동부채로 대체한다.
④ 확정기여형(Defined Contribution: DC) 퇴직연금과 관련하여 금융기관에 납입한 부담금은 기업이 직접 보유하고 있는 자산으로 보며, 재무상태표에는 퇴직급여충당부채에서 차감하여 표시한다.

69 다음 중 사채의 발행가액에 직접적으로 영향을 미치는 요소가 아닌 것은?

① 경쟁기업의 사채발행가격   ② 액면이자율
③ 액면금액   ④ 시장이자율

70 다음 중 사채발행에 관한 설명으로 가장 올바르지 않은 것은?

① 액면이자율이 시장이자율보다 작은 경우에는 액면금액보다 할인발행을 하게 된다.
② 액면이자율이 시장이자율보다 큰 경우에는 액면금액보다 많은 금액으로 할증발행을 하게 된다.
③ 만기일 전에 사채를 상환하는 것을 조기상환이라 한다.
④ 사채를 할인발행한 경우에는 만기에는 액면금액이 아닌 발행금액을 상환해야 한다.

71 다음 중 액면금액 100,000원의 사채를 95,000원에 발행하였을 경우 발행시점의 회계처리로 가장 옳은 것은?

①	(차) 현금	100,000원	(대) 사채		100,000원
②	(차) 현금	95,000원	(대) 사채		100,000원
	사채할인발행차금	5,000원			
③	(차) 현금	95,000원	(대) 사채		100,000원
	사채할인비	5,000원			
④	(차) 현금	95,000원	(대) 사채		95,000원
	사채발행손실	5,000원		사채할인발행차금	5,000원

72 다음 시장상황에서 사채를 발행할 경우 사채발행과 관련된 분개에서 차변에 나타날 계정과목으로 가장 옳은 것은?

> 시장이자율 10%, 액면이자율 5%임.(즉, 시장이자율 〉 액면이자율)

① 사채
③ 현금

② 사채, 사채할증발행차금
④ 현금, 사채할인발행차금

NEW

73 ㈜삼일이 액면금액 100,000원의 사채를 105,000원에 발행하였을 경우 발행시점의 회계처리로 가장 옳은 것은?

① (차) 현금   105,000원   (대) 사채   100,000원
                                                  사채할인발행차금   5,000원

② (차) 현금   100,000원   (대) 사채   105,000원
     사채할인발행차금   5,000원

③ (차) 현금   105,000원   (대) 사채   100,000원
                                                  사채할증발행차금   5,000원

④ (차) 현금   100,000원   (대) 사채   95,000원
                                                  사채할증발행차금   5,000원

NEW

74 ㈜삼일은 전기에 발행한 사채를 당기에 중도상환하였다. 다음 자료를 이용하여 당기 손익계산서에 계상될 사채상환손익을 계산하면 얼마인가?

ㄱ. 사채 액면금액	15,000,000원
ㄴ. 상환시 사채할인발행차금잔액	500,000원
ㄷ. 사채 상환금액	14,000,000원

① 사채상환이익   500,000원   ② 사채상환이익   1,000,000원
③ 사채상환손실   500,000원   ④ 사채상환손실   1,000,000원

75 다음은 ㈜삼일의 20X1년 7월 1일 발생한 차입금 관련 자료이다. 날짜별 회계처리 중 틀린 것은?

> ㄱ. 차입금: 30,000,000원
> ㄴ. 만 기: 3년
> ㄷ. 이자율: 10%, 매년 6월 30일 이자지급조건

① 20×1년 7월 1일

(차) 현금	30,000,000	(대) 장기차입금	30,000,000

② 20×1년 12월 31일

(차) 이자비용	3,000,000	(대) 미지급비용	3,000,000

③ 20×2년 6월 30일

(차) 미지급비용	1,500,000	(대) 현금	3,000,000
이자비용	1,500,000		

④ 20×2년 12월 31일

(차) 이자비용	1,500,000	(대) 미지급비용	1,500,000

76 다음에서 설명하고 있는 (가)계정과목의 명칭으로 가장 옳은 것은?

> 차입당시 3년 동안 차입하기로 하였지만 기간이 경과함에 따라 상환기일이 보고기간 종료일로부터 1년 이내로 도래하게 되면 이를 (가)과목으로 대체한다.

① 단기차입금   ② 장기차입금
③ 장기미지급금   ④ 유동성장기부채

77 다음 중 괄호 안에 들어갈 적절한 용어는 무엇인가?

> 임직원이 퇴직하는 경우에 지급되는 퇴직금은 실제 지급 시에 비용으로 처리하는 방법과 매 회계연도 말 퇴직금추계액을 기준으로 비용으로 인식하여 퇴직급여충당금을 설정하는 방법이 있는데, 매 회계연도 말의 퇴직금추계액을 퇴직급여충당금으로 설정하는 방법이 (   )에 보다 부합한다.

① 완전공시의 원칙   ② 업종별관행의 인정
③ 보수주의   ④ 수익비용대응의 원칙

78 다음은 퇴직급여충당부채와 관련된 회계처리에 관한 설명이다. 가장 옳지 않은 것은?

① 퇴직급여의 지급원인인 종업원의 근로제공이 재직기간을 통하여 발생하므로 각 회계연도의 수익에 대응하여 비용을 처리하기 위해 사용하는 계정이다.
② 재무상태표에 계상할 퇴직급여충당부채는 기말 현재 전임직원 중 절반 이상이 퇴직한다고 가정할 때 지급해야 할 퇴직금으로 계상된다.
③ 기초 퇴직급여충당부채에서 당기 퇴직한 종업원에게 실제로 지급한 퇴직금을 차감한 잔액과 당기말 퇴직급여충당부채로 설정되어야 할 금액과의 차액을 당기 퇴직급여로 계상한다.
④ 퇴직금은 근로기준법이나 회사의 내부규정에 따라 지급되는 금액 중 큰 금액을 기준으로 한다.

79 퇴직급여충당부채에 관한 자료가 다음과 같을 때 기말에 추가로 설정하여야 할 퇴직급여충당부채는 얼마인가?

> (1) 기말 현재 전 종업원이 퇴직할 경우 지급해야 할 퇴직금 총액은 20,000,000원이다.
> (2) 퇴직급여충당부채 기초잔액은 16,000,000원이다.
> (3) 기중 퇴직자에게 지급한 퇴직금은 3,500,000원이다.

① 3,500,000원 ② 4,000,000원
③ 7,500,000원 ④ 20,000,000원

80 다음 중 사채와 주식에 관한 설명으로 가장 올바르지 않은 것은?

① 사채권자와 주주는 이익발생여부와 관계없이 각각 확정적인 이자와 배당금을 지급받는다.
② 사채는 만기가 되면 상환되나, 자본금은 감자나 해산절차 등의 절차를 밟지 않는 한 반환되지 않는다.
③ 회사 해산 시에 사채권자는 타 채권자와 동등한 순위를 갖지만, 주주는 잔여재산에 대하여만 청구권을 가진다.
④ 사채권자는 경영참가권이 없으나, 주주는 주주총회에서 의결권이 있다.

81 ㈜삼일은 신규사업과 관련한 자금조달방법으로 '유상증자'방안(이하 '방안 A')과 '사채발행'방안 (이하 '방안 B')을 고민하고 있다. ㈜삼일의 방안 A와 방안 B의 발행조건은 다음과 같다. 두 가지 자금조달방안 중 발행시점에 더 많은 자금을 조달할 수 있는 방안과 발행형태(할증, 할인 혹은 액면)를 올바르게 짝지은 것은?

〈 방안 A: 유상증자 방안 〉

(1) 1주당 액면금액	8,000원
(2) 1주당 발행금액	10,000원
(3) 추가적으로 발행 가능한 주식 수	50,000주

〈 방안 B: 사채발행 방안 〉

(1) 액면금액	500,000,000원
(2) 액면이자율	9.5%
(3) 시장이자율	10.2%

① 방안 A --- 주식할증발행   ② 방안 A --- 주식할인발행
③ 방안 B --- 사채할증발행   ④ 방안 B --- 사채할인발행

82 다음 중 자본에 관한 설명으로 옳지 않은 것은?

① 법정자본금은 발행주식 총수에 주당 액면금액을 곱하여 산정된 금액이다.
② 자기주식은 회사가 일단 발행한 자기회사의 주식을 다시 취득한 것을 말한다.
③ 이익잉여금은 영업활동에 의하여 획득된 이익 중 사외유출 되지 않고 기업 내부에 유보된 이익이다.
④ 주식발행초과금은 주식의 액면금액이 발행가액을 초과하는 금액이다.

83 다음의 자본계정 중 분류가 다른 하나는 무엇인가?

① 주식발행초과금
② 주식할인발행차금
③ 감자차손
④ 자기주식

84 다음 ㈜삼일의 재무 담당자들의 회의록이다. 가장 올바르지 않은 의견을 제시한 사람은 누구인가?

> 철수: 최근에 액면금액 5,000원의 주식 10,000주를 주당 6,000원에 유상증자한 결과, 주식발행초과금 10,000,000원이 발생하여 자본잉여금 계정으로 분류하였습니다.
> 영수: 지난해 취득한 자기주식 1,000주 중 절반을 처분하여 자기주식처분이익이 발생하였고, 이 금액을 자본잉여금 계정으로 분류하였습니다.
> 순희: 처분한 자기주식을 제외한 500주에 해당하는 자기주식 금액이 자본잉여금 계정에 남아 있습니다.
> 영희: 지난해 진행한 감자로 인해 발생한 감자차익 15,000,000원이 자본잉여금 계정에 남아 있습니다.

① 철수
② 영수
③ 순희
④ 영희

85 20X1년 1월 1일 보통주 50주(주당 액면금액 10,000원)를 주당 11,000원에 할증발행하는 과정에서 발행수수료와 증자 등기비용 등으로 30,000원이 발생하였다. 위 거래를 적절하게 분개한 것은 무엇인가?

① (차) 현금	550,000원	(대) 자본금	550,000원
② (차) 현금	550,000원	(대) 자본금	500,000원
		주식발행초과금	50,000원
③ (차) 현금	520,000원	(대) 자본금	500,000원
		주식발행초과금	20,000원
④ (차) 현금	550,000원	(대) 자본금	550,000원
배당금	30,000원	현금	30,000원

86 다음 중 빈칸에 들어갈 항목으로 옳은 것은?

> (   )은 주식발행으로 인한 자본의 증가분 중 주식의 액면가액을 초과하는 잉여금을 말한다.

① 자본조정   ② 주식발행초과금
③ 기타포괄손익   ④ 매도가능증권평가이익

87 다음 중 주식의 발행과 관련된 설명으로 옳지 않은 것은?

① 자본금 계정은 반드시 액면금액으로 기록해야 한다.
② 신주발행비가 발생한 경우 발행가액에서 차감하여야 한다.
③ 회사의 법정자본금은 채권자를 보호하기 위한 회사의 최소한의 재산으로서의 의미를 갖는다.
④ 발행가액이 액면금액보다 낮을 경우 그 차이금액은 자본잉여금 계정으로 회계처리한다.

88 ㈜삼일은 20X1년 3월 9일에 주식 10주(1주당 액면금액 500원, 발행금액 1,200원)를 발행하여 다음과 같이 회계처리하였다. A, B에 관한 설명으로 올바르게 짝지은 것은?

| (차) 현금 | 12,000원 | (대) (A) | 5,000원 |
| | | (B) | 7,000원 |

ㄱ. 발행주식의 액면금액 합계이다.
ㄴ. 벌어들인 이익 중 회사에 남아 있는 금액이다.
ㄷ. 회사 설립 또는 증자 시에 주식의 액면금액을 초과하여 납입된 금액이다.

	A	B		A	B
①	ㄴ	ㄱ	②	ㄱ	ㄴ
③	ㄴ	ㄷ	④	ㄱ	ㄷ

NEW

89 다음 중 괄호 안에 공통으로 들어갈 항목으로 가장 옳은 것은?

( )은 자본거래로 인한 자본의 증가분 중 법정자본금(액면금액)을 초과하는 잉여금을 말한다.
( )은 자본거래에서 발생하므로 손익계산서를 거치지 않고 자본계정에 직접 가감되는 특징을 가지고 있다.

① 자본금
② 자본잉여금
③ 자본조정
④ 기타포괄손익누계액

90 _____ 에 들어갈 항목을 보기에서 모두 고른 것은?

_____ 은 당해 항목의 성격상 주주와의 거래에 해당하나 현재 자본금이나 자본잉여금으로 분류하기가 곤란한 것들을 일시적으로 기록하는 항목으로써 자본총계에 차감하는 형식으로 기재하는 항목을 말한다.

〈 보기 〉
ㄱ. 주식발행초과금   ㄴ. 이익준비금   ㄷ. 사채할인발행차금
ㄹ. 주식할인발행차금   ㅁ. 감자차손

① ㄱ, ㄴ   ② ㄱ, ㄹ
③ ㄴ, ㄷ   ④ ㄹ, ㅁ

91 다음의 거래가 재무상태표상 자본항목에 미치는 영향을 바르게 나타낸 것은?

ㄱ. 액면 5,000원의 주식 100주를 1주당 20,000원에 발행하였다.
ㄴ. 미처분이익잉여금 3,000,000원을 사업확장적립금으로 적립하였다.

	자본금	이익잉여금
①	증가	감소
②	불변	감소
③	불변	불변
④	증가	불변

92 다음 중 빈칸에 들어갈 항목을 올바르게 짝지은 것은?

> 자본항목은 크게 주주가 불입한 불입자본과 불입자본을 이용하여 창출한 손익으로 구분된다. 불입자본을 이용하여 창출한 손익은 확정적으로 벌어들인 이익과 아직 손익으로 확정할 수는 없으나 넓은 의미에서 잠재적인 손익으로 구분할 수 있다. 확정적으로 벌어들인 이익 중 회사에 남아있는 부분을 (A), 넓은 의미에서 잠재적인 손익을 (B)이라고 한다.

	(A)	(B)
①	이익잉여금	기타포괄손익누계액
②	자본금	자본조정
③	당기순손익	자본잉여금
④	자본잉여금	이익잉여금

93 20X1년 2월 25일 ㈜삼일은 주주총회에서 이익잉여금의 처분을 다음과 같이 확정하고, 20X1년 3월 31일에 배당금을 지급하기로 하였다. 다음 중 20X1년 2월 25일 ㈜삼일이 해야 할 올바른 회계처리는 어느 것인가?

> ㄱ. 현금배당: 100,000원   ㄴ. 이익준비금: 10,000원

①	(차)	미처분이익잉여금	100,000원	(대) 미지급배당금	100,000원
②	(차)	미처분이익잉여금	100,000원	(대) 현금	100,000원
③	(차)	미처분이익잉여금	110,000원	(대) 미지급배당금	100,000원
				이익준비금	10,000원
④	(차)	미처분이익잉여금	110,000원	(대) 현금	100,000원
				이익준비금	10,000원

94 다음 중 이익잉여금의 계정과목별 설명에 관한 것으로 가장 옳은 것은?

① 이익잉여금이란 이익창출활동에 의해 벌어들인 이익 중 사외에 유출되지 않고 사내에 남아 있는 부분을 축적한 것으로 자본거래에서 발생한 것이다.

② 이익잉여금이 어떻게 처분되었고, 처분 후 잔액이 얼마인가를 알려주기 위해 이익잉여금처분계산서를 작성하며, 상법 등 관련 법규에서 요구하는 경우 주석으로 공시한다.

③ 채권자 보호를 위해 자본금의 1/2에 달할 때까지 매 결산기 현금배당액의 1/100이상을 이익준비금으로 적립하여야 한다.

④ 주주총회에서 현금배당을 결정하는 경우 배당 지급일까지 미지급배당금을 자본조정으로 기록한다.

95 다음 중 이익잉여금처분계산서에 대한 설명으로 옳은 것은?

① 이익잉여금처분계산서는 배당금에 대한 정보를 알 수 있다.

② 이익잉여금처분계산서는 현금흐름의 변동에 대한 정보를 알려준다.

③ 이익잉여금처분계산서는 12월 31일에 확정된다.

④ 이익잉여금처분계산서에서는 당기순이익을 확인할 수 없다.

96 다음 중 수익에 관한 설명으로 가장 옳지 않은 것은?

① 수익은 기업의 통상적인 경영활동에서 발생하는 경제적 효익의 총유입을 의미한다.

② 수익의 대가를 현금 이외의 자산으로 받는 경우 지급받은 자산의 공정가치를 수익으로 인식한다.

③ 수익의 대가를 판매 전에 받는 경우 대가를 수령한 때 수익을 인식한다.

④ 수익은 기업의 정상적인 영업활동과정에서 발생하는 것이므로 일시적 · 우연적인 거래로부터 발생하는 이득과는 구별된다.

97 다음 중 괄호 안에 들어갈 단어로 옳은 것은?

> 수익은 통상적인 경영활동에서 발생하는 경제적 효익의 총유입을 말하며, 자산의 (A   ) 또는 부채의 (B   )로 나타난다.

	A	B
①	감소	감소
②	감소	증가
③	증가	감소
④	증가	증가

98 다음 중 회사의 주된 영업활동의 결과인 수익으로 옳지 않은 것은?

① 상품매출액   ② 용역매출액
③ 도급공사수익   ④ 자산수증이익

99 다음 중 실현주의에 의한 수익인식 기준에 관한 설명으로 옳은 것은?

① 수익을 실현주의에 따라 인식한다는 것은 현금이 입금되었을 때에 수익을 인식한다는 의미이다.
② 수익획득과정이 완료되거나 실질적으로 거의 완료되어야 수익을 인식할 수 있다는 의미는 거래와 관련된 경제적 의무를 거의 대부분 이행해야 한다는 것이다.
③ 수익획득활동으로 인한 현금 또는 현금청구권을 합리적으로 측정할 수 없는 경우라도 거래처의 신용도가 높다면 수익을 인식할 수 있다.
④ 수익인식 기준 중 수익획득과정이 완료되거나, 수익획득활동으로 인한 현금청구권을 합리적으로 추정할 수 있는 경우 둘 중의 하나만 만족하면 수익을 인식할 수 있다.

100 다음 중 수익의 측정방법에 관한 설명으로 옳은 것을 모두 고르면?(단, 현재가치는 고려하지 않기로 한다)

> ㄱ. 대가를 현금이나 현금청구권으로 수취한 경우에는 현금이나 현금청구권의 기액을 수익으로 인식한다.
>
> ㄴ. 토지나 건물 등으로 대가를 수취한 경우에는 제공받은 자산의 공정가치로 수익을 인식한다.
>
> ㄷ. 매출할인이나 매출에누리가 발생한 경우에는 수익금액에서 이를 차감한 금액을 수익으로 인식한다.

① ㄱ

② ㄱ, ㄴ

③ ㄱ, ㄷ

④ ㄱ, ㄴ, ㄷ

101 20X1년 중 ㈜삼일은 제품 200개를 개당 120,000원에 판매하였다. 이 중 15개가 불량품으로 판명되어 반품되었으며, 5개는 질이 떨어져서 정상적으로 판매할 수 없으므로 개당 50,000원씩 깎아주었다. ㈜삼일이 해당 거래에 대하여 20X1년 매출액으로 인식할 금액을 계산하면 얼마인가?

① 20,000,000원

② 21,950,000원

③ 22,200,000원

④ 23,750,000원

102 도매업을 영위하는 ㈜삼일은 20X1년 12월 5일 상품 100개를 구입하였고, 20X1년 12월 12일 이 중 30개를 거래처에 납품하였으며, 판매대금은 20X2년 3월 5일에 수령하기로 하였다. 동 매출의 수익인식에 대해 회계부서의 네 사람은 서로 다른 주장을 하며 논쟁을 하였다. 다음 중 기업회계기준에 따라 가장 옳은 주장을 하는 사람은 누구인가?

병철: 상품을 구입한 20X1년 12월 5일에 100개의 매출을 인식해야 합니다.
대준: 상품이 판매된 시점인 20X1년 12월 12일에 30개의 매출을 인식해야 합니다.
철희: 실질적으로 대금이 회수되는 20X2년에 매출을 인식해야 합니다.
중섭: 20X1년에 납품이 일어나고 20X2년에 대금이 회수되었으므로 각각 50%씩 매출을 인식해야 합니다.
---

① 병철   ② 대준
③ 철희   ④ 중섭

103 12월 말 결산법인인 ㈜삼일은 20X1년 11월 1일에 건물을 임대하고 2년분에 대한 임대료 1,200,000원을 미리 수령하였다. ㈜삼일이 20X1년~20X3년에 수익으로 인식할 금액은 각각 얼마인가?

	20×1년	20×2년	20×3년
①	1,200,000원	0원	0원
②	100,000원	600,000원	500,000원
③	0원	600,000원	600,000원
④	400,000원	400,000원	400,000원

104 ㈜용산은 디지털카메라를 제조하여 판매하는 회사로서 매출확대를 위해 아래와 같이 다양한 방법을 사용하여 제품을 판매하고 있다. 수익인식기준에 근거하여 ㈜용산이 당기에 인식해야 할 매출액을 계산하면 얼마인가?

> ㄱ. TV홈쇼핑을 통해 시용 판매한 금액　　　　　　　　　　　　　　　20,000,000원
>   (무료체험기간이 종료되지 않은 시용품 판매액 5,000,000원 포함)
> ㄴ. K마켓(인터넷쇼핑몰)을 통해 판매한 제품　　　　　　　　　　　　　9,000,000원
>   (단, 파손으로 반품된 금액 2,500,000원이 포함되어 있으며, 그 외의 반품예상액은 없음)
> ㄷ. 위탁매매업자인 G마트에 위탁 판매한 제품　　　　　　　　　　　　4,500,000원
>   (단, G마트가 소비자에게 아직 판매하지 못한 금액 1,500,000원 포함)

① 24,500,000원　　　　　　　　　② 26,000,000원
③ 29,000,000원　　　　　　　　　④ 31,000,000원

105 다음 공사와 관련하여 20X1년에 인식해야 할 공사수익은 얼마인가?

> • 공사기간 : 3년(20X0년 ~ 20X2년)
> • 계약금액 : 90,000,000원
> • 공사예정원가 : 75,000,000원
> • 공사는 매년 1/3씩 진행된다.

①　5,000,000원　　　　　　　　② 15,000,000원
③ 25,000,000원　　　　　　　　④ 30,000,000원

106 12월 말 결산법인인 ㈜삼일은 20X1년 1월 1일 발주처와 건물신축계약을 체결하였으며, 건설계약과 관련된 자료는 다음과 같다.

가. 공사기간	3년
나. 총도급금액	100,000,000원
다. 공사예정원가	80,000,000원

공사 1차 연도에 발생한 총 공사원가가 40,000,000원일 경우, 진행기준에 따른 수익인식 금액을 산정하기 위해 적용할 누적 진행률을 구하면 얼마인가?

① 30%   ② 40%
③ 50%   ④ 60%

107 ㈜삼일은 다음과 같은 공사를 수주하고 20X1년에 52,500,000원의 공사수익을 인식하였다. 20X1년 중 동 공사와 관련하여 실제 발생한 원가는 얼마인가?

ㄱ. 공사기간	: 20X1년 1월 1일 ~ 20X3년 12월 31일
ㄴ. 총도급금액 : 210,000,000원
ㄷ. 총예정원가 : 180,000,000원

① 40,000,000원   ② 42,000,000원
③ 45,000,000원   ④ 50,000,000원

108 다음 중 기업회계기준에서 비용의 인식기준으로 가장 올바른 것은 무엇인가?

① 실현주의   ② 권리의무확정주의
③ 현금주의   ④ 수익비용대응의 원칙

109 다음 자료를 이용하여 도·소매업을 영위하는 ㈜삼일의 당기 매출원가를 계산하면 얼마인가?

• 기초상품재고액	300,000원
• 당기총매입액	2,700,000원
• 기말상품재고액	450,000원

① 2,400,000원 ② 2,550,000원
③ 2,700,000원 ④ 3,000,000원

110 도·소매업을 영위하는 ㈜삼일의 다음 자료를 이용하여 당기의 매출원가를 구하면 얼마인가?

[자 료]
(1) 기초상품재고액 : ₩1,000,000
(2) 당기 총매입액 : ₩5,500,000
(3) 매입할인 : ₩300,000
(4) 매입에누리 : ₩200,000
(5) 기말상품재고액(평가전) : ₩1,100,000
(6) 재고자산평가손실 : ₩300,000

① ₩4,900,000 ② ₩5,000,000
③ ₩5,100,000 ④ ₩5,200,000

111 다음은 ㈜삼일이 20X1년 중 지출한 내역을 요약한 것이다. 20X1년 손익계산서상 판매비와 관리비는 얼마인가?

ㄱ. 판매직사원 급여		3,000,000원
ㄴ. 판매직사원 퇴직급여		1,000,000원
ㄷ. 배당금		600,000원
ㄹ. 접대비		450,000원
ㅁ. 건물취득과 관련된 취득세		280,000원
ㅂ. 본사건물 감가상각비		370,000원
ㅅ. 기부금		540,000원
※ 위 항목 중 매출원가에 포함된 비용은 없음.		

① 4,000,000원　　　　② 4,450,000원
③ 4,820,000원　　　　④ 5,360,000원

112 ㈜삼일의 판매비와관리비에는 다음과 같은 비용들이 포함되어 있다. 판매비와관리비에 계상될 올바른 금액은 얼마인가?(단, 아래 비용은 제조활동과 관련이 없다고 가정한다)

ㄱ. 관리직 사원 급여	:	20,000,000원
ㄴ. 사무실 임차료	:	8,000,000원
ㄷ. 무형자산상각비	:	6,000,000원
ㄹ. 이자비용	:	5,000,000원
합 계		39,000,000원

① 20,000,000원　　　　② 28,000,000원
③ 34,000,000원　　　　④ 41,000,000원

113 다음은 회계부서 팀원 간의 대화이다. (A)와 (B)에 들어갈 내용으로 가장 올바른 것은?

김과장: 박대리. 어제 재고자산과 관련한 거래내역을 확인해 봤나?

박대리: 네 확인했습니다. 판매되지 않고 이월된 제품들을 무상으로 증정 하였더라구요. 그런데 과장님, 회계처리를 하려고 하는데 어떤 계정과목을 사용해야 하는지 좀 헷갈립니다.

김과장: 일단 업무와 관련하여 상대방으로부터 대가를 받지 않고 무상으로 제품을 보내줬으니까 (A)(으)로 처리를 해야지. 만약에 회사의 사업과 무관하게 제품을 보낸 경우였다면 (B) (으) 로 처리해야 하는 것이고.

박대리: 네 알겠습니다. 바로 처리하도록 하겠습니다.

	(A)	(B)
①	복리후생비	기부금
②	접대비	복리후생비
③	기부금	접대비
④	접대비	기부금

114 다음 중 빈칸에 들어갈 계정과목으로 가장 옳은 것은?

판매업체가 경품 대금을 지급하였을 때에는 (　　　) 계정을 차변에 기입한다.

---

① 기부금　　　　　　　　　　② 세금과공과
③ 광고선전비　　　　　　　　④ 접대비

115 다음은 일반기업회계기준 제2장 「재무제표의 작성과 표시 Ⅰ」에 의해 작성된 손익계산서 양식이다. 다음 중 (   ) 안에 들어갈 손익의 종류를 바르게 나열한 것은?(단, 중단사업손익은 존재하지 아니한다)

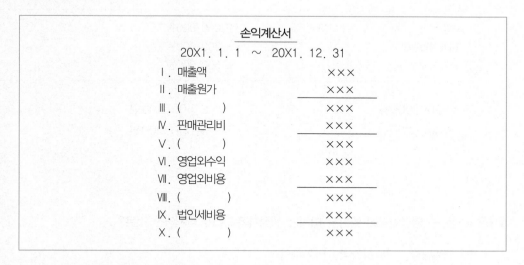

손익계산서

20X1. 1. 1 ~ 20X1. 12. 31

Ⅰ. 매출액	×××
Ⅱ. 매출원가	×××
Ⅲ. ( )	×××
Ⅳ. 판매관리비	×××
Ⅴ. ( )	×××
Ⅵ. 영업외수익	×××
Ⅶ. 영업외비용	×××
Ⅷ. ( )	×××
Ⅸ. 법인세비용	×××
Ⅹ. ( )	×××

① 매출총손익 → 영업손익 → 법인세비용차감전순손익 → 당기순손익
② 매출총손익 → 법인세비용차감전순손익 → 영업손익 → 당기순손익
③ 매출총손익 → 영업손익 → 당기순손익 → 법인세비용차감전순손익
④ 영업손익 → 매출총손익 → 법인세비용차감전순손익 → 당기순손익

116 다음 자료를 이용해 ㈜삼일의 매출총이익을 계산하면 얼마인가?

당기 상품 순매출액	300,000원	기초 상품 재고액	100,000원
당기 상품 순매입액	200,000원	기말 상품 재고액	120,000원

① 100,000원   ② 120,000원
③ 180,000원   ④ 200,000원

117 다음 자료에 의하여 당기의 매출액을 계산하면 얼마인가?

매출원가	2,000,000원
판매비와관리비	300,000원
영업이익	500,000원

① 2,000,000원 ② 2,500,000원
③ 2,800,000원 ④ 3,000,000원

118 다음 중 영업이익에 영향을 미치는 계정과목으로만 짝지어진 것은?

① 상품매출, 대손상각비, 외환차익
② 제품매출, 급여, 복리후생비
③ 외화환산이익, 용역매출, 이자수익
④ 매출원가, 광고선전비, 유형자산처분이익

119 당기에 발생한 비용은 다음과 같으며(매출원가에 포함되는 금액은 없다), 당기의 매출총이익은 5,500,000원이다.

급여	1,000,000원	퇴직급여	800,000원
배당금	200,000원	이자비용	100,000원
감가상각비	280,000원	접대비	120,000원

위 자료를 바탕으로 회사의 영업이익을 계산하면 얼마인가?

① 3,000,000원 ② 3,100,000원
③ 3,200,000원 ④ 3,300,000원

120 다음은 제조업을 영위하는 ㈜삼일에서 발생한 비용의 내역이다. ㈜삼일이 당해 영업이익으로 보고할 금액을 산정하기 위해 고려해야 할 항목은 무엇인가?

ㄱ. 임직원에 대한 급여	ㄴ. 무형자산상각비
ㄷ. 법인세비용	ㄹ. 잡손실

① ㄱ   ② ㄱ, ㄴ
③ ㄱ, ㄴ, ㄷ   ④ ㄱ, ㄴ, ㄷ, ㄹ

121 다음 중 제조업을 영위하는 ㈜삼일의 영업이익에 영향을 주는 거래로 가장 옳은 것은?

① 자금을 대여한 대가로 이자를 받았다.
② 단기매매증권을 공정가치로 평가하여 이익이 발생하였다.
③ 제품을 생산하는 기계장치의 감가상각비를 인식하였다.
④ 유형자산을 처분하여 이익이 발생하였다.

122 다음 기업회계기준에서 분류하는 비용항목 중 손익계산서의 구분표시가 다른 항목은 어느 것인가?

① 본사 건물의 감가상각비   ② 세금과공과
③ 복리후생비   ④ 유형자산처분손실

123 다음 자료에 의해 영업외비용을 계산하면 얼마인가(단, 금융업에 해당하지 않음)?

퇴직급여	10,000원	접대비	20,000원	연구비	10,000원
기부금	5,000원	잡손실	16,000원	이자비용	3,000원

① 19,000원   ② 24,000원
③ 34,000원   ④ 44,000원

124 다음 중 ㈜삼일의 손익계산서상 영업외비용에 기록될 거래로 가장 옳은 것은?

① 외화(USD)표시 매입채무의 보유(결산시 환율 1,200원/$, 발생시 환율 1,100원/$)
② 유형자산의 처분(순장부가액 3,000,000원, 처분가액 3,200,000원)
③ 재고자산의 평가(취득가액 1,000,000원, 순실현가능가치 900,000원)
④ 단기매매증권의 평가(취득가액 180,000원, 공정가치 200,000원)

125 다음 중 기업회계기준에서 규정한 손익계산서의 작성기준으로 보기 어려운 것은?

① 20×1년 7월 1일에 선급한 향후 1년간 보험료 10,000원을 발생주의원칙에 따라 5,000원은 비용으로 인식하고, 나머지 5,000원은 자산으로 처리하였다.
② 20×1년 12월 29일 납품한 물품에 대해 대금회수일인 20×2년 1월 15일에 매출로 인식하였다.
③ 20×1년 1월 1일에 50,000원을 주고 취득한 기계장치(내용연수 : 5년, 잔존가치 없음, 정액법 상각)에 대해 당기 감가상각비 10,000원을 인식하였다.
④ 총액주의 원칙에 따라 20×1년 12월 31일 외화예금에서 발생한 외화환산이익 10,000원과 외화차입금에서 발생한 외화환산손실 7,000원을 각각 인식하였다.

126 다음 중 법인세비용에 관한 설명으로 가장 올바르지 않은 것은?

① 기업회계와 세무회계가 일치하지 않으므로 회계상 이익은 세무상 소득과 차이가 있다.

② 기업은 일반적으로 중간예납기간에 직전년도 산출세액의 절반을 미리 납부한다.

③ 법인세 비용을 계상할 때 선급법인세를 고려한다.

④ 법인세는 실제로 낼 때에 회계처리하므로 결산일에는 회계처리가 발생하지 않는다.

127 법인세비용은 영업활동의 결과인 일정기간에 벌어들인 소득에 대하여 부과하는 세금이므로 영업활동이 보고되는 기간에 비용으로서 인식되어야 한다. 결산일에 이루어져야 할 분개로서 옳은 것은(단, 이연법인세는 고려하지 않는다)?

① (차) 선급법인세 ×××   (대) 현 금 ×××

② (차) 법인세비용 ×××   (대) 선급법인세 ×××
                          미지급법인세 ×××

③ (차) 미지급법인세 ×××   (대) 현 금 ×××

④ (차) 미지급법인세 ×××   (대) 선급법인세 ×××

128 다음 중 당기순이익에 관한 설명으로 가장 올바르지 않은 것은?

① 당기순이익은 법인세비용을 차감하여 계산된 세후이익이다.

② 기초와 기말의 순자산의 변동을 설명해 준다.

③ 손익계산서의 마감을 통하여 당기순이익은 재무상태표의 이익잉여금으로 대체된다.

④ 일반적으로 당기순이익만큼 회사에 현금이 유입된다.

129 다음 중 ㈜삼일의 20X1년 당기순이익에 영향을 미치지 않는 거래는 어느 것인가?

① 20×1년 7월 1일 전기 법인세비용 중 5,000,000원이 환급되었다.
② 20×1년 9월 1일 7억 원의 유상증자를 하였다.
③ 20×1년 6월 중 ㈜용산의 주주로부터 20,000,000원 상당액의 토지를 증여받았다.
④ 20×1년 12월 28일에 법인카드를 사용하여 거래처 접대비로 5,000,000원을 지출하고 그 대금을 2010년 1월 25일에 결제하였다.

MEMO

01 다음 회계순환과정의 설명에서 (가)에 들어갈 용어로 가장 옳은 것은?

> 회계순환과정은 기중거래의 기록절차와 결산절차로 구분된다. 기중거래의 기록절차는 회계상의 거래를 분개하고 전기하는 과정을 말하고, 결산절차는 기중기록과 결산정리사항을 통합하여 최종적인 재무제표를 작성하는 과정을 말한다.
>
> 결산절차는 예비절차와 [(가)]의 2단계로 이루어진다.

① 수정전시산표의 작성   ② 결산수정분개

③ 결산보고서 작성   ④ 결산수정분개의 전기

02 다음 자료를 이용하여 결산절차를 순서대로 나열한 것으로 가장 옳은 것은?

> 가. 장부를 마감한다.   나. 기말 수정분개를 한다.
>
> 다. 수정전시산표를 작성한다.   라. 수정후시산표를 작성한다.
>
> 마. 재무제표를 작성한다.

① 다 → 마 → 나 → 라 → 가   ② 나 → 다 → 가 → 라 → 마

③ 다 → 나 → 라 → 가 → 마   ④ 나 → 다 → 라 → 마 → 가

03 회계기간 중의 회계처리에서 다음의 과정을 거치게 된다. 한 과정에서 다음 과정으로 넘어가는 과정으로 빈칸에 들어갈 알맞은 단어는?

① (가) 분개, (나) 전기   ② (가) 분개, (나) 대차

③ (가) 인식, (나) 마감   ④ (가) 이월, (나) 분개

04 다음 중 계정과목의 잔액이 정확한지 여부를 종합적으로 점검하기 위해 결산 예비절차에서 작성하는 것은?

① 분개장
② 수정전시산표
③ 현금흐름표
④ 총계정원장

05 다음 중 결산절차의 단계와 각 단계별로 실시해야 할 세부절차가 짝지어진 것으로 옳은 것은?

① 예비절차 – 재무상태표의 작성
② 예비절차 – 부속명세서의 작성
③ 결산보고서 작성 – 계정의 마감
④ 결산보고서 작성 – 결산수정분개

06 다음 중 시산표에서 발견할 수 없는 오류를 모두 고른 것은?

ㄱ. 거래 전체를 누락한 경우
ㄴ. 금액은 같지만 계정과목을 잘못 분류한 경우
ㄷ. 차변·대변 중 한쪽의 금액을 누락한 경우
ㄹ. 차변과 대변에 같은 금액의 오류가 포함된 경우

① ㄱ, ㄴ
② ㄱ, ㄴ, ㄹ
③ ㄱ, ㄴ, ㄷ
④ ㄱ, ㄴ, ㄷ, ㄹ

07 시산표를 작성한 결과 차변잔액과 대변잔액이 일치하지 않았다. 이 경우 오류를 확인하기 위해서 장부를 검토할 경우 가장 효율적인 검토순서는?

① 전표 → 보조원장 → 총계정원장 → 시산표
② 시산표 → 총계정원장 → 보조원장 → 전표
③ 전표 → 총계정원장 → 보조원장 → 시산표
④ 시산표 → 보조원장 → 총계정원장 → 시산표

08 다음 중 시산표에 대한 설명으로 가장 올바르지 않은 것은?

① 시산표는 총계정원장의 기록이 정확한지를 검증하는 기능을 한다.
② 시산표의 종류에는 합계시산표, 잔액시산표, 합계잔액시산표가 있다.
③ 시산표 상의 차변합계와 대변합계가 일치하는 경우에도 오류를 파악할 수 없는 경우가 있다.
④ 합계시산표는 각 계정별 기말잔액만을 집계하여 나타내는 시산표이다.

09 다음 중 시산표를 통해 검증할 수 있는 오류의 유형은 무엇인가?

① 대여금 1,000,000원을 현금으로 회수한 거래 자체를 누락한 경우
② 상환기일이 도래한 차입금 1,000,000원을 현금으로 지급하면서, 동 거래를 중복하여 기입한 경우
③ 현금매출은 100,000원으로 기록하고, 현금수령액은 1,000,000원으로 기록한 경우
④ 매입채무에 기입해야 할 1,000,000원을 미지급금 계정에 기입한 경우

10 ㈜삼일의 시산표가 다음과 같은 경우 이자수익은 얼마인가?

(단위: 원)

차변	계정과목	대변
	〈자산〉	
600,000	현금및현금성자산	
1,000,000	매출채권	
450,000	재고자산	
550,000	토지	
400,000	건물	
	〈 부채 〉	
	매입채무	800,000
	차입금	1,000,000
	〈 자본 〉	
	자본금	800,000
	전기이월이익잉여금	200,000
	매출	2,500,000
2,000,000	매출원가	
200,000	판매관리비	
	이자수익	( )
200,000	법인세비용	
5,400,000	합계	XXXXXXX

① 100,000원　　　　　　　② 200,000원
③ 300,000원　　　　　　　④ 400,000원

11 다음의 잔액시산표는 직원의 실수로 오류가 발생하였다. 오류를 수정한 후 차변과 대변의 합계액을 계산하면 얼마인가?

<table>
<tr><td colspan="3" align="center">잔액시산표</td></tr>
<tr><td>20X1년 12월 31일</td><td></td><td align="right">(단위: 원)</td></tr>
</table>

차 변	계정과목	대 변
480,000	현 금	
220,000	매출채권	
300,000	차 입 금	
200,000	건 물	
	소 모 품	150,000
	자 본 금	400,000
	매 출	350,000
	이자비용	20,000
40,000	보 험 료	
60,000	임 대 료	
1,300,000	계	920,000

① 1,000,000원 ② 1,110,000원
③ 1,150,000원 ④ 1,180,000원

12 ㈜삼일은 기초에 단기차입금 잔액이 500,000원이었으며 당기 중에 300,000원을 상환하였으나, 단기적인 자금악화로 인하여 추가적으로 200,000원을 차입하였다. 다음 중 ㈜삼일의 합계잔액시산표에 단기차입금을 가장 적절히 나타낸 것은?

	차변잔액	차변합계	계정과목	대변합계	대변잔액
①	−	300,000	단기차입금	500,000	200,000
②	−	−	단기차입금	400,000	400,000
③	−	300,000	단기차입금	700,000	400,000
④	400,000	700,000	단기차입금	300,000	−

13 다음 중 결산수정분개에 관한 설명으로 가장 올바르지 않은 것은?

① 편의상 현금주의회계로 처리했던 회계처리가 있다면 발생주의회계로 전환해야 하므로 결산수정분개는 필수적이다.
② 가지급금이나 가수금 등의 미결산항목들은 그 사용내역에 따라 본계정으로 대체해야 한다.
③ 유가증권을 평가해야 할 경우 평가손익은 모두 당기손익에 반영한다.
④ 유·무형자산에 대한 감가상각비 계상 및 퇴직급여충당부채의 설정은 결산수정분개시 이루어지는 것이 일반적이다.

14 다음 중 결산수정분개가 필요한 것은?

① 20×1년 10월에 1년분 보험료를 미리 지급하고 전액 비용처리하였다.
② 20×1년 3월에 상품 1,000,000원을 매입하기로 하고 계약금 100,000원을 현금지급하였다.
③ 20×1년 4월에 장부가액 500,000원인 단기매매증권을 600,000원에 처분하였다.
④ 20×1년 6월에 업무용 토지를 1억원에 취득하였다.

15 다음 중 결산에 관한 설명으로 옳지 않은 것은?

① 결산절차는 기중기록과 결산정리사항을 통합하여 최종적인 재무제표를 작성하는 과정을 말한다.
② 수익·비용을 인식할 때 발생주의 회계를 적용하고, 기말 현재 시점에서 자산과 부채를 적절한 상태로 평가해야 하므로 결산수정분개가 필요하다.
③ 유형자산에 대한 감가상각비 계상은 결산수정분개에서 이루어진다.
④ 손익계산서 계정을 마감할 때 사용하는 집합손익계정은 영구계정이다.

16 다음 중 기말 결산 시 계정대체가 필요한 임시계정에 해당하지 않는 항목은?

① 전도금 ② 가수금
③ 현금과부족 ④ 소모품

17 다음은 ㈜삼일의 매출채권과 관련된 주석을 발췌한 것이다. 다음 설명 중 가장 올바르지 않은 것은?

(단위: 원)

구 분	20X3년 말	20X2년 말
매출채권(총액)	150,000,000	120,000,000
차감: 대손충당금	(30,000,000)	(6,000,000)
매출채권(장부금액)	120,000,000	114,000,000

① 20×3년 말에 회사가 매출한 금액 중 아직 받지 못한 매출채권 총액은 150,000,000 원이다.
② 20×3년 말 회사가 매출채권의 회수가능성을 측정하여 회수가 불가능할 것이라 추정한 금액은 30,000,000원이다.
③ 20×2년 말 회사의 재무상태표 본문에 표시될 매출채권 순장부금액은 114,000,000 원이다.
④ 20×3년 손익계산서상의 대손상각비는 30,000,000원이다.(단, 기중 대손충당금 환입은 없다)

18 ㈜삼일의 20X1년 말 현재 매출채권 중 과거의 경험으로 판단할 때 회수가 불가능할 것이라 예측되는 금액은 25,000원이다. 기초 대손충당금 금액이 30,000원이고, 기중 변동이 없을 경우 이와 관련된 결산수정분개로 가장 옳은 것은?

① (차) 대손상각비   5,000원   (대) 대손충당금   5,000원
② (차) 대손충당금   5,000원   (대) 대손충당금 환입   5,000원
③ (차) 대손상각비   25,000원   (대) 대손충당금   25,000원
④ (차) 대손충당금   25,000원   (대) 대손충당금 환입 25,000원

19 ㈜삼일의 20X1년 말 현재 매출채권잔액은 500,000원이며, 장부상 대손충당금잔액은 10,000원이었다. 경리과장은 과거의 대손경험으로 보았을 때 매출채권잔액의 3%는 회수되지 않았던 것으로 판단하고 있다. 이 경우 결산수정분개가 재무상태표와 손익계산서에 미치는 영향은?

	손익계산서	재무상태표
①	순이익 5,000원 증가	자산 증가, 이익잉여금 증가
②	순이익 5,000원 감소	자산 감소, 이익잉여금 감소
③	순이익 5,000원 감소	부채 증가, 이익잉여금 감소
④	순이익 15,000원 감소	부채 증가, 이익잉여금 감소

20 다음과 같이 발견된 오류에 대한 수정분개로 가장 옳은 것은?

> 20X1년 12월 20일 회사의 회계담당자가 거래처인 ㈜삼일에게 상품을 20X2년 2월 1일에 인도해 주기로 약정하고, 세금계산서는 20X1년 12월 20일자로 발행하면서 동일자로 외상매출을 인식하였다.

① (차) 매출   ×××   (대) 매출채권   ×××
② (차) 매출채권   ×××   (대) 매출   ×××
③ (차) 매출   ×××   (대) 현금   ×××
④ 필요없음

21 ㈜삼일의 20X1년 1월 1일 매출채권 기초 잔액은 125,000원이며 12월 31일 매출채권 기말 잔액은 150,000원이었다. 회사의 매출은 모두 외상매출로 이루어지며, 20X1년 1년간 현금 회수액이 1,500,000원이라고 할 때 ㈜삼일이 20X1년의 매출로 계상할 금액은 얼마인가(단, 당기 중 대손은 발생하지 않았다)?

① 1,450,000원   ② 1,475,000원
③ 1,525,000원   ④ 1,550,000원

22 다음 재고자산 계정과 관련된 회계처리 중 기말 결산 절차에서 이루어지지 않는 것은?

① 재고자산의 매입   ② 재고자산의 실사
③ 매출원가의 계산   ④ 재고자산의 평가

23 다음 중 재고자산의 결산수정사항에 대한 설명으로 가장 올바르지 않은 것은?

① 재고자산 실사과정에서 분실된 재고가 파악된 경우에는 장부상 해당 재고자산을 차감해야 한다.

② 결산시 회사는 재고자산에 대한 평가절차를 수행해야 한다.

③ 도착지인도기준으로 체결한 매입계약에 따라 결산시 운송중인 상품은 구매자의 재고자산에 포함되어야 한다.

④ 재고자산은 일반적으로 회사의 창고에 보관하지만 상황에 따라 다른 회사의 창고에 보관하기도 한다.

24 다음은 상품매매업을 영위하는 ㈜삼일의 20X1년 말 결산 전 재고자산 관련 부분재무상태표이다. 다음 자료에 의해 결산수정분개를 하였을 경우, 재무상태표와 손익계산서에 미치는 영향으로 올바른 것은?

부분재무상태표		
20X1년 12월 31일		(단위: 원)
재고자산		
상품		25,000,000
재고자산평가손실충당금		(4,000,000)
		21,000,000

〈 결산수정관련 사항 〉
20X1년 말 현재 위 상품의 시가는 18,000,000원 임

	손익계산서	재무상태표
①	순이익 3,000,000원 감소	자산 감소, 이익잉여금 감소
②	순이익 3,000,000원 감소	부채 증가, 이익잉여금 감소
③	순이익 7,000,000원 감소	자산 감소, 이익잉여금 감소
④	순이익 7,000,000원 감소	부채 증가, 이익잉여금 감소

25 ㈜삼일의 20X1년 말 현재 재고자산과 관련된 수정전시산표가 다음과 같고 재고자산 실사 결과 기말 상품이 250,000원일 경우 당기 매출원가는 얼마인가?

합계잔액시산표

제12기 : 20X1년 12월 31일 현재

㈜삼일

차변금액		계정과목	대변금액	
잔액	합계		합계	잔액
50,000	50,000	상품		
500,000	500,000	매입		
		⋮		

① 250,000원   ② 300,000원
③ 450,000원   ④ 500,000원

26 다음 중 수익의 이연과 관련 있는 계정과목으로 가장 옳은 것은?

① 선수임대료   ② 선급금
③ 매입채무   ④ 선급보험료

27 다음 중 괄호 안에 들어갈 계정과목으로 가장 옳은 것은?

( )은 아직 현금으로 유입되지는 않았지만 당기에 귀속되는 금액을 당기의 수익으로 인식하는 개념의 계정과목이다. 즉, 아직 수익에 대한 대가를 지급받지는 않았지만 발생주의 개념에 의하여 수익이 발생된 회계기간에 ( )을 인식한다.

① 미수금   ② 미수수익
③ 영업외수익   ④ 선수수익

28 ㈜삼일은 ㈜용산에게 20X1년 7월 1일 건물을 임대하고, 1년치 임대료 2,400,000원을 선수하고 다음과 같이 회계처리하였다.

| (차) 현금 | 2,400,000원 | (대) 임대료수익 | 2,400,000원 |

20X1년 12월 31일 이와 관련된 결산 분개로 가장 옳은 것은?(임대료 수익은 월할계산한다고 가정한다)

① (차)임대료수익　1,200,000원　　(대)선수임대료　1,200,000원
② (차)임대료수익　1,200,000원　　(대)현금　　　　1,200,000원
③ (차)지급임차료　1,200,000원　　(대)임대료수익　1,200,000원
④ (차)현금　　　　1,200,000원　　(대)지급임차료　1,200,000원

29 12월 31일이 결산일인 ㈜삼일은 20X3년 결산시 결산재무제표에 다음과 같은 사항이 포함되어 있음을 발견하였다. 기업회계기준에 맞게 다음 발견사항을 수정한다면 ㈜삼일의 수정 후 당기순이익은 얼마인가?

> ㄱ. 20X3년 7월 1일에 1년치 보험료 600,000원을 지급한 후 전액 비용처리하였다.
> ㄴ. 20X3년 7월 1일에 1년치 임대수익 700,000원을 받은 후 전액 수익처리하였다.
> ㄷ. 20X3년 ㈜삼일의 수정 전 당기순이익은 1,000,000원이다.

① 750,000원
② 850,000원
③ 950,000원
④ 1,050,000원

30 다음은 ㈜삼일의 보험료와 관련된 미지급비용 계정에 관한 설명이다. 미지급비용의 기초잔액은 150,000원, 결산 수정분개 후 기말잔액은 230,000원이고, 당기에 지급한 금액은 80,000원일 때 ㈜삼일이 손익계산서상에 보험료로 계상한 금액은 얼마인가?

① 150,000원
② 160,000원
③ 230,000원
④ 310,000원

[문제 31~32] 다음의 자료를 이용하여 물음에 답하시오.

(1) ㈜용산의 기초와 기말의 재무상태표에서 추출한 자료이다.

	기초	기말
선급보험료	600	700
선수임대료	1,000	500

(2) 당기에 손익계산서에서 추출된 자료는 다음과 같다.
    비용 : 보험료   800
    수익 : 임대료   7,500

31 한 해 동안 현금으로 지급된 보험료는 얼마인가?

①   800원   ②   900원
③ 1,000원   ④ 1,100원

32 한 해 동안 현금으로 수취한 임대료는 얼마인가?

① 5,000원   ② 6,000원
③ 7,000원   ④ 8,000원

33 ㈜삼일은 20X1년 11월 1일 차입일로부터 매 6 개월이 되는 날 6%의 이자를 지급하는 조건으로 운영자금 3억원을 차입하였다. 20X1년 12월 31일 ㈜삼일은 11월과 12월에 해당하는 이자비용을 인식하고 동 금액을 미지급비용으로 계상하였는데 이러한 회계처리는 다음 중 어느 회계원칙에 해당하는 것인가?

① 수익 비용대응의 원칙   ② 발생주의
③ 현금주의   ④ 보수주의

34 ㈜삼일은 20X1년 1월 1일 취득금액 20,000,000원(내용연수 5년, 잔존가액 없음)인 기계장치를 취득하여 사용한 후 연말 결산시 감가상각비를 계산하는 과정에서 다음과 같은 실수를 하였다. 이로 인해 계산된 세전당기순이익은 50,000,000원이었으며, 감가상각을 제외한 다른 오류는 없다고 할 경우, 20X1년 손익계산서에 계상될 올바른 세전당기순이익은 얼마인가?

[오류내용]
ㄱ. 취득금액 20,000,000원을 25,000,000원으로 잘못 보고 계산하였다.
ㄴ. 전기에 보유하고 있던 동종의 기계장치에 정률법을 적용하다가 당기에 취득한 상기 기계장치에 대해서 정액법을 적용하였다.
※ 내용연수 5년 정률법 상각률: 0.451로 가정한다.
※ 회사의 회계정책은 기계장치에 대해 정률법을 적용함을 원칙으로 한다.

① 40,980,000원　　　　② 45,980,000원
③ 50,500,000원　　　　④ 50,900,000원

35 다음은 ㈜삼일의 20X1년 재무상태표 자료이다. ㈜삼일의 20X1년 12월 31일 유형자산 장부금액을 계산하면 얼마인가?

재무상태표		
20X1년 12월 31일		(단위: 원)
자산		
유형자산		
비품	15,000,000	
감가상각누계액	1,100,000	13,900,000
건물	55,000,000	
감가상각누계액	5,000,000	50,000,000
차량운반구	35,000,000	
감가상각누계액	0	35,000,000

① 6,100,000원　　　　② 85,000,000원
③ 98,900,000원　　　　④ 105,000,000원

[문제 36~37] 다음의 자료를 이용하여 물음에 답하시오.

(1) 수정전 시산표

합계잔액시산표

제3기 : 20X1년 12월 31일 현재

㈜삼일

차변금액		계정과목	대변금액	
잔액	합계		합계	잔액
	5,500,000	퇴직급여충당부채	37,500,000	32,000,000
		⋮		

(2) 임직원 인사정보

성명	직급	1개월 평균임금	근속연수
오지성	사장	4,500,000	8년
박영수	대리	1,650,000	3년
박미성	신입사원	1,050,000	8개월

36 ㈜삼일은 임직원이 퇴직할 경우 근로기준법에 따라 퇴직금을 지급하고 있다. 이 경우 당기 말 현재 퇴직금추계액은 얼마인가?

① 32,000,000원   ② 37,500,000원

③ 40,950,000원   ④ 41,650,000원

37 유통업을 영위하는 ㈜삼일의 결산시 손익계산서에 인식할 퇴직급여는 얼마인가?

① 5,500,000원   ② 8,950,000원

③ 9,650,000원   ④ 　　　　　0원

38 다음은 ㈜삼일의 퇴직급여에 대한 자료이다. 20X2년 ㈜삼일이 인식하여야 할 퇴직급여 총액은 얼마인가?

	20X1년	20X2년
ㄱ. 12월 31일 퇴직급여충당부채	450,000원	600,000원
ㄴ. 당기 중 퇴직자에게 지급된 퇴직급여	30,000원	50,000원

① 150,000원   ② 200,000원

③ 250,000원   ④ 300,000원

39 다음 괄호 안에 들어갈 외환차손익을 올바르게 짝지은 것은?

외화자산
- 발생당시환율 > 회수당시환율 → (ㄱ)
- 발생당시환율 < 회수당시환율 → (ㄴ)

외화부채
- 발생당시환율 > 상환당시환율 → (ㄷ)
- 발생당시환율 < 상환당시환율 → (ㄹ)

	ㄱ	ㄴ	ㄷ	ㄹ
①	외환차익	외환차손	외환차손	외환차익
②	외환차손	외환차익	외환차익	외환차손
③	외환차익	외환차손	외환차익	외환차손
④	외환차손	외환차익	외환차손	외환차익

40 ㈜삼일은 20X1년 7월 25일에 미국의 금융기관으로부터 $500,000를 차입해 왔으며 차입일로부터 2년 후에 상환하기로 하였다. 일자별 환율이 다음과 같을 경우 20X1년의 재무상태표와 손익계산서에 이 차입금과 관련하여 어떻게 기재될 것인지 가장 잘 나타낸 것은?

일자별 환율
20X1. 7. 25 : ₩1,115/$
20X1. 12. 31 : ₩1,190/$

	손익계산서	재무상태표
①	외화환산이익 5,000,000원	단기차입금 557,500,000원
②	외화환산이익 5,000,000원	장기차입금 557,500,000원
③	외화환산손실 37,500,000원	단기차입금 595,000,000원
④	외화환산손실 37,500,000원	장기차입금 595,000,000원

41 다음 중 외화자산·부채의 환산에 관한 설명으로 가장 올바르지 않은 것은?

① 일반기업회계기준에서는 결산시 화폐성 외화자산을 보고기간 말의 마감환율을 적용하여 환산하도록 규정하고 있다.
② 결산시 화폐성 외화부채의 경우 환율이 오를수록 이익이 발생한다.
③ 화폐성자산의 예로는 현금및현금성자산, 매출채권, 대여금 등이 있다.
④ 화폐성부채의 예로는 매입채무, 차입금, 사채 등이 있다.

42 다음 중 재무제표에서 그 금액이 일치하지 않는 것으로 짝지은 것은?

① 재무상태표의 '현금및현금성자산' – 현금흐름표의 '기말현금'
② 손익계산서의 '당기순이익' – 현금흐름표(간접법)의 '당기순이익'
③ 재무상태표의 '이익잉여금' – 이익잉여금처분계산서의 '차기이월미처분이익잉여금'
④ 자본변동표의 '당기순이익' – 손익계산서의 '당기순이익'

43 다음 중 손익계정 및 재무상태표 계정의 마감에 관한 설명으로 옳지 않은 것은?

① 집합손익계정의 차변에는 비용계정의 잔액을, 대변에는 수익계정의 잔액을 기록한다.
② 장부를 마감하게 되면 손익계정과 재무상태표계정 모두 잔액이 모두 0이 된다.
③ 집합손익계정의 대변과 차변의 차액은 당기순이익(순손실)이 되며 자본계정으로 대체한다.
④ 영구계정에 대하여 해당 계정의 반대편에 차기이월이라고 기재한다.

01 다음 중 재무제표에 관한 설명으로 가장 올바르지 않은 것은?

① 손익계산서를 통해 영업손익과 당기순손익을 알 수 있다.
② 자본변동표는 자본의 변화내역을 자본구성요소별로 보여주는 재무제표이다.
③ 재무상태표를 통해 기업이 영업활동에서 창출한 현금흐름이 얼마인지를 측정할 수 있다.
④ 주석은 재무제표의 일부를 구성한다.

02 다음 중 재무상태표를 통해서 파악할 수 있는 내용으로 가장 올바르지 않은 것은?

① 회사 주주의 몫이 총자산에서 어느 정도를 차지하는지를 파악할 수 있다.
② 회사가 다음연도 중에 현금화할 수 있는 대략적인 금액이 얼마인지를 파악할 수 있다.
③ 회사가 다음연도 중에 지급해야 할 대략적인 금액이 얼마인지를 파악할 수 있다.
④ 회사의 마진구조에 대해 개선의 여지가 있는지 여부를 파악할 수 있다

03 다음 중 재무제표의 종류와 이를 통해 알 수 있는 정보를 연결한 것으로 가장 올바르지 않은 것은?

① 재무상태표: 일정시점의 기업의 자본구조
② 손익계산서: 일정기간 기업이 창출한 현금이익
③ 자본변동표: 유상증자 및 배당액 등 자본의 변동내역
④ 현금흐름표: 일정기간 동안의 차입액 및 상환액

04 다음은 최근 한 신문기사 내용의 일부이다.

> **재무제표에 딸린 주석(註釋)이 '투자정보 창고'**
>
> IFRS 시대에선 주석의 위상이 달라진다. 재무제표 본문에 표시되지 않은 대부분의 정보가 주석에 담기기 때문이다. 한국거래소 관계자는 "IFRS를 적용한 재무제표의 수치들은 경영진의 판단과 추정에 영향을 받을 수밖에 없다"며 "주석은 한마디로 정보의 보고(寶庫)"라고 설명했다.(중략)

이 신문기사에 대해 회계전문가가 다음과 같은 논평을 하였다. 가장 타당하지 않은 부분은 무엇인가?

① 주석은 비교적 설명이 길거나 동일한 내용으로 둘 이상의 계정과목에 대하여 설명을 하게 되는 경우에 사용된다.
② 최근 기업회계는 주석공시를 강화하는 방향으로 발전해 가고 있다.
③ 주석은 해당 재무제표상 관련과목 옆에 주석번호를 표시한 후 별지에 주석번호 순서대로 필요한 설명을 한다.
④ 주석은 재무제표에 포함되지는 않지만 많은 정보를 제공하기 때문에 그 중요성이 강조되고 있다.

05 다음 중 손익계산서를 통해서 파악할 수 있는 내용으로 가장 올바르지 않은 것은?

① 유동자산과 유동부채의 비교를 통해 회사의 단기적인 지급능력을 파악해 볼 수 있다.
② 판매비와관리비를 전기와 비교해 봄으로써 증감내역을 통해 회사 판매비와관리비의 추이에 대해 분석해 볼 수 있다.
③ 매출에서 발생된 수익과 단계별 비용을 비교해 봄으로써 각 단계별 회사의 활동에 따른 이익을 비교해 볼 수 있다.
④ 매출증가율을 통해 회사의 영업활동이 전년도에 비해 얼마나 활발하게 이루어졌는지 알아볼 수 있다.

06 다음 중 기업이 공인회계사로부터 매년 회계감사를 받는 주된 이유로 가장 옳은 것은?

① 회사직원들의 내부공모에 의한 부정을 적발하기 위해
② 기업의 회계부서에서 연차 재무제표를 작성하는 방대한 작업을 지원받기 위해
③ 재무제표의 공정성과 신뢰성에 대해 독립된 전문가로서의 의견을 표명하도록 하기 위해
④ 주주 등의 외부이해관계자들에 대한 경영자의 재무보고책임을 회계전문가에게 위탁하기 위해

07 다음 중 금융감독원 전자공시시스템을 통해 입수할 수 있는 정보로 옳지 않은 것은?

① 회계감사를 받은 공시된 재무제표
② 기업내부 경영전략보고서
③ 사업보고서
④ 감사보고서

08 다음 중 감사의견 종류에 대한 설명으로 옳지 않은 것은?

① 회사의 재무제표가 기업회계기준에 따라 중요성의 관점에서 적정할 경우 – 적정의견
② 감사범위제한의 영향이 대단히 중요할 경우 – 의견거절
③ 재무제표의 일부가 기업회계기준을 위반한 경우 – 한정의견
④ 감사의견을 표명하기에 충분한 감사증거를 수집하기 곤란한 경우 – 부적정의견

09 감사보고서에서 회사의 외부감사인은 재무제표에 대한 의견을 표명하게 되는데 이를 감사의견 이라고 한다. 다음 감사의견의 종류는?

> 우리는 위의 근거문단에서 기술된 사항의 유의성으로 인하여 감사의견의 근거가 되는 충분하고 적합한 감사증거를 입수할 수 없었습니다. 따라서 우리는 회사의 재무제표에 대하여 의견을 표명하지 않습니다.

① 적정의견　　　　　　　　　　② 한정의견
③ 부적정의견　　　　　　　　　　④ 의견거절

10 다음 중 재무제표의 일부가 기업회계기준에서 정하는 방법대로 회계처리되지 않아 신뢰할 수 없는 경우 감사인이 표명하는 감사의견은?

① 적정의견　　　　　　　　　　② 한정의견
③ 부적정의견　　　　　　　　　　④ 의견거절

11 회사의 외부감사인은 재무제표에 대한 의견을 감사보고서에 표명하는데 이를 감사의견이라고 한다. 다음 감사의견의 종류는?

> 우리의 의견으로는, …의 근거에서 논의된 사항의 유의성으로 인하여, ××주식회사의 20X1년 12월 31일과 20X0년 12월 31일 현재의 재무상태, 동일로 종료되는 양 보고기간의 재무성과 및 현금 흐름을 일반기업회계기준에 따라 중요성의 관점에서 공정하게 표시하고 있지 않습니다.

① 적정의견　　　　　　　　　　② 한정의견
③ 의견거절　　　　　　　　　　④ 부적정의견

12 다음 감사보고서에 표명된 감사인의 의견은 무엇인가?

> 우리의 의견으로는 회사의 재무제표는 삼일주식회사의 20X2년 12월 31일과 20X1년 12월 31일
> 현재의 재무상태, 동일로 종료되는 양 보고기간의 재무성과 및 현금흐름을 대한민국의 일반기업회
> 계기준에 따라 중요성의 관점에서 공정하게 표시하고 있습니다.

① 적정의견   ② 한정의견
③ 의견거절   ④ 부적정의견

13 다음 중 외부감사와 감사의견에 관한 설명으로 가장 올바르지 않은 것은?

① 외부감사는 외부감사인이 회사가 제시한 재무제표가 일정한 회계기준에 따라 적정하게
　작성되었는지를 확인하는 절차이다.
② 외부감사인은 감사가 종료된 후 재무제표에 감사의견을 표명한다.
③ 적정의견은 회사의 경영성과와 재무상태가 양호하다는 것을 의미한다.
④ 감사의견이 적정의견이 아닐 경우, 상장기업의 경우에는 상장폐지 사유가 발생할 수 있다.

14 다음 중 재무비율의 종류와 분석내용에 관한 설명으로 가장 올바르지 않은 것은?

① 유동비율: 기업의 단기부채 지급능력의 분석
② 자기자본비율: 기업의 총자산에서 자기자본의 비중으로 기업의 안정성 평가
③ 부채비율: 타인자본인 부채와 자기자본의 관계를 나타내는 재무제표로 기업의 재무적
　위험 측정
④ 당좌비율: 기업자산의 효율적 운용여부를 평가

15 다음 중 부채비율이 높아지는 거래가 아닌 것은?

① 매출채권의 현금 회수
② 제품인도 전 물건대금을 일부 수령
③ 은행으로부터 자금을 차입
④ 원재료의 외상매입

16 아래는 ㈜삼일의 20X1년말의 재무상태표이다. 이와 관련하여 가장 올바르지 않은 의견을 제시한 사람은 누구인가?

재무상태표
제11기 20X1년 12월 31일 현재

㈜삼일 (단위: 원)

자산		부채	
유동자산		유동부채	300,000
당좌자산	50,000	비유동부채	500,000
재고자산	50,000	부채총계	800,000
비유동자산		자본	
투자자산	100,000	자본금	300,000
유형자산	500,000	자본잉여금	100,000
무형자산	10,000	이익잉여금	-460,000
기타비유동자산	30,000	자본총계	-60,000
자산총계	740,000	부채와자본총계	740,000

① 정철: "큰일입니다. 부채가 자산을 초과한 자본잠식상황에 빠졌네요."
② 동원: "그렇네요. 지속적으로 손실이 누적되어 발생한 결과입니다."
③ 대경: "100,000원의 유상증자를 하여 신주를 발행하여도 결손금이 커서 완전자본잠식을 해소할 수 없습니다."
④ 현석: "100,000원의 유상증자를 하여도 아직 유동비율이 100%가 안 되어 단기 유동성이 낮은 것도 문제입니다."

17 다음 신문기사의 괄호 안에 들어갈 용어 중 가장 옳은 것은?

> 올해 3분기 국내 상장사들의 단기채무지급능력이 지난해 말보다 소폭 개선된 것으로 나타났다. 특히 ㈜삼일의 (   )이 급증하며 상장사 중 가장 높게 나왔다. 10일 한국거래소와 한국상장회사협의회가 발표한 자료에 따르면 지난 3분기 말 기준 상장사들의 (   )은 지난해 말보다 1.25% 포인트 증가한 115.92%를 기록했다.
>
> 유동자산은 439조 1,045억 원으로 전년말대비 4.44% 증가했고, 유동부채는 378조 7,971억 원으로 3.31% 늘었다.
>
> (   )은 유동자산을 유동부채로 나눈 후 100을 곱해 산출하는 것으로 단기채무지급능력을 파악하는 데 사용되는 지표다. (   )이 높을수록 재무 유동성이 건전하다는 의미다.

① 당기순이익율　　　　　　　　　　② 총자산회전율
③ 부채비율　　　　　　　　　　　　④ 유동비율

[문제 18~19] ㈜삼일의 20X1년 12월 31일 현재 재무상태표와 관련된 자료는 다음과 같다.

유동자산		유동부채	
현금및현금성자산	100,000원	매입채무	200,000원
매출채권	250,000원	비유동채무	
재고자산	300,000원	장기차입금	150,000원
비유동자산		자본	
유형자산	150,000원	자본금	400,000원
		이익잉여금	50,000원

18 상기 자료를 이용하여 ㈜삼일의 유동비율을 계산하면?

① 106%　　　　　　　　　　　　② 175%
③ 197%　　　　　　　　　　　　④ 325%

19 상기 자료를 이용하여 ㈜삼일의 부채비율을 계산하면?(단, 소수점 첫째자리에서 반올림한다)

① 24%   ② 50%

③ 78%   ④ 80%

20 회사는 20X1년 12월 30일에 외상으로 매입한 원재료를 20X2년 1월 5일에 매입한 것으로 회계처리하여 20X1년 말 시점의 유동자산과 유동부채를 원재료 매입금액만큼 과소계상하였다. 20X1년 결산과정에서 이러한 오류를 발견한 경리과장은 상기 오류를 수정하기로 하였다. 상기 오류수정을 위한 수정분개가 회사의 20X1년 말 기준 유동비율과 부채비율에 미치는 영향으로 가장 옳은 것은? (단, 상기 거래 반영 전 및 후의 회사 유동자산은 유동부채보다 크다고 가정함)?

	유동비율	부채비율
①	증가	감소
②	증가	증가
③	감소	감소
④	감소	증가

21 ㈜삼일의 전략과 관련한 아래의 설명에서 (가)에 들어갈 용어로 옳은 것은?

> ㈜삼일은 경기침체로 인하여 기대 이하로 판매가 부진한 상태이다. 따라서 새로운 판매촉진 수단을 도입하여 창고에 쌓여있는 상품들을 빠른 시간 내에 판매함으로써 (가)를 높이려고 한다.

① 재고자산회전율   ② 매출채권회전율

③ 매출총이익률   ④ 자기자본비율

22 다음 자료를 이용하여 ㈜삼일의 재무비율을 산출하는 경우 올바르지 않은 것은?(기초 재고자산은 3,000,000원이다)

당좌자산	2,000,000원	유동부채	2,500,000원
재고자산	3,000,000원	비유동부채	2,500,000원
유형자산	4,000,000원	자본	4,000,000원
매출원가	12,000,000원		

① 당좌비율 − 80%
③ 부채비율 − 55.6%
② 유동비율 − 200%
④ 재고자산 회전율 − 4회

23 다음은 ㈜삼일의 재무실적발표를 앞두고 경영진에서 나눈 토론내용이다. 가장 옳지 않은 의견을 말한 사람은 누구인가?

> 닉쿤: 부채비율이 전기에 비해 증가하고 있는 것으로 보아 재무구조가 악화되는 것 같습니다.
> 택연: 유동비율이 전기에 비해 증가하였으나, 당좌비율은 전기에 비해 급감한 점을 감안하여 보면 회사의 지급능력이 개선되었다고 보기 어렵네요.
> 우영: 매출채권 회전율이 감소한 것으로 보아 대금회수가 안 좋아진 것 같습니다.
> 찬성: 재고자산의 평균회전율이 전기에 비해 증가한 것으로 보아 재고의 판매속도가 느려졌다고 볼 수 있죠.

① 닉쿤
③ 우영
② 택연
④ 찬성

24 다음 자료를 이용하여 ㈜삼일의 20X1년 매출채권회수기간을 구하면 얼마인가?

ㄱ. 20X1년 평균매출채권	10,000,000원
ㄴ. 매출액(20X1년)	60,000,000원
ㄷ. 매출원가(20X1년)	48,000,000원
ㄹ. 1년은 360일로 가정한다.	

① 30일   ② 48일
③ 60일   ④ 96일

25 다음 자료를 이용하여 ㈜삼일의 매출채권회전율을 계산하면 얼마인가?

ㄱ. 매출액	40,000,000원
ㄴ. 당기순이익	30,000,000원
ㄷ. 평균매출채권	10,000,000원
ㄹ. 평균재고자산	20,000,000원

① 1.5회   ② 2회
③ 3회   ④ 4회

26 다음은 ㈜용산의 재무정보이다. 다음 자료를 이용하여 ㈜용산의 재고자산기말잔액을 구하면 얼마인가?(재고자산회전율은 당기매출원가를 평균재고자산으로 나눈 금액이다)

당기매출원가	80,000,000원
재고자산기초잔액	4,000,000원
당기재고자산회전율	10회

① 9,000,000원 ② 10,000,000원
③ 11,000,000원 ④ 12,000,000원

27 ㈜삼일의 당기 재고자산 회전율은 3.2회이며, 매출채권 회전율 4.5회이다. 다음의 설명 중 옳지 않은 것은?(1년을 365일로 가정한다)

① 일반적으로 매출액을 평균매출채권으로 나누어 매출채권회전율을 계산한다.
② 일반적으로 매출원가를 평균 재고자산으로 나누어 재고자산회전율을 계산한다.
③ ㈜삼일의 차기 재고자산회전율이 4.5회로 증가하였다면, 차기 재고자산의 진부화 가능성이 높아진다.
④ ㈜삼일의 차기 매출채권회전율이 2.2회로 감소하였다면, 차기 대손충당금은 증가할 가능성이 높아진다.

28 다음 자료를 참고하여 재고자산회전율을 계산하면 얼마인가?

• 20X1년 평균 재고자산	130,000,000원
• 20X1년 매출원가	260,000,000원
• 1년은 360일로 가정함	

① 2회 ② 0.5회
③ 150회 ④ 180회

29 다음은 경제신문 기자 김한강씨가 작성한 기사의 초고이다. 김한강씨의 기사 초고를 검토하고 수정을 권할 만한 부분을 고른다면 다음의 항목 중 어느 것이 가장 적합하겠는가?

어떤 업종에서건 재고자산이 많은 기업을 부정적으로 보는 경향이 있다.

이는 반드시 옳다고는 할 수 없지만 어느 정도 일리 있는 말이다. 재고자산 재원을 조달하기 위해서는 과도한 은행 빚을 지거나 회사의 현금을 사용해야 하기 때문이다. 또 (ㄱ) 제품가격이 하락하면 재고자산은 큰 손실로 연결될 수 있다.

이론적으로만 따지면 재고자산도 자산의 일종이므로 수익을 창출할 수 있다. 하지만 경험적으로 보면 이 같은 수익은 재고자산 손실만큼 크지도 않으며 수익이 자주 발생하는 것도 아니다. (ㄴ) 지나치게 많은 재고자산은 제품이 팔리지 않았다는 의미이며, 보유기간 동안 손망일 뿐만 아니라 보관하는 데 창고관리비 등의 비용이 발생할 수 있다.

매출채권도 기업의 건전성을 나타내는 중요한 지표다. (ㄷ) 매출채권이란 일반적인 상품이나 제품 등의 판매에서 발생한 채권으로 현금이나 재화 또는 용역을 요구할 수 있는 권리를 말한다.

매출채권도 적정량을 구하는 공식이 있다. (ㄹ) '매출채권회전율'이라는 이 공식은 '영업이익 ÷ 평균매출채권'으로 산출한다. 매출채권의 회전율이 높다는 것은 그만큼 채권회수가 빠르다는 것을 뜻한다. 따라서 회전율이 높으면 매출채권의 현금화 속도가 빨라 긍정적인 기업이라 평가할 수 있다.

---

① ㄱ   ② ㄴ

③ ㄷ   ④ ㄹ

30 다음 중 전기에 비해 증가할수록 좋은 의미로 해석되기 어려운 재무비율로 가장 옳은 것은?

① 부채비율   ② 매출채권회전율

③ 당좌비율   ④ 영업이익증가율

31 다음 중 재무비율에 관한 설명으로 가장 올바르지 않은 것은?

① 매출액증가율: 경쟁기업보다 높은 매출액증가율은 영업활동의 호조로 시장점유율의 증가를 의미한다.

② 순이익증가율: 매출액증가율이 높을수록 순이익증가율이 높아진다.

③ 주당순이익: 주당순이익이 높을수록 경영실적이 양호하다고 판단할 수 있다.

④ 자기자본이익률: 주주입장에서 바라본 기업의 이익창출능력을 파악할 수 있다.

32 ㈜삼일의 20X1년 손익계산서와 관련된 자료는 다음과 같다. 다음 자료를 이용하여 재무비율을 산출하는 경우 가장 올바르지 않은 것은(소수점 첫째자리에서 반올림)?

매출액	6,000,000원
매출원가	3,600,000원
판매비와관리비	900,000원
영업외수익	500,000원
영업외비용	300,000원
법인세비용	100,000원
유통보통주식수 1,000주	

① 매출총이익률 – 40%

② 영업이익률 – 25%

③ 당기순이익률 – 27%

④ 주당순이익 – 1,620원

33 ㈜삼일의 20X1년 손익계산서와 관련된 자료는 다음과 같다. ㈜삼일의 20X1년 당기순이익률은 얼마인가?

· 매출액	3,000,000원
· 매출원가	1,700,000원
· 판매비와관리비	500,000원
· 영업외수익	110,000원
· 영업외비용	60,000원
· 법인세비용	100,000원

① 14%   ② 25%

③ 28%   ④ 43%

34 다음 자료에 의하여 당기의 매출액을 계산하면 얼마인가(단, 영업외수익은 없으며 매출총이익을 매출액으로 나눈 수치인 매출총이익률은 50% 이다)?

ㄱ. 판매비와관리비	600,000원
ㄴ. 영업외비용	400,000원
ㄷ. 법인세비용차감전순이익	1,000,000원

① 4,000,000원   ② 5,000,000원

③ 5,600,000원   ④ 6,000,000원

35 다음은 ㈜삼일의 20X1년 말 손익계산서이다. 당기 실적에 대한 실무진들의 분석이 다음과 같을 때 가장 올바르지 않은 의견을 제시한 사람은 누구인가?

손익계산서	
20X1년 1월 1일부터 20X1년 12월 31일까지	
㈜삼일	(단위: 원)
Ⅰ. 매출액	5,000
Ⅱ. 매출원가	(1,800)
Ⅲ. ㅇㅇ이익	3,200
Ⅳ. 판매비와관리비	(1,700)
Ⅴ. ㅇㅇ이익	1,500
Ⅵ. 영업외수익	500
Ⅶ. 영업외비용	(800)
Ⅷ. ㅇㅇ이익	1,200
Ⅸ. 법인세비용	(200)
Ⅹ. ㅇㅇ이익	1,000

① 철수: 회사가 이번에 주된 영업활동으로 발생시킨 수익은 5,000원이군요.

② 영희: 당기순이익률은 20% 입니다. 이는 매출액 대비 20%의 이익을 달성했다는 것을 의미합니다.

③ 진희: 매출총이익률은 64% 입니다. 즉, 회사의 매출원가는 매출액 대비 64% 라는 것을 의미합니다.

④ 영수: 영업이익률은 30% 입니다. 이는 회사가 영업활동으로 매출액 대비 30%를 이익으로 남겼다는 것을 의미하지요.

36 다음 중 주당순이익(EPS)에 관한 설명으로 가장 올바르지 않은 것은?

① 당기순이익을 그 기업이 발행한 유통보통주식수로 나누어 산출한다.
② 회사가 일정기간 동안 올린 수익에 대한 주식 1주당 귀속되는 주주의 몫을 나타내는 지표이다.
③ 주당순이익은 주가수익률(PER) 계산과는 관계가 없다.
④ 주당순이익이 높을수록 경영실적이 양호하다고 할 수 있다.

37 다음 자료를 이용하여 주당순이익을 구하면 얼마인가?(단, 당기 중 유통보통주식수의 변동은 없다고 가정한다)

・당기순이익	100,000,000원
・보통주자본금	50,000,000원
・보통주1주당 액면금액	5,000원
・보통주1주당 시가	10,000원

① 5,000원   ② 10,000원
③ 15,000원   ④ 20,000원

Chapter 1 | 회계의 첫걸음

01 ② 관리회계는 주로 경영진과 같은 회사 내부 정보이용자들에게 경영활동을 계획하거나 통제하는데 유용한 정보를 제공하는 것을 목적으로 한다.

02 ④ 잔액시산표는 회계기준서에서 규정하고 있는 재무제표에 포함되지 않는다.

03 ② 자산의 취득이나 처분과 관련된 현금흐름은 투자활동현금흐름에 나타난다.

04 ③ 주석은 재무제표의 본문에 표시되지 않는 사항으로서 재무제표를 이해하는 데 필요한 추가정보를 말하는 것이다.

05 ③ 자산과 부채는 유동성이 높은 것부터 먼저 표시한다.

06 ① 매출원가는 손익계산서의 계정이다.

07 ② 단기금융상품을 가장 먼저 표시하고 재고자산, 기계장치의 순서대로 배열한다.

08 ③ 자산=500,000원+100,000원+150,000원+200,000원=950,000원
부채=300,000원+80,000원=380,000원
순자산(자본)=950,000원-380,000원=570,000원

09 ② 기초자산(ㄱ)=기초부채+기초자본=200+600=800
기말자본(ㄷ)=기초자본+순이익=600+300=900
기말부채(ㄴ)=기말자산-기말자본=1,200-900=300
총비용(ㄹ)=총수익-순이익=700-300=400

10 ④ 기초이익잉여금과 기말이익잉여금의 차이가 당기순손익에 해당한다.
이익=210백만 원-160백만 원=50백만 원

11 ④ 선수금은 부채계정이다.

12 ③ (가) 항목은 부채를 의미하므로 단기차입금이 가장 올바른 계정과목이다. 매출채권, 선급금은 자산항목이며, 자기주식은 자본항목이다.

13 ④ (차) 현금 ××× (대) 매출채권 ×××××의 회계처리가 발생하므로 재무상태표의 자산 계정만 변동된다.

14 ③ 이익=수익−비용
수익=현금매출액+외상매출액=2,000,000원+1,000,000원=3,000,000원
비용=종업원급여+임차료+이자비용
　　=1,300,000원+300,000원+200,000원=1,800,000원
이익=3,000,000원−1,800,000원=1,200,000원

15 ③ 영희: 물건을 판매하고 인도하는 때 수익을 인식한다.
영수: 수익과 비용은 상계하지 않고 총액으로 인식한다.

16 ④ ① 재무상태표에만 영향을 미치는 거래이다.
② 회계상 거래에 해당하지 않는다.
③ 회계상 거래에 해당하지 않는다.

17 ① ㄷ. 자산에 관한 설명이다.
ㄹ. 수익에 관한 설명이다.

18 ② 현금의 유출입이 없어도 회계상의 거래에 해당할 경우 장부에 기록한다.

19 ④ 수익의 증가는 대변에, 비용의 증가는 차변에 기록한다.

20 ② 회계의 순환과정 중 가장 먼저 하여야 할 것은 분개이다.

21 ② ㄱ, ㅁ이 회계상 거래에 해당한다. 계약을 체결하거나 종업원 채용, 주문한 것은 재산변동이 없으므로 회계상 거래에 해당하지 않는다.

22 ④ 회계상 거래로 인식되기 위해서는 회사의 재산상태에 영향을 미쳐야 하고, 그 영향을 금액으로 측정할 수 있어야 한다.

23 ④ 미수수익은 증가 시 차변에 기록되는 자산계정이다.

24 ② 대변에 수익을 인식하고 그 대가는 다음 달에 받기로 하였으므로, 차변에 채권에 해당하는 자산 계정이 기록되었어야 하나, 부채 계정이 기록되었으므로 틀린 분개에 해당한다.

25 ④ ④의 분개는 '(차) 현금 ××× (대) 이자수익 ×××'이므로 자산과 수익의 증가를 가져온다.

26 ③

①	(차) 현금	1억 원	(대) 자본금	1억 원
②	(차) 매출채권	250만 원	(대) 매출	250만 원
③	(차) 접대비	1,000만 원	(대) 현금	1,000만 원
④	(차) 기계장치	5,000만 원	(대) 미지급금	5,000만 원

27 ④ 장부금액과 동일하게 처분이 이루어졌으므로 처분손익은 발생하지 않는다.

28 ④ 1월 25일 현금계정의 대변에 기입되었으므로 현금의 감소에 해당한다. 따라서 1월 25일 추정되는 거래는 단기차입금 차입이 아니라 상환이다.

29 ① 2,000원+1,000원+1,500원-300원=3,700원

30 ④ 매출 중 현금으로 회수되지 않은 부분은 차변에 매출채권 계정으로 기재한다.

31 ①

(차) 현금	1,100만원	(대) 임차료	1,000만원
		급여	100만원

자산의 감소와 비용의 발생이 나타나는 분개이다.

32 ① 거래가 발생하면 이를 분석하여 분개장이라고 하는 장부에 기입하고 총계정원장에 전기하는 과정을 반복한다.

33 ② 제1기 기초자본=900-300=600
제1기 기말자본=600+200=800
제1기 기말자본=800+300=1,100

34 ② (차) 현금 500,000원 (대) 자본금 500,000원 회계처리가 되므로 현금 계정의 차변, 자본금 계정의 대변에 기입이 된다.

35 ① 4월 1일에 계약기간에 해당하는 임대료 60,000원을 먼저 선수하고, 이 중 9개월에 해당하는 45,000원을 당기의 수익으로 인식한 회계처리이다. 따라서 1개월분 임대료는 5,000원이고 선수수익 기말 잔액은 15,000원으로 차기 이연되는 수익에 해당한다.

Chapter 2 | 계정과목 이해하기

01 ④ 원재료를 외상으로 구입하였으나 아직 지급하지 않은 구입대금은 매입채무로 부채로 계상한다.

02 ④ 120,000원+200,000원+130,000원=450,000원

03 ③ 현금및현금성자산=200,000원+500,000원+1,000,000원=1,700,000원
단기금융상품=1,500,000원

04 ② 취득 당시 만기일(또는 상환일)이 3개월 이내인 금융상품을 말한다.

05 ② 1월 22일 임직원 대여금을 회수하여 현금 3,000원이 차변에 증가하였다.

06 ③ (차) 상품   15,000,000원   (대) 당좌예금   10,000,000원
                                          단기차입금(당좌차월)   5,000,000원

07 ② 7월 9일 이전까지 당좌예금잔액=5,000,000원+4,000,000원-6,000,000원
=3,000,000원

당좌차월은 부채로서 단기차입금이라는 계정과목으로 분류한다.
(차) 미지급금   5,000,000   (대) 당좌예금   3,000,000
                                     단기차입금   2,000,000

08 ④ 통보받은 비용 금액(100,000원+150,000원+70,000원+20,000원=340,000원)
을 소액현금 계정으로 차변에 처리한다.

09 ③ 현금성자산에 해당하는 경우, 단기금융상품과 같은 단기투자자산 계정이 아닌 현금 및현금성자산 계정으로 분류되어야 한다.

10 ④ $\underbrace{30,000 \times 100주}_{구입가격}$ + $\underbrace{20,000+5,000}_{취득부대비용}$ =3,025,000원

11 ② 단기매매증권처분이익=500주×(1,500원-1,000원)=250,000원
단기매매증권평가손실=500주×(1,000원-700원)=150,000원
단기매매증권 관련 손익=처분이익 250,000원-평가손실 150,000원
=이익 100,000원

12	④	단기매매증권이나 만기보유증권으로 분류되는지 여부를 먼저 판단한 후 나머지를 매도가능증권으로 분류한다.

12 ④ 단기매매증권이나 만기보유증권으로 분류되는지 여부를 먼저 판단한 후 나머지를 매도가능증권으로 분류한다.

13 ③ 20×2년 12월 31일 매도가능증권 평가이익은 기초에 300,000원이 계상되어 있으므로 추가로 300,000원만 기록하면 된다.

14 ② 채무증권이며, 만기까지 보유할 적극적인 의도와 능력이 존재하지 않으면서, 단기간 내의 매매차익을 목적으로 취득한 것도 아니므로 매도가능증권으로 분류한다.

15 ① 만기까지 보유할 채무증권은 만기보유증권으로 분류하고, 단기매매가 빈번하지 않은 지분증권은 매도가능증권으로 분류한다.

16 ① 단기매매증권의 수수료는 수수료비용으로 인식하므로 처분손익은 2,000,000-1,200,000=800,000원이다.

17 ④ 단기매매증권평가손익은 기타포괄손익이 아닌, 손익계산서 영업외손익에 계상되어 당기손익으로 인식된다.

18 ③ 매도가능증권처분손실=1,000주×(5,000원-4,800원)=200,000원

19 ③ 취득시 단기매매증권=10,000주×7,000원=70,000,000원
처분시 단기매매증권처분이익=10,000주×8,000원-70,000,000원
=10,000,000원

20 ②
기초매출채권	21,000원
매출액	439,000원
-매출채권회수액	(300,000원)
기말매출채권	160,000원

21 ③ 미수수익, 미지급금 등은 매출 외에서 발생한 거래들에 적용되는 계정명칭이다.

22 ③ 대손충당금: 300,000원×5%=15,000원

23 ② 순매출채권: 300,000원-15,000원=285,000원

24 ③ 대손상각비=기말 대손충당금 잔액-결산 전 잔액=200,000원×5%-8,000원
=2,000원

25 ②
- 기말 대손충당금 잔액=매출채권 기말잔액×대손추정율
  =5,000,000원×1%+2,000,000원×3%=110,000원
- 추가 설정해야 할 대손충당금(대손상각비)
  =기말 대손충당금 잔액-기초 대손충당금 잔액
  =110,000원-60,000원=50,000원

  (차) 대손상각비　　50,000　　(대) 대손충당금　　　　　　50,000

26 ④

기초재고액	200,000원
+당기매입액	450,000원
−당기판매분	(300,000원)
기말재고액	350,000원

27 ②

매출액	520,000원
−매출원가	(300,000원)
매출총이익	220,000원

28 ③　선적지인도조건의 경우 상품을 선적하는 시점에 해당 재고자산의 소유권이 매입자에게 이전된다. 보기 ③은 도착지인도조건에 대한 설명이다.

29 ③
ㄱ. 150개×1,000원=150,000원
ㄴ. 100개× 800원= 80,000원
ㅁ. 150개× 900원=135,000원
ㄱ. + ㄴ. + ㅁ. = 365,000원

30 ④　판매된 상품의 취득원가는 매출원가를 의미한다.

31 ④

매입액	1,200원×500개=	600,000원
−매입환출	1,200원× 30개=	(36,000원)
−매입에누리	600원× 20개=	(12,000원)
매입할인액		(15,000원)
		537,000원

32 ③　개별법은 같은 종류의 상품이나 제품을 대량으로 생산, 판매시에 이 방법을 적용하는 것은 적절하지 않다.

33 ② 1월 5일 입고:
4,900,000원-100,000원+200,000원-500,000원=4,500,000원
1월 9일 출고: 2,500,000원-2,500,000원×10%
(시송판매 조건 중 매입의사 미확인)=2,250,000원
1월 18일 출고: 1,800,000원-150,000원(위탁판매 조건 중 수탁자 보유)
=1,650,000원
4,500,000원-2,250,000원-1,650,000원=600,000원

34 ④ ㈜삼일이 보고기간종료일 현재 보유한 재고자산의 시가가 차기 이후에 회복되더라도 재고자산평가손실충당금은 환입 가능하다.

35 ① 특수기계를 주문 생산하는 경우와 같이 제품별로 원가를 식별할 수 있을 때는 개별법을 사용하는 것이 적절하다.

36 ④ 기말재고자산=100개×140원+100개×180원=32,000원

37 ④ 총평균단가=(1,000원+1,800원+2,600원+1,200원)/(100개+150개+200개+100개)=12원
매출원가=350개×12원=4,200원
재고자산=200개×12원=2,400원

38 ③ 재고자산의 시가가 취득원가보다 하락하면 시가를 재무상태표 가액으로 한다. 이때 취득원가와 시가의 차이는 재고자산평가손실로 계상하여 재고자산의 차감계정으로 표시하고, 매출원가에 가산한다.

39 ③ 실지재고조사법은 정기적으로 실지재고조사를 통해 재고수량을 파악하는 방법이므로 시간과 비용이 절감되지는 않는다.

40 ③ (장부수량-실사수량)×취득단가=(250개-235개)×1,500원=22,500원

41 ③ (취득단가-순실현가능가치)×실사수량=(2,000원-1,900원)×145개=14,500원

42 ③ 재고자산의 시가(50,000원)가 장부금액(80,000원) 이하로 하락하여 발생한 평가손실(30,000원)은 '재고자산평가손실'로 인식하고 매출원가에 가산한다. 그리고 그 금액을 재고자산평가손실충당금으로 계상하며 재무상태표에 재고자산에서 차감해서 순액이 나타나도록 한다.

43 ③ 유동자산=현금 130,000원+상품 470,000원+선급금 75,000원
　　　　　+매출채권 180,000원=855,000원
비유동자산=영업권 350,000원+건설중인자산 720,000원=1,070,000원

44 ② 유형자산 취득 시 발생한 부수적인 취득부대비용은 유형자산 취득원가에 가산하여야 한다.

45 ① 건물의 증설비용, 엘리베이터 설치비용, 난방장치 설치비용은 자본적지출에 해당한다.

46 ② 20×2년 12월 31일 건물 장부가액=10,000,000원−(500,000원×2년)
　　　　　　　　　　　　　　　　　　=9,000,000원
유형자산처분손실=8,500,000원−9,000,000원=500,000원

47 ④ 토지와 건설중인 자산은 상각대상자산이 아니다.

48 ① 임대목적으로 보유중인 토지는 유형자산으로 분류하지 않고 투자자산으로 분류한다.

49 ③ 보유 중에 발생한 부속품 교체비는 취득원가에 포함되지 아니한다.

50 ② 감가상각이 완료되었다 하더라도 자산을 지속적으로 사용하고 있다면 폐기되거나 처분되지 않았을 수 있다.

51 ①

$$20×1년\ 감가상각비 = \frac{12,000,000원}{4년} × (\frac{3}{12}) = 750,000원$$

52 ③ 건물　　　　10,000,000 × 0.25 = 2,500,000원
기계장치　　　3,500,000 × 0.3 = 1,050,000원
─────────────────────────
유형자산감가상각비　　　　　3,550,000원

53 ③ (가)는 정액법, (나)는 정률법에 대한 설명이다.

54 ① 유형자산의 내용연수가 증가하는 경우 상각기간이 늘어나므로 감가상각비가 감소하게 되어 당기순이익이 증가한다. 반면에 다른 경우에는 회계추정의 변경에 따라 당기순이익이 감소한다.

55 ③ 무형자산의 상각시에는 대변계정으로 무형자산상각누계액 계정을 설정할 수도 있고, 무형자산 계정에서 직접 차감할 수도 있다.

56 ④ 영업권=합병 등의 대가로 지급한 금액－취득한 순자산의 공정가치
＝20,000,000원－(13,000,000－8,000,000)＝15,000,000원

57 ④ 내부적으로 창출된 영업권은 무형자산에 해당하지 아니한다.

58 ④ 일반기업회계기준에 따라 기타비유동자산 항목으로 분류되는 항목에는 임차보증금, 이연법인세자산, 장기매출채권 및 장기미수금 등이 있다.

59 ② 차용증서에 의하여 금전을 빌릴 때 발생하는 부채를 차입금이라 한다.

60 ② 유동부채=매입채무 40,000+당좌차월 8,000원+유동성장기부채 15,000원
＝63,000원

61 ① 상품을 인수·인도 전에 대금을 지급 또는 수령한 경우 채권자는 선급금, 채무자는 선수금으로 분류한다.

62 ③ 매출 계약금 3,000,000원은 선수금(유동부채)으로 구분하고 5개월 뒤에 상환하기로 한 차입금 300,000원은 단기차입금(유동부채)으로 구분한다.

63 ② 기업이 매출을 할 때 수요자가 내야 할 부가가치세를 대신 납부하기 위해 수령하였을 경우 차후 세무서에 내야 할 부가가치세 예수금이 발생한다. 이를 매출액과 분리하여 예수금이라는 유동부채 계정으로 분류한다.

64 ③ 매입채무 대금지급으로 유동자산(현금)이 감소하며 유동부채(매입채무)가 감소한다.

65 ① 원재료 등 재고자산 매입 후 지급하지 않은 금액은 매입채무 계정을 사용한다.

66 ② 지급기일이 1년 또는 정상적인 영업주기 이내인 부채는 유동부채로 분류한다.

67 ③ 700,000원+300,000원+500,000원=1,500,000원

68 ④ 확정기여형(Defined Contribution: DC) 퇴직연금과 관련하여 금융기관에 납입한 부담금은 퇴직급여(당기비용)으로 인식한다.

69 ① 사채의 발행가액에 경쟁기업의 사채발행가격은 직접적인 영향을 미치지 않는다.

70 ④ 사채를 할인발행하더라도 만기때는 사채 액면금액을 상환해야 한다.

71 ② 할인발행 시 사채는 액면금액으로 기록되며, 액면에 미달하는 발행금액과의 차이는 사채할인발행차금으로 차변에 계상된다.

72 ④

(차) 현금	×××	(대) 사채	×××
사채할인발행차금	×××		

73 ③ 할증발행 시에도 사채는 액면금액으로 기록되며, 발행금액이 액면을 초과한 차이는 사채할증발행차금으로 대변에 계상된다.

74 ① 사채상환손익=사채장부금액(15,000,000원−500,000원)
−사채상환금액(14,000,000원)=500,000원(이익)

75 ② 20×1년 12월 31일 회계처리는 발생주의에 따라 다음과 같다.
(차) 이자비용   1,500,000   (대) 미지급비용   1,500,000

76 ④ 유동성장기부채에 대한 설명이다.

77 ④ 퇴직급여는 근로기간에 대한 대가로 지급하는 것이므로 매 회계연도 말에 퇴직급여충당금을 설정하는 것이 수익비용대응의 원칙에 부합한다.

78 ② 기업은 결산일 현재 전 임직원이 퇴사할 경우 지급하여야 할 퇴직금예상액(퇴직금추계액)을 퇴직급여충당부채로 설정하여야 한다.

79 ③

퇴직급여충당부채

지급액	3,500,000	기초	16,000,000
기말	20,000,000	설정	?

당기설정액=3,500,000원+20,000,000원−16,000,000원=7,500,000원

80 ① 사채권자는 이익발생여부와 관계없이 확정이자를 지급받지만, 주주는 보통 이익이 발생하는 경우에 배당금을 지급받으며, 그 금액도 확정되어 있지 않다.

81 ① 방안 A는 주식의 발행금액이 액면금액보다 크므로 주식할증발행의 사례이고, 방안 B는 사채의 액면이자율이 시장이자율보다 낮으므로 사채할인발행의 사례이다.
이중 방안 A의 조달금액은 10,000원×50,000주=500,000,000원이며, 방안 B의 조달금액은 할인발행에 해당하므로 액면금액 500,000,000원에 미달하여 발행된다. 따라서 조달금액은 방안 A가 더 크다.

82 ④ 주식발행초과금은 주식의 발행가액이 액면금액을 초과하는 부분이다.

83 ① 감자차손, 자기주식, 주식할인발행차금은 자본조정에 해당하지만 주식발행초과금은 자본잉여금에 해당한다.

84 ③ 자기주식은 자본조정 계정에 해당한다.

85 ③ 자본금=50주×10,000원(액면금액)=500,000원
주식발행초과금=50주×(11,000원-10,000원)-30,000원(신주발행비)
=20,000원

86 ② 액면가액을 초과하여 주주가 납입한 금액은 주식발행초과금으로 하여 자본잉여금으로 분류한다.

87 ④ 주식 발행 시 발행가액이 액면금액보다 낮을 경우 그 차이금액은 주식할인발행차금(자본조정)으로 처리한다.

88 ④ (A) 자본금으로 발행주식의 액면가액이다.
(B) 주식발행초과금으로 주식발행시 액면금액을 초과한 금액이다.

89 ② 자본잉여금에 대한 설명이다.

90 ④ 자본조정에 대한 설명이며, 자본조정에는 주식할인발행차금, 감자차손 등이 있다.

91 ④ ㄱ. (차) 현금　　　　2,000,000원　(대) 자본금　　　　　　500,000원
　　　　　　　　　　　　　　　　　　주식발행초과금　1,500,000원
ㄴ. (차) 이익잉여금　3,000,000원　(대) 사업확장적립금　3,000,000원

92 ① 확정적으로 벌어들인 손익을 당기순손익이라 하고, 당기순손익 중 회사에 남아 있는 부분을 이익잉여금이라 하며, 포괄적인 잠재손익을 기타포괄손익누계액이라 한다. 여기에 속하는 계정으로는 대표적으로 매도가능증권평가손익이 있다.

93 ③ 배당금을 지급하기로 결정하였으므로 미지급배당금으로 처리하며 배당금에 대한 이익준비금도 계상한다.

94 ② ① 자본거래가 아닌 손익거래에서 발생한 것이다.
③ 매 결산기 현금배당액의 1/10 이상을 이익준비금으로 적립하여야 한다.
④ 미지급배당금은 유동부채로 기록한다.

95 ① 이익잉여금처분계산서는 당기순이익과 배당금에 대한 정보를 알 수 있으나 현금흐름에 대한 정보는 현금흐름표에서 확인 가능하다. 그리고 이익잉여금처분계산서는 결산 주주총회회에서 확정된다.

96 ③ 수익으로 인해 인식하는 계약금 등을 포함하여 대가를 판매전에 수령하더라도 재화 등을 이전한 판매시점에 수익으로 인식한다. 그리고 현금이외의 자산으로 대가를 수령한 경우 지급받은 자산의 공정가치를 수익으로 인식한다.

97 ③ 수익은 통상적인 경영활동에서 발생하는 경제적 효익의 총유입을 말하며, 자산의 증가 또는 부채의 감소로 나타난다.

98 ④ 자산수증이익은 기업의 주된 영업활동의 결과가 아닌 영업외수익으로 처리하여야 하는 항목이다.

99 ② ① 일반적인 재화의 판매의 경우 실현주의에 따라 수익을 인식하기 위해서는 인도(판매)시점에 인식하여야 한다.
③ 거래처의 신용도와 무관하게 현금 또는 현금청구권을 합리적으로 측정할 수 있어야 수익을 인식할 수 있다.
④ 두 조건 모두 만족하여야 수익을 인식할 수 있다.

100 ④ 외상으로 판매하더라도 받을어음처럼 대가를 수령하기로 한 금액을 매출로 인식하고 만약 현금 외의 자산을 받기로 했다면 수령한 자산의 공정가치를 매출로 인식한다. 이때 매출에누리, 매출할인 등은 매출에서 차감한다.

101 ② 매출액=200개×120,000원-15개×120,000원-5개×50,000원
=21,950,000원

102 ② 상품의 판매는 실현주의에 따라 원칙적으로 인도기준으로 수익을 인식한다. 따라서 상품을 인도한 20×1년 12월 12일에 수익을 인식해야 한다.

103 ② 20×1년: 1,200,000원× 2개월/24개월=100,000원
20×2년: 1,200,000원×12개월/24개월=600,000원
20×3년: 1,200,000원×10개월/24개월=500,000원

104 ① 체험기간이 지나지 않은 시용품 판매액, 반품이 예상되는 금액, 위탁매매업자가 아직 판매하지 못한 금액은 매출액에 포함시키지 아니한다.

105 ④ 건설공사는 진행기준으로 수익을 인식하므로
공사수익=총계약금액(90,000,000×진행률(1/3))=30,000,000원이 된다.

106 ③ 공사진행률=실제발생원가/공사총예정원가=40,000,000/80,000,000=50%
공사수익=도급금액×진행률=100,000,000×50%=50,000,000

107 ③ 총도급금액 20X1년 중 인식한 공사수익은 25%에
해당(52,500,000원/210,000,000원)한다.
당기 실제 발생한 원가=총예정원가 180,000,000원×25%=45,000,000원

108 ④ 수익은 실현주의, 비용은 수익·비용대응의 원칙에 따라 인식한다.

109 ② 매출원가=기초상품+당기매입-기말상품
=300,000+2,700,000-450,000=2,550,000원

110 ④ 기초재고+순매입액-기말상품재고액(평가전)+재고자산평가손실
=1,000,000+(5,500,000-300,000-200,000)-1,100,000+300,000
=5,200,000

111 ③

판매직사원 급여	3,000,000원
판매직사원 퇴직급여	1,000,000원
접대비	450,000원
본사건물 감가상각비	370,000원
판매비와관리비	4,820,000원

→ 배당금은 비용이 아닌 이익의 처분사항이다.
건물취득과 관련된 취득세는 건물의 취득원가에 포함된다.
기부금은 영업외비용이다.

112 ③ 이자비용은 영업외비용으로 분류한다.

113 ④ 상대방에게 무상으로 제품을 제공한 경우 업무와 관련이 있다면 접대비로, 관련이 없다면 기부금으로 구분한다.

114 ③ 광고선전비에 대한 설명이다.

115 ① 매출액－매출원가＝매출총손익
매출총손익－판매관리비＝영업손익
영업손익＋영업외수익－영업외비용＝법인세비용차감전순손익
법인세비용차감전순손익－법인세비용＝당기순손익

116 ② 매출총이익＝순매출액－매출원가
＝300,000원－(100,000원＋200,000원－120,000원)＝120,000원

117 ③ 매출액＝영업이익＋매출원가＋판매비와관리비
＝500,000원＋2,000,000원＋300,000원＝2,800,000원

118 ② 급여, 복리후생비가 판매비와관리비에 해당되어 영업이익에 영향을 미친다.

119 ④ $판매비와관리비 = \dfrac{급여}{1,000,000원} + \dfrac{퇴직급여}{800,000원} + \dfrac{감가상각비}{280,000원} + \dfrac{접대비}{120,000원} = 2,200,000원$
영업이익＝매출총이익－판매비와관리비
＝5,500,000원－2,200,000원＝3,300,000원
→ 배당금의 지급은 비용이 아닌 이익의 처분사항이다.
  이자비용은 영업외비용이다.

120 ② 영업이익 금액 산정 시 판매비와관리비 항목(임직원에 대한 급여, 무형자산상각비)을 고려하여야 한다.

121 ③ 감가상각비는 판매비와관리비에 해당하므로 영업이익 계산 전에 차감된다. 이자비용, 단기매매증권평가이익, 유형자산처분이익은 영업외손익에 해당한다.

122 ④ 유형자산처분손실은 영업외비용이며, 나머지는 판매비와관리비에 해당한다.

123 ② 기부금5,000원＋잡손실16,000원＋이자비용3,000원＝24,000원

124 ① ② 유형자산 처분가액이 순장부가액을 초과하므로 유형자산처분이익이 발생한다.
③ 재고자산평가손실은 매출원가에 가산된다.
④ 단기매매증권평가이익이 발생한다.

125 ② 실현주의에 따라 대금회수일이 아닌 납품일인 20×1년 12월 29일에 매출로 인식하여야 한다.

126 ④ 매 결산일마다 향후 부담할 법인세액을 미지급법인세로 계상하여야 한다.

127 ② 기중에 납부한 선급법인세와 결산 후 납부할 미지급법인세를 고려하여 당기 법인세비용을 인식한다.

128 ④ 손익계산서상 당기순이익은 발생주의에 따라 계산된 이익으로 일반적으로 현금흐름과 일치하지 않는다.

129 ② 자본거래(유상증자)는 자본에 직접 반영하며, 당기손익에 영향을 주지 않는다.

Chapter 3 | 결산마무리

01 ③ 결산절차는 예비절차와 결산보고서 작성의 2단계로 이루어진다.

02 ③ 결산절차: 수정전시산표 작성-결산수정분개-수정후시산표 작성-장부마감-재무제표 작성

03 ① 회계의 순환과정: 거래 → 전표 → 총계정원장 → 장부의 마감 → 재무제표
거래 발생내역을 분개장에 분개하고, 총계정원장에 전기한다.

04 ② 수정전시산표에 대한 설명이다.

05 ③ 예비절차: 수정전시산표의 작성, 결산정리사항의 요약, 결산수정분개, 결산수정분개의 전기
결산보고서 작성: 계정의 마감, 재무제표 작성, 부속명세서 작성

06 ② ㄱ, ㄴ, ㄹ은 차·대변의 동시누락이므로 오류를 발견하기 어렵다.

07 ② 시산표에 포함된 오류를 검토하기 위해서는 시산표에서 출발하여 회계순환과정의 역순으로 검토하는 것이 효율적이다.

08 ④
- 합계시산표: 총계정원장 각 계정의 차변합계액을 차변에 기재하고, 각 계정의 대변합계액을 대변에 기재하는 시산표
- 잔액시산표: 각 계정별 잔액만을 집계하여 나타내는 시산표
- 합계잔액시산표: 합계와 잔액을 함께 나타내는 시산표

09 ③
금액의 차이가 발생하므로 시산표를 통해 검증 가능하다.

10 ①
대변 합계 (800,000+1,000,000+800,000+200,000+2,500,000
+이자수익)=차변 합계 (5,400,000)
이자수익=100,000원

11 ②
차입금(300,000원)과 임대료(60,000원)는 차변에서 대변으로 잔액을 옮겨 기재하여야 하며, 소모품(150,000원)과 이자비용(20,000원)은 대변에서 차변으로 잔액을 옮겨 기재하여야 한다. 수정 후 차변 및 대변의 합계 금액은 1,110,000원으로 일치한다.

12 ③
단기차입금은 부채로서 대변항목이므로 대변합계액은 기초잔액(500,000원)+기중증가액(추가차입액 200,000원)=700,000원이 기재되며, 차변합계액은 기중감소액(상환액) 300,000원이 기재되며 잔액은 대변에 400,000원(=700,000원-300,000원)이 기재된다.

13 ③
매도가능증권의 평가손익은 당기손익이 아닌 기타포괄손익으로 반영한다.

14 ①
20×1년 10월에 1년분 보험료를 미리 지급하고 전액 비용처리한 경우 12월 말에 기간 미경과분(9개월)에 해당하는 보험료에대하여는 선급보험료로 결산수정분개를 수행해야 한다.

15 ④
손익계산서 계정을 마감할 때 사용하는 집합손익계정은 임시계정이다.

16 ④
전도금, 가수금, 현금과부족 등은 결산이 완료되지 않은 미결산 항목으로서 임시계정에 해당한다.

17 ④
결산 전 대손충당금 잔액이 6,000,000원 있다면 보충적인 방법으로 24,000,000원만 추가로 대손상각비로 처리하면 된다.

18 ②
대손충당금 기말 잔액 25,000원에 비하여 결산 전 잔액이 30,000원으로 5,000원 초과된 상태이므로, 결산조정을 통해서 5,000원 만큼 대손충당금을 감소시키고 대변에는 대손충당금환입 계정을 사용한다.

19 ②

1) 추정한 대손충당금 : 500,000원×3%=15,000원
2) 당기 대손상각비=추정한 대손충당금-장부상 대손충당금 잔액
      =15,000원-10,000원=5,000원
3) 결산수정분개
   (차) 대손상각비   5,000원   (대) 대손충당금   5,000원
4) 재무제표에 대한 영향
   손익계산서에서는 대손상각비로 인하여 당기순이익이 감소하며, 재무상태표에서는
   대손충당금은 매출채권에서 차감하는 형식으로 기재하므로 대손충당금이 5,000원
   증가하여 매출채권의 순장부금액을 그만큼 감소시키며, 대변에서는 당기순이익 감
   소로 인하여 이익잉여금이 5,000원 감소하게 된다.

20 ①

20×1년 12월 20일 매출로 인식한 부분을 취소하는 결산수정분개를 수행해야 한다.
결산 수정분개
(차) 매출   10,000원   (대) 매출채권   10,000원

21 ③

매출채권(자산)

기초잔액	125,000	현금회수액	1,500,000
매출액	1,525,000	기말잔액	150,000
계	1,650,000	계	1,650,000

22 ①

재고자산의 매입은 기중에 이루어지는 절차이다.

23 ③

도착지인도기준으로 체결한 매입계약에 따라 결산시 운송중인 상품은 도착 후 구매
자의 재고자산에 포함된다.

24 ①

결산수정분개 (차) 재고자산평가손실   3,000,000원
              (대) 재고자산평가손실충당금   3,000,000원
당기순이익 3,000,000원 감소하고 이에 따라 이익잉여금도 3,000,000원 감소한
다. 재무상태표에 재고자산이 18,000,000원으로 표시되므로 자산도 감소한다.

25 ②

1) 매출원가=기초 재고자산+당기 매입액-기말 재고자산
   =50,000원+500,000원-250,000원=300,000원
   → 실지재고조사법을 적용할 경우 시산표상의 재고자산 잔액은 기초가액임을
     다시한번 상기하자.

26 ①

선수임대료는 기간 미경과분에 대한 임대료를 미리 지급받은 것으로 수익의 이연과
관련 있는 계정과목이다.

27 ② 미수수익에 대한 설명이다.

28 ① 올바른 회계처리:
(차) 현금 2,400,000원 (대) 임대료수익 1,200,000원
선수임대료 1,200,000원
결산수정분개:
(차) 임대료수익 1,200,000원 (대) 선수임대료 1,200,000원

29 ③ 선급보험료=600,000×6/12=300,000원
선수임대료=700,000×6/12=350,000원
따라서 수정 전 당기순이익 1,000,000원에서 선급보험료를 가산하고, 선수임대료를 차감하면 수정 후 당기순이익은 950,000원이 된다.

30 ② 손익계산서 보험료=230,000원+80,000원-150,000원=160,000원

31 ②

선급보험료(자산)

기초잔액	600	보험료(비용)	800
현금지급액	900	기말잔액	700
계	1,500	계	1,500

32 ③

선수임대료(부채)

임대료(수익)	7,500	기초잔액	1,000
기말잔액	500	현금수취액	7,000
계	8,000	계	8,000

33 ② 기간경과한 부분에 해당하는 이자비용을 인식하고 기간미경과분을 인식하지 않은 것은 발생주의 원칙에 따른 것이다.

34 ② 회사계상 감가상각비=25,000,000원/5년=5,000,000원
올바른 감가상각비=20,000,000원×0.451=9,020,000원
올바른 세전당기순이익=50,000,000원-4,020,000원=45,980,000원

35 ③ 유형자산 장부금액=취득금액-감가상각누계액
=15,000,000원-1,100,000원+55,000,000원-5,000,000원+35,000,000원
=98,900,000원

36 ③

1) 퇴직급여충당부채 설정대상자
신입사원인 박미성은 1년 미만 근속자이므로 퇴직급여충당부채 설정대상이 아니다.
2) 퇴직금추계액＝1개월 평균임금×계속근로연수
오지성 : 4,500,000원×8＝ 36,000,000원
박영수 : 1,650,000원×3＝ 4,950,000원
　계　　　　　　　　　　40,950,000원

37 ②

1) 당기 퇴직급여＝퇴직금추계액－장부상 퇴직급여충당부채 잔액
＝40,950,000원－32,000,000원＝8,950,000원
2) 결산수정분개
(차) 퇴직급여　　　　8,950,000　　(대) 퇴직급여충당부채　　　8,950,000

38 ②

퇴직급여＝기말 퇴직급여충당부채－(기초 퇴직급여충당부채－당기 지급액)
＝600,000원－(450,000원－50,000원)＝200,000원

39 ②

외화자산의 경우 '발생당시환율 〈 회수당시환율', 외화부채의 경우 '발생당시환율 〉
상환당시환율'일 때, 외환차익을 인식한다. 반대의 경우에는 외환차손을 인식한다.

40 ④

외화환산손실액＝$500,000×(1,190－1,115)＝37,500,000원
환산 후 차입금＝$500,000×₩1,190/$＝595,000,000원
차입일 이후 환율이 상승하여 그만큼 회사가 상환해야 할 부담이 늘어났으므로 손실
이 발생하였다. 상환일이 1년 이후부터 도래하므로 장기차입금으로 계정분류하는
것이 타당하다.

41 ②

화폐성 외화부채의 경우 환율이 오를수록 손실이 발생한다.

42 ③

이익잉여금처분계산서의 차기이월미처분이익잉여금은 재무상태표상의 이익잉여금
중 일부항목에 불과하므로 두 금액은 일치하지 않는다.

43 ②

장부 마감 후 손익계정은 0이 되나, 재무상태표 계정은 누적되어 차기로 이월된다.

Chapter 4	재무제표 쉽게 읽는 법

01 ③ 현금흐름표를 통해 기업이 영업활동에서 창출한 현금흐름이 얼마인지를 측정할 수 있다.

02 ④ 회사의 마진구조 개선의 여지는 손익계산서를 통해 파악할 수 있다.

03 ② 손익계산서는 일정기간 창출한 이익에 대한 정보를 제공한다. 현금흐름에 대한 정보는 현금흐름표에서 확인할 수 있다.

04 ④ 주석은 재무제표의 일부를 구성한다.

05 ① 유동자산과 유동부채는 재무상태표를 통해 파악할 수 있다.

06 ③ 외부회계감사를 통해 회사가 작성한 재무제표의 공정성과 신뢰성에 대해 독립된 전문가의 의견을 받을 수 있다.

07 ② 기업내부의 경영전략보고서는 금융감독원 전자공시시스템에 공시하지 않는다.

08 ④ ④의 경우 의견거절이 표명된다.

09 ④ 의견거절과 관련된 감사보고서 기술사항이다.

10 ② 재무제표에 일부 왜곡표시가 존재하여 신뢰할 수 없는 때 감사의견은 한정의견이다.

11 ④ '공정하게 표시하고 있지 않다'라는 표현이 감사의견으로 제시되면 부정적의견이다.

12 ① 적정의견이 표명된 감사보고서 의견문단이다.

13 ③ 적정의견은 회사의 경영성과와 재무상태가 양호하다는 것을 의미하는 것은 아니다.

14 ④ 자산의 효율적 사용은 유형자산회전율 등으로 평가를 한다. 당좌비율은 안정성을 평가하는 지표이다.

15 ① 매출채권을 현금으로 회수하게 되면 자산의 구성내역만 변하게 되므로 부채비율에는 아무런 영향이 없다.

16 ③ 현재 자본총액은 (−)60,000원이므로 100,000원의 유상증자로 자본금을 증가시키면 완전자본잠식을 해소할 수 있다.

17 ④ 유동자산을 유동부채로 나눈 것을 유동비율이라고 한다.

18 ④ 유동비율＝유동자산/유동부채＝650,000원/200,000원＝325%

19 ③ 부채비율＝부채/자본＝350,000원/450,000원＝78%

20 ④ 오류수정을 통해 재고자산(유동자산)과 매입채무(유동부채)가 증가한다. 유동부채가 증가하므로 부채비율이 증가하며, 또한 유동자산이 유동부채보다 크므로 유동자산 및 동일 금액의 유동부채가 증가하면 유동비율은 감소한다.

21 ① 재고자산의 빠른 처분을 통해 재고자산의 금액이 감소하게 되면 재고자산회전율이 증가하게 된다.

22 ③

$$부채비율＝\frac{\overset{\text{유동부채}}{\downarrow}2,500,000+\overset{\text{비유동부채}}{\downarrow}2,500,000}{\underset{\text{자본}}{4,000,000}}\times100＝125\%$$

23 ④ 재고자산의 평균회전율이 증가할수록 재고의 판매속도는 빨라진다고 볼 수 있다.

24 ③ 매출채권회수기간＝365일/매출채권회전율*＝365일/6회＝60일
   * 매출채권회전율＝60,000,000원/10,000,000원＝6회

25 ④ 매출채권회전율 ＝ 40,000,000원/10,000,000원 ＝ 4회

26 ④ 재고자산회전율＝80,000,000원/평균재고자산가액＝10회
평균재고자산가액＝8,000,000원＝(4,000,000원＋재고자산기말잔액)/2
재고자산기말잔액＝12,000,000원

27 ③ 재고자산회전율이 증가하였다는 것은 진부화가 아니라 재고의 판매가 원활히 이루어지고 있다고 볼 수 있다.

28 ① 재고자산회전율＝260,000,000원/130,000,000원＝2회

29	④	매출채권회전율은 매출액을 평균매출채권으로 나누어서 구한다.

30	①	부채비율이 증가할수록 장기적 안정성이 낮다는 의미이다.

31	②	매출액증가율이 높더라도 매출원가, 판매비와관리비, 영업외비용이 크게 증가한다면 순이익증가율은 낮아질 수 있다.

32 ④ 당기순이익=6,000,000원-3,600,000원-900,000원+500,000원
-300,000원-100,000원=1,600,000원
주당순이익=1,600,000원/1,000주=1,600원

33 ② 당기순이익=3,000,000원-1,700,000원-500,000원+110,000원
-60,000원-100,000원=750,000원
당기순이익률=750,000원/3,000,000원=25%

34 ① 매출액을 x라 하면 매출총이익률이 50%이므로 매출총이익은 $0.5x$가 된다.
매출총이익 $0.5x$-판매비와관리비 600,000원-영업외비용 400,000
= 법인세비용차감전순이익 1,000,000원
x=4,000,000원

35 ③ 매출총이익률이 64%라는 것은 매출액 대비 매출총이익이 64%라는 의미이며, 매출원가율은 36%이다.

36 ③ 주당순이익은 주가수익률(PER) 계산의 기초자료가 된다.

37 ② 유통보통주식수=50,000,000원/5,000원=10,000주
주당순이익=100,000,000원/10,000주=10,000원

모의고사

국가공인 회계관리 2급 문제지

회계원리 40 문항

제한시간	수험번호	성명	생년월일
한 과목 50 분			

응시자 주의사항

1. **시 험   시 간** : 11:00 ~ 11:50(50 분) 한 과목 시행합니다.
2. **지 정   좌 석** : 수험번호별 지정좌석에 착석하여 주십시오.
3. **인적사항 기재** : 시험 문제지 상단에 수험번호, 성명, 생년월일을 기재하여 주십시오.
4. **답 안 지 작 성** : 답안카드 뒷면의 '답안카드 작성요령 및 주의사항'을 꼭 읽고 답안을
   작성하여 주십시오.
5. **시 험   실 시** : 방송타종 또는 감독관의 지시에 따라 시작하십시오.
6. **부 정   행 위** : 부정행위를 하였을 때 당 회 시험은 무효 처리하며 향후 2 년간 응시자격을
   제한합니다.

※ 문제지와 답안지는 외부유출이 불가능하므로 반드시 감독관에게 제출하십시오.

무단전재 및 배포를 금합니다.

삼일회계법인

본 시험에서 "한국채택국제회계기준(K-IFRS)을 적용한다" 는 별도 언급이 없는 한 문제에 적용되는 회계기준과 계정과목은 일반기업회계기준을 따릅니다.

【 1 】 다음 중 회계에 관한 설명으로 옳지 않은 것은?

① 회계란 회사의 경영활동에 관심을 갖는 다양한 이해관계자가 합리적인 의사결정을 할 수 있도록 경영활동을 기록하고 추적하여 회사에 관한 유용한 재무적 정보를 측정하여 전달하는 과정이라고 정의할 수 있다.

② 관리회계는 주로 회사 외부의 이해관계자들에게 재무정보를 제공하는 것을 목적으로 하고, 재무회계는 주로 경영진과 같은 내부 정보이용자들에게 경영활동을 계획하거나 통제하는데 유용한 정보를 제공하는 것을 목적으로 한다.

③ 회계의 목적은 외부공표, 과세정보 제공, 내부관리 등이 될 수 있다.

④ 회사에 대해 관심이 있는 이해관계자들에게 회사의 재산변화 등에 관한 다양한 재무정보를 생성하고 전달하는 것을 회계라고 할 수도 있다.

【 2 】 다음 중 재무상태표의 작성기준으로 가장 올바르지 않은 것은?

① 자산 · 자본 · 부채는 순액으로 표기하지 않고 총액으로 기재한다.

② 자산과 부채는 결산일 현재 1년 또는 영업주기를 기준으로 구분 및 표시한다.

③ 자산과 부채는 유동성이 낮은 것부터 먼저 표시한다.

④ 자본거래에서 발생한 잉여금은 자본잉여금으로 기재하고, 손익거래에서 발생한 잉여금은 이익잉여금으로 구분 및 표시한다.

【 3 】 복식부기란 회사의 재산에 영향을 미치는 거래를 파악하여 재산이 변화한 원인과 그로 인한 결과를 동시에 기록하는 방법이다. 이때 자산, 부채, 자본의 증감이나 수익, 비용의 발생을 일정한 원리에 따라 차변과 대변으로 분리하여 이중으로 기록하는데 이를 복식부기의 원리라고 한다. 다음 중 복식부기의 원리로 가장 올바르지 않은 것은?

① 자산의 증가는 차변에, 감소는 대변에 기록한다.
② 부채의 감소는 차변에, 증가는 대변에 기록한다.
③ 자본의 감소는 차변에, 증가는 대변에 기록한다.
④ 수익의 증가는 차변에, 비용의 증가는 대변에 기록한다.

【 4 】 다음 중 손익계산서 계정과목에 영향을 주는 거래로 가장 옳은 것은?

① 현금 1,000,000원을 연 이자율 3 % 의 은행 정기예금에 가입하다.
② 거래처로부터 300,000원의 원재료를 공급받기로 계약하다.
③ 관리직 직원 임금 2,000,000원을 현금으로 지급하기로 계약하다.
④ 사무실 임차를 위해 당월 임차료 20,000,000원을 어음으로 지급하다.

【 5 】 다음 중 현금계정 거래내용에 대한 설명으로 가장 올바르지 않은 것은?

현 금			
(ㄱ) 전월이월	2,000원	(ㄹ) 상 품	2,000원
(ㄴ) 상품매출	3,000원	(ㅁ) 당좌예금	1,200원
(ㄷ) 단기대여금	2,200원		

① (ㄴ) : 상품 3,000원을 현금으로 매출하다.
② (ㄷ) : 현금 2,200원을 단기 대여하다.
③ (ㅁ) : 현금 1,200원을 당좌예입하다.
④ 결산일 현재 현금 잔액은 4,000원이다.

【 6 】 다음 자료를 통해 제2기 기말자본을 계산하면 얼마인가(단, 기중에 자본거래는 없다고 가정한다)?

(단위 : 원)

구분	기초자산	기초부채	기초자본	기말자산	기말부채	기말자본	총수익	총비용	순이익
제1기	700	300	XXX	1,200	XXX	XXX	500	300	200
제2기	1,200	XXX	XXX	1,800	XXX	XXX	700	400	300

① 800원 ② 900원
③ 1,100원 ④ 1,300원

【 7 】 다음 중 자산에 관한 설명으로 가장 올바르지 않은 것은?

① 자산은 1년을 기준으로 유동자산과 비유동자산으로 구분한다.
② 자산의 존재를 판단하기 위해서 물리적 형태가 필수인 것은 아니다.
③ 자산은 유동성이 큰 항목부터 배열하는 것을 원칙으로 한다.
④ 재고자산이 보고기간 종료일부터 1년 이내에 판매되지 않는 경우 비유동자산으로 분류 할 수 있다.

【 8 】 다음 중 당좌자산에 해당하는 계정과목으로 가장 올바르지 않은 것은?

① 당좌예금
② 외상매출금
③ 보통예금
④ 지분법적용투자주식

【 09 】 ㈜삼일은 소액현금 제도를 사용하고 있다. 자료에서 8월 1일자 회계처리시 차변의 내용으로 옳은 것은?

> 20X1년 7월 1일 : 500,000원을 전도금으로 지급하다.
> 20X1년 7월 30일 : 전도금 중 사용내역을 다음과 같이 통보받다.
>
> | | | | |
> |---|---|---|---|
> | • 교통비 | 100,000원 | • 접대비 | 150,000원 |
> | • 통신비 | 70,000원 | • 잡비 | 20,000원 |
>
> 20X1년 8월 1일 : 현금으로 사용액을 보충해주다.

① 현금 160,000원
② 현금 340,000원
③ 소액현금 160,000원
④ 소액현금 340,000원

【 10 】 다음 중 현금및현금성자산에 관한 설명으로 옳지 않은 것은?

① 현금은 성격상 도난이나 분실의 위험이 매우 높은 자산이므로 현금의 관리를 위한 철저한 내부통제제도를 갖출 필요가 있다.

② 회계상 현금은 지폐나 동전을 포함하며, 통화대용증권은 포함하지 않는다.

③ 현금은 회사의 자산 중에서도 유동성이 높은 자산으로서 회사가 영업활동을 하는데 필요한 재화나 용역을 구입하는데 사용되는 대표적인 수단이다.

④ 은행과의 당좌거래약정에 의하여 회사가 예금액의 범위 내에서 어음과 당좌수표를 발행하고 어음·수표의 대금을 은행이 지급할 수 있도록 하기 위하여 예치하는 예금을 당좌예금이라 한다.

【 11 】 (주)삼일은 20X1년 1월 1일 (주)용산의 주식을 공정가치인 1,000,000원에 취득하면
서 매매 수수료로 50,000원을 지급하고 이를 단기매매증권으로 분류하였다. (주)용
산의 주식을 20X1년 12월 10일에 900,000원에 처분한 경우 단기매매증권 처분과 관
련된 손익은 얼마인가?

① 단기매매증권 처분이익 150,000원
② 단기매매증권 처분이익 100,000원
③ 단기매매증권 처분손실 150,000원
④ 단기매매증권 처분손실 100,000원

【 12 】 (주)삼일은 용산은행과 10,000,000원의 당좌차월계약을 맺은 상태에서 상품 15,000,000
원을 매입하고 수표를 발행하여 대금을 지급하였다. 이를 회계처리 하였을 때, 대변에 나
타날 계정과목으로 가장 옳은 것은(단, 당좌예금 잔액은 10,000,000원이다)?

① 상품
② 당좌예금
③ 당좌예금, 당좌차월
④ 상품, 당좌예금, 당좌차월

【 13 】 아래 내용의 괄호안에 알맞은 단어와 해당하는 계정과목으로 적절하게 짝지어진 것은?

비유동자산은 ( ), 유형자산, 무형자산, 기타비유동자산으로 구분된다.

① 투자자산 - 장기금융상품   ② 투자자산 - 단기매매증권
③ 재고자산 - 재공품   ④ 당좌자산 - 기계장치

【 14 】 다음 중 무형자산의 상각에 관한 설명으로 가장 올바르지 않은 것은?

① 무형자산의 상각이란 무형자산의 원가와 효익을 체계적으로 대응시키는 과정이다.

② 무형자산은 사용 가능한 시점부터 상각을 개시한다.

③ 무형자산의 상각시 해당 무형자산에서 직접 차감할 수 있다.

④ 무형자산의 상각기간은 제한없이 선택할 수 있다.

【 15 】 (주)삼일은 20X1년 1월 1일 (주)용산을 합병하면서 현금 50,000,000원을 지급하였다. (주)용산의 20X1년 1월 1일 현재 자산의 공정가치는 40,000,000원이며 부채의 공정가치는 10,000,000원이다. (주)삼일이 (주)용산을 합병하면서 발생한 영업권을 10년간 정액법으로 상각하기로 하였다. 20X1년 영업권의 감가상각비는 얼마인가?

① 1,000,000원   ② 2,000,000원

③ 3,000,000원   ④ 4,000,000원

【 16 】 다음 자료를 이용하여 유동부채 금액을 계산하면 얼마인가?

미수수익	1,000원	매입채무	1,000원
미지급금	1,500원	예수금	1,500원
선수수익	1,000원	선급금	1,000원
선급비용	1,500원	선수금	1,500원
장기차입금	2,000원	퇴직급여충당부채	3,000원

① 5,500원   ② 6,000원

③ 6,500원   ④ 7,500원

【 17 】 다음의 거래를 분개할 때, 빈칸에 알맞은 계정과목으로 가장 옳은 것은?

> 급여 지급일에 총급여 1,500,000원 중에서 근로소득세 8,000원, 주민세 800원, 건강보험료 25,000원, 국민연금 50,000원을 차감한 잔액을 현금으로 지급하였다.
>
>   (차) 급 여   1,500,000   (대) 현 금   1,416,200
>   (   )   83,800

① 복리후생비   ② 세금과공과
③ 예수금   ④ 선급금

【 18 】 다음 거래에서 결산 시 발생하는 회계처리로 가장 옳은 것은?

> 9월 1일   (주)서울로부터 대여금에 대한 이자 1년분 240,000원을 미리 받다.
> 12월 31일   결산 시 위 이자수익 중 선수분을 차기로 이연시키다.

① (차) 현   금   80,000원   (대) 이자수익   80,000원
② (차) 이자수익   80,000원   (대) 선수이자   80,000원
③ (차) 이자수익   160,000원   (대) 선수이자   160,000원
④ (차) 선수이자   160,000원   (대) 이자수익   160,000원

【 19 】 다음의 회계처리가 누락된 경우 재무제표에 미치는 영향으로 가장 옳은 것은?

> (차) 현금   100,000원   (대) 단기차입금   100,000원

> ㄱ. 유동자산이 과소계상   ㄴ. 재고자산이 과소계상
> ㄷ. 유동부채가 과소계상   ㄹ. 당기순이익이 과소계상

① ㄱ, ㄷ   ② ㄴ, ㄷ
③ ㄱ, ㄹ   ④ ㄱ, ㄷ, ㄹ

【 20 】 다음 중 종업원의 퇴직과 관련된 설명으로 빈칸에 들어갈 용어를 올바르게 짝지은 것은?

종업원은 입사하여 퇴사할 때까지 회사를 위해 근로를 제공한 대가로 퇴직 시에 퇴직금을 받을 권리가 있다. 이는 근로자퇴직급여보장법에 명시되어 있는 종업원들의 권리이다.

반대로 기업의 입장에서는, 미래에 종업원이 퇴직할 시점에 법에 의해 확정적으로 퇴직금을 지급해야 하므로, 법적인 의무가 존재할 뿐 아니라 종업원의 퇴직시점에 경제적 효익의 유출가능성이 매우 높다. 뿐만 아니라, 퇴직 전 월평균 급여에 근속연수를 곱해서 퇴직금을 지급해야 하므로 예상되는 퇴직금도 측정이 가능하다.

즉, 종업원의 미래 예상되는 퇴직금은 기업이 현재 부담하는 의무로서 미래경제적 효익의 유출가능성이 매우 높고 금액의 신뢰성 있는 측정이 가능하므로 회계상 (ㄱ)의 정의에 충족된다. 따라서 기업은 종업원의 퇴직금과 관련된 (ㄱ)(으)로서 이를 (ㄴ)(이)라는 계정과목으로 재무제표에 계상하여야 한다.

그렇다면 (ㄴ)금액은 어떻게 계상되는 것일까? 재무제표에 계상될 (ㄴ)의 금액은 결산일 현재 전 임직원이 퇴사할 경우 지급해야 할 총 퇴직금예상액으로 결정하여야 한다. 우리는 이 예상액을 (ㄷ)이라고 부른다. (ㄷ)을 계산하여 재무제표상 계상되어야 할 (ㄴ)(을)를 확정하였다면, 결산수정분개를 하기 전의 (ㄴ)의 금액과 (ㄷ)과의 차이 금액을 회계처리를 해야 한다. 동 차이 금액을 우리는 다음과 같이 회계처리 한다.

| (차) (ㄹ) XXX 원 | (대) (ㄴ) XXX 원 |

이로써 우리는 종업원의 퇴직과 관련하여 지급해야 할 근무의 대가를 재무제표상 의무로 인식하고, 그 의무만큼을 손익계산서상 비용으로 처리할 수 있게 된다.

	ㄱ	ㄴ	ㄷ	ㄹ
①	부채	퇴직급여충당부채	퇴직금추계액	퇴직급여
②	자산	퇴직연금운용자산	퇴직금추계액	지급수수료
③	부채	퇴직급여충당부채	퇴직금지급액	퇴직급여
④	자산	퇴직연금운용자산	퇴직금지급액	지급수수료

【 21 】 다음 중 주식의 발행과 관련된 설명으로 옳지 않은 것은?

① 자본금 계정은 반드시 액면금액으로 기록해야 한다.
② 신주발행비가 발생한 경우 발행가액에서 차감하여야 한다.
③ 회사의 법정자본금은 채권자를 보호하기 위한 회사의 최소한의 재산으로서의 의미를 갖는다.
④ 발행가액이 액면금액보다 낮을 경우 그 차이금액은 주식발행초과금 계정으로 회계처리한다.

【 22 】 다음 중 괄호 안에 공통으로 들어갈 항목으로 가장 옳은 것은?

> (   )은 자본거래로 인한 자본의 증가분 중 법정자본금(액면금액)을 초과하는 잉여금을 말한다.
> (   )은 이익잉여금과는 달리 자본거래에서 발생하므로 손익계산서를 거치지 않고 자본계정에 직접 가감되는 특징을 가지고 있다.

① 자본금   ② 자본잉여금
③ 자본조정   ④ 기타포괄손익누계액

【 23 】 20X1년 중 (주)삼일은 제품 200개를 개당 120,000원에 판매하였다. 이 중 15개가 불량품으로 판명되어 반품되었으며, 5개는 질이 떨어져서 정상적으로 판매할 수 없으므로 개당 50,000원씩 깎아주었다. (주)삼일이 해당 거래에 대하여 20X1년 매출액으로 인식할 금액은 얼마인가?

① 20,000,000원   ② 21,950,000원
③ 22,200,000원   ④ 23,750,000원

【 24 】 다음 손익에 관한 계정과목 중 실현주의에 따라 당기 수익으로 인식하여야 하는 항목으로 가장 옳은 것은?

① 선수임대료　　　　　　　② 미지급임차료
③ 선급보험료　　　　　　　④ 미수이자

【 25 】 다음 중 부동산 임대업을 주된 영업으로 영위하는 회사의 손익계산서 상 영업외수익에 해당하는 계정과목으로 가장 올바르지 않은 것은?

① 임대료수익　　　　　　　② 이자수익
③ 기부금　　　　　　　　　④ 배당금수익

【 26 】 다음 자료를 이용해 (주)삼일의 매출총이익을 계산하면 얼마인가?

당기 상품 순매출액:	300,000원
기초 상품 재고액:	100,000원
당기 상품 순매입액:	200,000원
기말 상품 재고액:	120,000원

① 100,000원　　　　　　　② 120,000원
③ 180,000원　　　　　　　④ 200,000원

【 27 】 다음 중 비용에 대해 가장 올바르지 않은 주장을 하는 사람은 누구인가?

① 진희: 감가상각비는 수익을 창출하는 과정에 사용될 것으로 기대되는 기간동안 체계적이고 합리적인 방법으로 배분한다.

② 영수: 매출원가는 매출액과 직접 대응되는 원가이다.

③ 영희: 영업외비용은 주된 영업활동 이외의 보조적 또는 부수적인 활동에서 발생하는 비용이다.

④ 철수: 재해손실은 일반적으로 판매비와관리비로 분류한다.

【 28 】 다음은 ㈜삼일의 회계부서 팀원간의 대화이다. (ㄱ)과 (ㄴ)에 들어갈 내용으로 옳은 것은?

> 김과장 : 박대리, 어제 재고자산과 관련한 거래내역을 확인해 봤나요?
> 박대리 : 네, 확인했습니다. 판매되지 않고 이월된 제품들을 우리 회사의 거래처에 무상으로 증정하였더라고요. 그런데 과장님, 회계처리를 하려고 하는데 어떤 계정과목을 사용해야 하는지 좀 헷갈립니다.
> 김과장 : 일단 업무와 관련하여 거래처로부터 대가를 받지 않고 무상으로 제품을 보내줬으니까 (ㄱ)(으)로 처리를 해야 합니다. 만약에 회사의 사업과 무관하게 제품을 보낸 경우였다면 (ㄴ)(으)로 처리해야 하겠지요.
> 박대리 : 네 알겠습니다. 바로 처리하도록 하겠습니다.

	(ㄱ)	(ㄴ)		(ㄱ)	(ㄴ)
①	복리후생비	기부금	②	접대비	복리후생비
③	기부금	접대비	④	접대비	기부금

【 29 】 다음 자료를 이용하여 결산절차를 순서대로 나열한 것으로 가장 옳은 것은?

가. 장부를 마감한다.	나. 기말 수정분개를 한다.
다. 수정전시산표를 작성한다.	라. 수정후시산표를 작성한다.
마. 재무제표를 작성한다.	

① 다 → 마 → 나 → 라 → 가   ② 나 → 다 → 가 → 라 → 마

③ 다 → 나 → 라 → 가 → 마   ④ 나 → 다 → 라 → 마 → 가

【 30 】 다음 중 시산표에 대한 설명으로 가장 옳지 않은 것은?

① 시산표의 목적은 거래를 분개하고 총계정원장에 전기하는 과정에서 그 기록이 정확히 이루어졌는가를 확인하기 위함이다.

② 시산표상의 차변과 대변이 일치하더라도 오류가 발생할 수 있다.

③ 시산표는 합계시산표, 잔액시산표, 합계잔액시산표가 있다.

④ 시산표는 회계기록과정에서의 오류를 발견할 수 있고, 외부에 공시해야 할 의무가 있으므로 반드시 작성해야 한다.

【 31 】 다음 중 외화자산·부채의 환산에 관한 설명으로 가장 올바르지 않은 것은?

① 일반기업회계기준에서는 결산시 화폐성 외화자산을 보고기간 말의 마감환율을 적용하여 환산하도록 규정하고 있다.

② 결산시 화폐성 외화부채의 경우 환율이 내릴수록 손실이 발생한다.

③ 화폐성자산의 예로는 현금및현금성자산, 매출채권, 대여금 등이 있다.

④ 화폐성부채의 예로는 매입채무, 차입금, 사채 등이 있다.

【 32 】 (주)삼일의 제5기(20X1년 1월 1일 ~ 20X1년 12월 31일) 결산 시 다음과 같은 사항을 올바르게 수정한다면 (주)삼일의 수정 후 당기순이익은 얼마인가?(단, 법인세는 고려하지 않는다)

> ㄱ. 20X1년 1월 1일에 취득한 본사건물 50,000,000원(잔존가치 5,000,000원, 내용연수 10년, 정액법)에 대하여 기말 현재 감가상각비를 인식하지 아니하였다.
> ㄴ. 20X1년 7월 1일에 1년치 본사건물 보험료 600,000원을 지급한 후 전액 비용처리 하였다.
> ㄷ. 20X1년 (주)삼일의 수정 전 당기순이익은 10,000,000원이다.

① 4,500,000원 ② 5,800,000원
③ 10,000,000원 ④ 10,300,000원

【 33 】 다음 중 빈칸에 들어갈 항목으로 가장 옳은 것은?

> 결산담당자는 기말 현재 매출채권에 대한 대손충당금을 합리적이고 객관적인 기준에 따라 산정해서 결산전 장부상 대손충당금 잔액과 결산시 추정한 대손충당금과의 차액을 대손상각비라는 비용으로 계상해야 한다.
> 만약 추정한 대손충당금이 결산전 장부상 대손충당금 잔액보다 적은 경우에는 (   )을(를) 인식하면서 대손충당금 잔액을 줄여주어야 한다.

① 대손상각비 ② 매출채권
③ 잡이익 ④ 대손충당금환입

【 34 】 다음 중 외부감사와 감사의견에 관한 설명으로 가장 올바르지 않은 것은?

① 외부감사는 외부감사인이 회사가 제시한 재무제표가 일정한 회계기준에 따라 적정하게 작성되었는지를 확인하는 절차이다.
② 외부감사인은 감사가 종료된 후 재무제표에 감사의견을 표명한다.
③ 적정의견은 회사의 경영성과와 재무상태가 양호하다는 것을 의미한다.
④ 감사의견이 적정의견이 아닐 경우, 상장기업의 경우에는 상장폐지 사유가 발생할 수 있다.

【 35 】 다음은 (주)삼일의 재무실적 발표를 앞두고 나눈 토론 내용이다. 가장 올바르지 않은 의견을 제시한 사람은 누구인가?

> 김부장: 부채비율이 전기에 비해 증가하고 있는 것으로 보아 채무불이행 위험이 증가하고 있는 것으로 보이네요.
>
> 이차장: 당좌비율이 전기에 비해 급감하였더라도 유동비율이 전기에 비해 증가하였으므로 회사의 지급능력이 개선되었다고 볼 수 있겠네요
>
> 박과장: 매출채권회전율이 전기에 비해 증가한 것으로 보아 대금회수가 잘된 것으로 보입니다.
>
> 황대리: 재고자산회전율이 전기에 비해 감소한 것으로 보아 재고의 판매속도가 느려졌다고 볼 수 있죠.

① 김부장   ② 이차장
③ 박과장   ④ 황대리

【 36 】 다음 중 재무제표에 관한 설명으로 옳지 않은 것은?

① 주석은 재무제표의 일부를 구성한다.
② 자본변동표는 자본의 변화내역을 자본구성 요소별로 보여주는 재무제표이다.
③ 손익계산서를 통해 영업손익과 당기순손익, 미처분이익잉여금을 알 수 있다.
④ 현금흐름표를 통해 기업이 영업활동에서 창출한 현금흐름이 얼마인지를 측정할 수 있다.

【 37 】 다음 자료에서 유동비율을 구한 것으로 가장 옳은 것은?(단, 이외의 자산·부채 금액은 없다)

재고자산	30,000,000원	유동부채	15,000,000원
당좌자산	15,000,000원	비유동부채	20,000,000원
유형자산	50,000,000원	자본	60,000,000원

① 100% ② 200%
③ 300% ④ 400%

【 38 】 다음 자료를 이용하여 계산된 20X2년 (주)삼일의 매출채권회전율과 평균회수기간은 얼마인가?(1년은 365일로 가정한다)

ㄱ. 20X1년 말 매출채권: 20,000,000원
ㄴ. 20X2년 말 매출채권: 40,000,000원
ㄷ. 20X2년 연간 매출액: 150,000,000원
ㄹ. 20X2년 연간 매출원가: 120,000,000원

	매출채권회전율	평균회수기간
①	3회	122일
②	4회	91일
③	5회	73일
④	6회	61일

【 39 】 다음 중 주당순이익(EPS)에 관한 설명으로 가장 올바르지 않은 것은?

① 주식의 수익가치를 나타내는 지표로서 자본규모가 서로 다른 기업들의 영업성과에 대한 비교를 가능하게 해준다.

② 기업이 벌어들인 당기순이익을 그 기업이 발행한 유통보통주식수로 나누어 1주당 이익을 얼마나 창출했느냐를 나타내는 지표이다.

③ 주당순이익이 높을수록 경영실적이 양호하다는 뜻이다.

④ 전기에 비해 주당순이익이 높고 주당배당금지급액이 낮다는 것은 당기 중 사외에 유출되는 당기순이익이 상대적으로 커진 것을 의미한다.

【 40 】 ㈜삼일의 20X1년 손익계산서와 관련된 자료는 다음과 같다. 자료를 이용하여 재무비율을 산출하는 경우 옳지 않은 것은(소수점 첫째자리에서 반올림)?

매출액	6,000,000원
매출원가	3,600,000원
판매비와관리비	900,000원
영업외수익	300,000원
영업외비용	500,000원
법인세비용	100,000원
가중평균유통보통주식수	1,000주

① 매출총이익율 - 40 % 　② 영업이익율 - 25 %
③ 당기순이익율 - 22 % 　④ 주당순이익 - 1,200원

국가공인 회계관리 2급 문제지

회계원리 40 문항

제한시간	수험번호	성명	생년월일
한 과목 50 분			

응시자 주의사항

1. **시 험 시 간** : 11:00 ~ 11:50(50 분) 한 과목 시행합니다.
2. **지 정 좌 석** : 수험번호별 지정좌석에 착석하여 주십시오.
3. **인적사항 기재** : 시험 문제지 상단에 수험번호, 성명, 생년월일을 기재하여 주십시오.
4. **답 안 지 작 성** : 답안카드 뒷면의 '답안카드 작성요령 및 주의사항'을 꼭 읽고 답안을
   작성하여 주십시오.
5. **시 험 실 시** : 방송타종 또는 감독관의 지시에 따라 시작하십시오.
6. **부 정 행 위** : 부정행위를 하였을 때 당 회 시험은 무효 처리하며 향후 2 년간 응시자격을
   제한합니다.

삼일회계법인

본 시험에서 "한국채택국제회계기준(K-IFRS)을 적용한다"는 별도 언급이 없는 한 문제에 적용되는 회계기준과 계정과목은 일반기업회계기준을 따릅니다.

【 1 】 다음의 사건 중 회계상의 거래로 인식될 수 없는 것은?

① 상품을 매입하고, 대금은 한 달 후에 주기로 했다.
② 공장에 화재가 발생하여 일부만 제외하고 파손되었다.
③ 원재료 공급처와 5년 동안 원재료를 구입하기로 계약하였다.
④ 회사직원에게 12월 급여를 주어야 함에도 불구하고 자금사정상 주지 못하고 있다.

【 2 】 다음은 ㈜삼일의 제11기(20X1년 1월 1일 ~ 12월 31일) 기초와 기말 재무상태표이다. 당기 중 추가적인 자본거래 및 배당금 지급 등이 없다고 할 때, ㈜삼일의 20X1년 당기순이익은 얼마인가?

(단위 : 백만원)

기초 재무상태표				기말 재무상태표			
현금	100	매입채무	60	현금	100	매입채무	50
매출채권	90	차입금	100	매출채권	60	차입금	80
토지	100	자본금	80	토지	100	자본금	80
기계장치	150	이익잉여금	200	기계장치	230	이익잉여금	280
합계	440	합계	440	합계	490	합계	490

① 20백만 원
② 30백만 원
③ 50백만 원
④ 80백만 원

【 3 】 다음 중 재무상태표 작성기준에 대하여 옳은 설명을 한 사람은 누구인가?

① 철수: 동일한 거래처에 매출채권과 매입채무가 동시에 있는 경우, 원칙적으로 순액으로 표시하지 않고 총액으로 표시해야 합니다.

② 영희: 건물은 보유목적과 관계없이 유형자산으로 분류해야 합니다.

③ 영수: 재무상태표는 금액이 큰 자산의 순서로 보여주어야 합니다.

④ 진희: 손익거래에서 발생한 잉여금은 자본잉여금으로 구분해야 합니다.

【 4 】 다음 현금계정의 날짜별 기입내용을 보고 발생한 거래를 추정한 것으로 가장 올바르지 않은 것은?

현 금			(단위 : 원)
1/2 자본금	5,000,000	1/13 토지	3,000,000
1/15 외상매출금	1,000,000	1/25 차입금	2,500,000

① 1월 2일 현금 5,000,000원을 출자받았다.

② 1월13일 토지를 매입하고 대금 3,000,000원을 현금으로 지급하였다.

③ 1월15일 거래처에서 외상매출금 1,000,000원을 현금으로 회수하였다.

④ 1월25일 은행으로부터 2,500,000원을 차입하였다.

【 5 】 회계순환과정이란 거래를 기록하고 요약하여 재무제표를 작성하는 과정을 의미한다. 다음 보기를 회계순환과정에 따라 나열할 경우 가장 먼저 수행해야 할 과정으로 가장 옳은 것은?

① 총계정원장에 전기   ② 전표 작성(분개)

③ 시산표 작성   ④ 재무제표 작성

【 6 】 상품을 300,000원에 매입하면서 현금 100,000원을 지급하였다. 잔액은 6개월 후에
지급하기로 하였다. 이 거래는 재무상태에 어떠한 영향을 미치는가?

    ① 자산 증가, 부채 증가   ② 자산 감소, 부채 감소
    ③ 자본 감소, 자산 감소   ④ 자산 증가, 자본 증가

【 7 】 다음 중 자산으로 계상할 수 없는 것은?

    ① 상품을 판매하고 아직 수령하지 못한 판매대금
    ② 거래처에 물건을 주문하고 재화의 인도 전 미리 지급한 계약금
    ③ 판매를 위하여 창고에 보관중인 상품
    ④ 원재료를 외상으로 구입하였으나 아직 지급하지 않은 구입대금

【 8 】 (주)삼일의 자산은 다음과 같이 구성되어 있다. 이때 재무상태표에 현금및현금성자
산으로 표시되어야 하는 금액은 얼마인가?

현금시재액	120,000원	C사 주식	130,000원
D상사 발행수표	200,000원	제품	450,000원

    ① 120,000원   ② 200,000원
    ③ 320,000원   ④ 500,000원

【 9 】 다음 자료에 의해 (주)삼일의 재무상태표에 계상될 매출채권 미회수잔액을 계산하면
얼마인가?

· 전기이월 매출채권　150,000원	· 재고자산 당기 총 매출액　900,000원
· 유형자산 처분액　200,000원	· 재고자산 당기 현금 매출액　200,000원
· 매출채권 회수액　250,000원	

① 450,000원　　　　　　　　　② 550,000원
③ 600,000원　　　　　　　　　④ 850,000원

【 10 】 (주)삼일은 20X1년 결산시 매출거래처인 (주)재경이 당해 12월에 파산하여 매출채
권의 회수가 불가능할 것이라 판단하였으나, 관련 회계처리를 누락하였다. 이 경우
20X1년 재무제표에 미치는 영향으로 가장 옳은 것은?(단, 대손충당금 잔액은 없다)

① 유동부채의 과다계상　　　　　② 유동자산의 과다계상
③ 이익잉여금의 과소계상　　　　④ 비유동자산의 과소계상

【 11 】 다음은 12월 31일이 결산일인 (주)삼일의 매도가능증권 거래내역이다. 20X2년 손익
계산서에 계상되는 매도가능증권처분손익은 얼마인가?

20X1년　6월　1일: A주식 2,000주를 주당 5,000원에 취득하였다.
20X1년 12월 31일: A주식의 주당 공정가치는 5,500원이다.
20X2년　9월　1일: A주식 1,000주를 주당 4,800원에 처분하였다.

① 처분이익 200,000원　　　　　② 처분이익 500,000원
③ 처분손실 200,000원　　　　　④ 처분손실 700,000원

【 12 】 다음은 ㈜삼일의 재고자산 내역이다. ㈜삼일은 재고자산 회계처리로 실지재고조사법을 사용하고 있으며, 선입선출법으로 매출원가와 기말재고액을 구한다. 기말 재고자산금액으로 올바른 금액은 얼마인가?

· 기초재고액(1월 1일) : 10,000원 (수량 100개, 단가 100원)
· 당기매입액(3월 1일) : 14,000원 (수량 100개, 단가 140원)
· 당기판매액(6월 1일) : 20,000원 (수량 100개)
· 당기매입액(8월 1일) : 16,000원 (수량 100개, 단가 160원)

---

① 24,000원   ② 28,000원
③ 30,000원   ④ 32,000원

【 13 】 다음 중 감가상각을 해야하는 자산으로만 짝지은 것은 무엇인가?

① 건물, 토지   ② 차량운반구, 건물
③ 단기매매증권, 구축물   ④ 건설중인 자산, 기계장치

【 14 】 다음 자료에서 기계장치에 적용한 감가상각방법의 특징으로 가장 옳은 것은?

품명	취득금액	년도	감가상각비	감가상각누계액
기계장치	10,000,000	1차년도	5,000,000	5,000,000
		2차년도	2,500,000	7,500,000
		3차년도	1,250,000	8,750,000

① 매 기간 균등하게 상각한다.
② 잔존가액을 내용연수로 나누어 계산한다.
③ 시간이 경과함에 따라 상각액이 증가한다.
④ 기초장부금액에 일정한 상각률을 곱하여 계산한다.

【 15 】 다음 중 무형자산에 관한 설명으로 가장 올바르지 않은 것은?

① 내부적으로 창출한 영업권은 무형자산으로 인정되지 않는다.
② 무형자산이란 식별가능하고, 기업이 통제하고 있으며, 미래 경제적 효익이 있는 비화폐성 자산으로 반드시 문서의 형태를 가지고 있어야 한다.
③ 무형자산은 사용가능한 시점부터 합리적인 기간 동안 상각하도록 하고 있으나, 독점적, 배타적 권리를 관계법령이나 계약에 의해 정해진 경우가 아니면 20년을 초과할 수 없다.
④ 무형자산은 무형자산상각누계액을 설정하지 않고 직접 차감할 수 있다.

【 16 】 다음은 ㈜삼일의 기중 당좌거래 자료이다. ㈜삼일이 기말시점에 당좌거래와 관련하여 재무상태표에 계상해야 할 단기차입금을 계산하면 얼마인가?

> ㄱ. 기초 당좌예금 잔액은 3,000,000원이며, 동 계좌는 은행과 3,000,000원을 한도로 당좌차월 계약이 체결되어 있다.
> ㄴ. 기중 상품 판매대금 2,000,000원이 당좌계좌에 입금되었다.
> ㄷ. 기중 원재료 매입대금으로 7,000,000원의 당좌수표를 발행하여 지급하였다.

① 1,000,000원   ② 2,000,000원
③ 3,000,000원   ④ 4,000,000원

【 17 】 20X1년 12월 31일 현재 재무상태표 모든 계정의 잔액은 다음과 같다. 20X1년 12월 31일 현재 단기미지급금과 유동부채 총액은 얼마인가?

현금:	200,000원
외상매출금:	350,000원
미수금:	100,000원
선수금:	100,000원
선급금:	150,000원
단기미지급금:	?
자본금:	300,000원
단기차입금:	200,000원
장기차입금:	100,000원

① 단기미지급금: 100,000원, 유동부채 400,000원
② 단기미지급금: 150,000원, 유동부채 400,000원
③ 단기미지급금: 100,000원, 유동부채 300,000원
④ 단기미지급금: 150,000원, 유동부채 300,000원

【 18 】 다음 거래 중 유동부채를 증가시키는 거래로만 짝지어진 것은?

가. 부동산 매각 계약을 하고, 계약금으로 3,000,000원을 현금으로 받다.
나. 기계장치를 400,000원에 매각하고 대금은 한 달 뒤에 받기로 하다.
다. 5개월 뒤에 상환하기로 하고 우리은행에서 현금 300,000원을 차입하다.
라. 상품 200,000원을 판매하고 대금은 2년 뒤에 받기로 하다.

① 가, 나　　　　② 나, 다
③ 가, 다　　　　④ 가, 라

【 19 】 다음의 내용에서 (가), (나)에 해당하는 적절한 계정과목은 무엇인가?

> (가) 사무실에서 사용할 컴퓨터 구입에 따른 외상대금
> (나) 컴퓨터 판매회사의 컴퓨터 판매에 따른 외상대금

	(가)	(나)		(가)	(나)
①	매입채무	매출채권	②	매입채무	미수금
③	미지급금	매출채권	④	미지급금	미수금

【 20 】 다음의 시장상황에서 사채를 발행할 경우 사채발행과 관련된 분개에서 대변에 나타날 계정과목으로 가장 옳은 것은?

> 시장이자율 10 %, 액면이자율 12 % 임. 즉, 시장이자율 < 액면이자율 임.

① 사채
② 사채, 사채할증발행차금
③ 현금
④ 현금, 사채할인발행차금

【 21 】 다음은 (주)삼일의 재무 담당자들의 회의록이다. 가장 올바르지 않은 의견을 제시한 사람은 누구인가?

> 철수: 최근에 액면금액 5,000원의 주식 10,000주를 주당 6,000원에 유상증자한 결과, 주식발행초과금 10,000,000원이 발생하여 자본잉여금 계정으로 분류하였습니다.
> 영수: 지난해 취득한 자기주식 1,000주 중 절반을 처분하여 자기주식처분이익이 발생하였고, 이 금액을 자본잉여금 계정으로 분류하였습니다.
> 순희: 처분한 자기주식을 제외한 500주에 해당하는 자기주식 금액이 자본잉여금 계정에 남아 있습니다.
> 영희: 지난해 진행한 감자로 인해 발생한 감자차익 15,000,000원이 자본잉여금 계정에 남아 있습니다.

① 철수
② 영수
③ 순희
④ 영희

【 22 】 20X1년 2월 27일 (주)삼일은 주주총회에서 이익잉여금의 처분을 다음과 같이 확정하고 20X1년 4월 15일에 배당금을 지급하기로 하였다. 다음 중 (주)삼일이 20X1년 2월 27일에 해야 할 회계처리로 가장 옳은 것은?

> ㄱ. 현금배당 : 200,000원
> ㄴ. 이익준비금: 20,000원

① (차) 미처분이익잉여금 220,000원 (대) 미지급배당금   220,000원

② (차) 미처분이익잉여금 220,000원 (대) 미지급배당금   200,000원
　　　　　　　　　　　　　　　　　　　이익준비금   20,000원

③ (차) 미처분이익잉여금 220,000원 (대) 현금   200,000원
　　　　　　　　　　　　　　　　　　　이익준비금   20,000원

④ (차) 미처분이익잉여금 220,000원 (대) 현금   220,000원

【 23 】 (주)삼일은 디지털카메라를 제조하여 판매하는 회사로서 매출확대를 위해 아래와 같이 다양한 방법을 사용하여 제품을 판매하고 있다. 수익인식기준에 근거하여 (주)삼일이 당기에 인식해야 할 매출액을 계산하면 얼마인가?

> ㄱ. TV홈쇼핑을 통해 시용판매한 금액　　　　　　　　20,000,000원
> 　　(무료체험기간이 종료되지 않은 시용품 판매액　 5,000,000원 포함)
> ㄴ. Z마켓을 통해 판매한 제품　　　　　　　　　　　9,000,000원
> 　　(단, 파손으로 반품된 금액 2,500,000원이 포함되어 있으며, 그 외의 반품예상액은 없음)
> ㄷ. 위탁매매업자인 L마트에 위탁판매한 제품　　　　4,500,000원
> 　　(단, L마트가 소비자에게 아직 판매하지 못한 금액 1,500,000원 포함)

① 24,500,000원　　　　　　　② 26,000,000원
③ 29,000,000원　　　　　　　④ 31,000,000원

【 24 】 다음 공사와 관련하여 20X1년에 인식해야 할 공사수익은 얼마인가?

> • 공사기간 : 3년(20X0년 ~ 20X2년)
> • 계약금액 : 90,000,000원
> • 공사예정원가 : 75,000,000원
> • 공사는 매년 1/3씩 진행된다.

① 5,000,000원   ② 15,000,000원

③ 25,000,000원   ④ 30,000,000원

【 25 】 다음 중 영업외수익에 해당하는 계정과목으로만 짝지어진 것으로 가장 옳은 것은?

① 미수금, 이자수익, 이익잉여금

② 영업권, 미수수익, 잡이익

③ 자본잉여금, 배당금수익, 이자수익

④ 잡이익, 채무면제이익, 자산수증이익

【 26 】 다음 중 영업이익에 영향을 미치는 계정과목으로만 짝지어진 것은?

① 상품매출, 대손상각비, 외환차익

② 제품매출, 급여, 복리후생비

③ 외화환산이익, 용역매출, 이자수익

④ 매출원가, 광고선전비, 유형자산처분이익

【 27 】 다음 중 한국기업인 (주)삼일의 장부상 외화환산손실이 기록될 수 있는 거래로 가장 옳은 것은?

① 외화(USD)부채 보유시: 결산시 환율 = 1,300원/$, 발생당시 환율 = 1,000원/$
② 외화(USD)자산 보유시: 결산시 환율 = 1,000원/$, 발생당시 환율 = 1,000원/$
③ 외화(USD)부채 보유시: 결산시 환율 = 1,000원/$, 발생당시 환율 = 1,300원/$
④ 외화(USD)자산 보유시: 결산시 환율 = 1,500원/$, 발생당시 환율 = 1,000원/$

【 28 】 다음 중 기업회계기준에서 비용의 인식기준으로 옳은 것은?

① 보수주의   ② 수익·비용대응의 원칙
③ 권리의무 확정주의   ④ 실현주의

【 29 】 다음 중 계정과목의 잔액이 정확한지 여부를 종합적으로 점검하기 위해 작성하는 결산 예비절차에 해당하는 것은?

① 분개장   ② 수정전시산표
③ 현금흐름표   ④ 총계정원장

【 30 】 다음의 잔액시산표는 직원의 실수로 오류가 발생하였다. 오류를 수정한 후 차변과 대변의 합계액은 얼마인가?

잔액시산표

20X1년 12월 31일 (단위: 원)

차 변	계정과목	대 변
480,000	현 금	
220,000	매출채권	
300,000	차 입 금	
200,000	건 물	
	소 모 품	150,000
	자 본 금	400,000
	매 출	350,000
	이자비용	20,000
40,000	보 험 료	
60,000	임 대 료	
1,300,000	계	920,000

① 1,000,000원   ② 1,110,000원
③ 1,150,000원   ④ 1,180,000원

【 31 】 다음 중 괄호 안에 들어갈 계정과목으로 가장 옳은 것은?

( )은 아직 현금으로 유입되지는 않았지만 당기에 귀속되는 금액을 당기의 수익으로 인식하는 개념의 계정과목이다. 즉, 아직 수익에 대한 대가를 지급받지는 않았지만 발생주의 개념에 의하여 수익이 발생된 회계기간에 ( )을 인식한다.

① 미수금   ② 미수수익
③ 영업외수익   ④ 선수수익

【 32 】 다음 거래에 대한 분개가 재무상태표와 손익계산서에 미치는 영향을 가장 적절하게 나타낸 것은?

> 과거의 경험으로 보아 기말 매출채권 잔액의 5%는 회수가 불가능하여 해당 매출채권에 대한 대손충당금을 설정하기로 하였다. 기말 결산 전 대손충당금 잔액은 0원이다.

	재무상태표	손익계산서
①	자산 감소	비용 증가
②	자산 감소	비용 감소
③	자산 증가	비용 증가
④	자산 증가	비용 감소

【 33 】 (주)삼일은 20X1회계연도 중 1,000,000원의 매출액이 발생하였으며 이와 관련한 매출채권 잔액은 다음과 같다. 이 경우 매출로 인한 당기 중 현금 유입액은 얼마인가?

계정과목	기초	기말
매출채권	200,000원	150,000원

① 950,000원   ② 1,000,000원

③ 1,050,000원   ④ 1,200,000원

【 34 】 다음 거래 중 부채비율이 높아지는 거래로 옳지 않은 것은?

① 매출채권을 현금으로 회수한 경우
② 제품인도 전 물건대금의 일부를 현금으로 수령한 경우
③ 은행으로부터 자금을 장기 차입한 경우
④ 원재료를 외상으로 매입한 경우

【 35 】 다음은 최근의 한 신문기사 내용의 일부이며 이에 대해 회계전문가 김삼일이 논평하였다. 다음 중 가장 올바르지 않은 논평을 한 것은?

> 이모씨는 20X1년 12월부터 20X4년 3월까지 자신이 저지른 400억 원대 횡령·배임 범죄로 회사가 완전자본잠식 상태에 빠져 상장폐지될 위기에 처하자 회사장부를 조작해 달라고 회계전문가 김모씨에게 돈을 건네면서 청탁을 했다. 김모씨는 각종 계약서를 위조하는 등의 수법으로 (ㄱ)A사의 당기순손실 314억 원을 '0원으로 둔갑시켜 줬다. (ㄴ)당초 '의견거절'이라고 적었던 감사보고서도 A사에 더 유리한 '한정의견'으로 바꿔줬다. (ㄷ)대표적인 장부조작방법은 불법사채자금을 빌려 이를 주주가 투자해준 자금으로 위장한 것이었다. (ㄹ)또한 회사에 가공의 재고자산을 만들어서 이익을 부풀리는 방법도 사용하였다.

① (ㄱ) 당기순손실을 조작하는 등 기업회계기준을 위반하여 재무제표를 작성하는 것을 분식회계라고 한다.

② (ㄴ) 상장기업이 의견거절을 받는 경우에는 상장폐지사유에 해당된다.

③ (ㄷ) 재무상태표상 부채를 과소계상하고 자본을 과대계상하는 방법을 사용한 것이다.

④ (ㄹ) 매출액을 실제보다 과소계상하여 이익을 증가시키는 방법을 사용한 것이다.

【 36 】 다음과 같은 경우 감사인이 표명하는 감사의견으로 가장 옳은 것은?

> 가. 감사범위의 제한이 없거나 중요하지 않은 경우
> 나. 재무제표에 기업회계기준 위배사항이 없거나 중요하지 않은 경우

① 적정의견   ② 한정의견

③ 부적정의견   ④ 의견거절

【 37 】 다음은 (주)용산의 재무정보이다. 다음 자료를 이용하여 (주)용산의 재고자산기말
잔액을 구하면 얼마인가?(재고자산회전율은 당기매출원가를 평균재고자산으로 나
눈 금액이다)

당기매출원가:	80,000,000원
재고자산기초잔액:	4,000,000원
당기재고자산회전율	10회

① 9,000,000원 ② 10,000,000원
③ 11,000,000원 ④ 12,000,000원

【 38 】 다음 중 전기에 비해 증가할수록 좋은 의미로 해석되기 어려운 재무비율로 옳은
것은?

① 유동비율 ② 부채비율
③ 주당순이익 ④ 자기자본비율

【 39 】 회계정보이용자는 재무상태표를 통해 다양한 정보를 얻을 수 있다. 아래 (주)삼일의 재무상태표를 보면서 이루어지는 네 사람의 대화 내용 중 가장 올바르지 않은 것은?

재무상태표

제10기 20X1년 12월 31일 현재

(주)삼일   (단위: 원)

자산		부채	
유동자산	150,000	유동부채	300,000
당좌자산	50,000	비유동부채	500,000
재고자산	100,000	부채총계	800,000
비유동자산	590,000	자본	
투자자산	350,000	자본금	300,000
유형자산	200,000	자본잉여금	100,000
무형자산	10,000	이익잉여금	(460,000)
기타비유동자산	30,000	자본총계	(60,000)
자산총계	740,000	부채와 자본총계	740,000

① 철희: 부채가 자산을 초과한 자본 잠식 상태에 빠졌군요. 큰 문제입니다.
② 영수: 1년내로 상환해야 할 유동부채를 유동자산으로 상환할 수 없는 상황도 문제입니다.
③ 순희: 투자자산을 장부가액보다 높게 매각하여 유동부채를 갚는 것도 하나의 방법입니다.
④ 영희: 그래도 올해의 당기순이익이 매우 높으니 앞으로도 비슷한 실적을 낸다면 단기적으로 상환해야 될 부채를 갚기에는 어렵지 않을 것입니다.

【 40 】 다음은 20X1년 동종업을 영위하는 (주)세계와 (주)월드의 손익계산서이다. 아래의 자료를 토대로 나눈 토론 중 가장 올바르지 않은 의견을 말한 사람은 누구인가?

손익계산서 (20X1년 1월 1일 ~ 20X1년 12월 31일)		손익계산서 (20X1년 1월 1일 ~ 20X1년 12월 31일)	
(주)세계		(주)월드	
매출액	500,000원	매출액	800,000원
매출원가	250,000원	매출원가	500,000원
매출총이익	250,000원	매출총이익	300,000원
판매비와관리비	150,000원	판매비와관리비	180,000원
영업이익	100,000원	영업이익	120,000원
영업외수익	30,000원	영업외수익	150,000원
영업외비용	50,000원	영업외비용	30,000원
당기순이익	80,000원	당기순이익	240,000원

① 철희: "(주)세계의 영업이익이 (주)월드보다 높아서 영업성과는 압도적으로 (주)세계가 좋군요."

② 영수: "매출액총이익률은 (주)세계가 50%, (주)월드가 37.5%라서 매출액대비 매출총이익률도 (주)세계가 더 높아요."

③ 순희: "판매하는 상품의 가격이 비슷한 수준이라면 매출규모는 (주)월드가 (주)세계보다 크므로 시장점유율은 (주)월드가 더 높다고 판단할 수 있겠네요."

④ 영희: "(주)월드의 당기순이익이 (주)세계보다 월등히 큰 것은 영업이익보다 더 큰 영업외수익의 발생 때문인 것 같네요. 두 기업의 영업외수익 내용을 확인해보는 것도 필요할 것 같습니다."

국가공인 회계관리 2급 문제지

회계원리 40 문항

제한시간	수험번호	성명	생년월일
한 과목 50 분			

응시자 주의사항

1. **시 험 시 간** : 11:00 ～ 11:50(50 분) 한 과목 시행합니다.
2. **지 정 좌 석** : 수험번호별 지정좌석에 착석하여 주십시오.
3. **인적사항 기재** : 시험 문제지 상단에 수험번호, 성명, 생년월일을 기재하여 주십시오.
4. **답 안 지 작 성** : 답안카드 뒷면의 '답안카드 작성요령 및 주의사항'을 꼭 읽고 답안을
   작성하여 주십시오.
5. **시 험 실 시** : 방송타종 또는 감독관의 지시에 따라 시작하십시오.
6. **부 정 행 위** : 부정행위를 하였을 때 당 회 시험은 무효 처리하며 향후 2 년간 응시자격을
   제한합니다.

※ 문제지와 답안지는 외부유출이 불가능하므로 반드시 감독관에게 제출하십시오.

무단전재 및 배포를 금합니다.

삼일회계법인

본 시험에서 "한국채택국제회계기준(K-IFRS)을 적용한다"는 별도 언급이 없는 한 문제에 적용되는 회계기준과 계정과목은 일반기업회계기준을 따릅니다.

【 1 】 다음 중 일반기업회계기준에서 규정하고 있는 재무제표의 종류로 가장 올바르지 않은 것은?

① 재무상태표
② 손익계산서
③ 총계정원장
④ 현금흐름표

【 2 】 다음 중 재무회계 및 관리회계에 관한 설명으로 가장 올바르지 않은 것은?

① 재무회계의 보고시점은 보통 1년 단위(또는 분기, 반기)이다.
② 관리회계는 기업의 자체 기준에 따라 작성되며, 과세정보 제공 목적으로 활용된다.
③ 재무회계 정보는 관련 법규 및 규정에 의하지 않을 경우 제재를 당하게 된다.
④ 재무회계와 관리회계는 모두 정보이용자에게 목적적합한 정보를 제공하기 위해 작성된다.

【 3 】 다음 중 회계상 거래에 해당하지 않는 것은 무엇인가?

① 소유하고 있던 건물 임대료 20,000원을 받다.
② 은행에서 40,000원을 빌리기 위해 대출 상담을 받다.
③ 다른 회사의 주식을 50,000원에 구입하다.
④ 은행 대출이자 5,000원을 지급해야 함에도 불구하고 미지급하다.

【 4 】 다음 중 비용은 발생하였으나 아직 대금을 지급하지 않은 거래가 재무제표에 미치는 영향으로 옳은 것은?

① 비용의 발생과 자산의 증가
② 비용의 발생과 부채의 증가
③ 자산의 증가와 부채의 증가
④ 비용의 발생과 자본의 감소

【 5 】 다음 자료를 통해 (ㄱ) ~ (ㄹ)을 계산하면 얼마인가(단, 기중에 자본거래는 없다고 가정한다)?

(단위 : 원)

기초 자산	기초 부채	기초 자본	기말 자산	기말 부채	기말 자본	총수익	총비용	순이익
1,800	(ㄱ)	1,000	(ㄴ)	600	(ㄷ)	(ㄹ)	600	300

	(ㄱ)	(ㄴ)	(ㄷ)	(ㄹ)
①	800	1,900	1,300	300
②	800	1,900	1,300	900
③	800	1,300	1,900	900
④	900	1,300	1,900	900

【 6 】 다음은 회계소프트웨어를 개발하는 ㈜삼일의 거래를 나열한 것이다. 가장 올바르지 않은 것은?

① 종업원 급여 15,000원을 현금으로 지급하였다.
　　(차) 급여　　　　　　　15,000　　(대) 현금　　　　　　　15,000
② 프로그램용역을 제공하고 용역제공대가 20,000원은 다음달에 받기로 하였다.
　　(차) 매출채권　　　　　20,000　　(대) 매출　　　　　　　20,000
③ 컴퓨터를 70,000원에 외상으로 구입하였다.
　　(차) 유형자산　　　　　70,000　　(대) 외상매입금　　　70,000
④ 다음달의 추가적인 자금사용에 대비하여 은행에서 현금 20,000원을 차입하였다.
　　(차) 현금　　　　　　　20,000　　(대) 차입금　　　　　　20,000

【 7 】 20X1년 12월 31일 현재 ㈜삼일의 현금 및 금융상품과 관련된 내역은 다음과 같다. 기업회계기준에 따라 20X1년 말 현재 ㈜삼일의 현금및현금성자산 및 단기금융상품계정으로 기재해야 하는 금액은 각각 얼마인가?

ㄱ. 현금시재액	:	200,000원
ㄴ. 자기앞수표	:	500,000원
ㄷ. 당좌예금	:	1,000,000원
ㄹ. 양도성예금증서	:	1,500,000원(만기 20X2년 4월 30일)
ㅁ. 정기예금	:	1,200,000원(만기 20X3년 4월 30일)

	현금및현금성자산	단기금융상품
①	700,000원	2,500,000원
②	700,000원	3,700,000원
③	1,700,000원	1,500,000원
④	1,700,000원	2,700,000원

【 8 】 ㈜삼일은 20X1년에 다음과 같은 유가증권을 공정가치로 취득하였다. 다음 중 취득금
액을 각 성격에 따라 적절하게 계정분류 한 것으로 옳은 것은?

취득금액	유가증권의 성격
300,000원	채무증권이며 ㈜삼일은 동 채권을 만기까지 보유할 의도와 능력이 있음
100,000원	지분증권이며 ㈜삼일은 동 주식을 향후 2년 이내에 처분할 의도가 없음

	매도가능증권	만기보유증권
①	300,000원	100,000원
②	400,000원	0원
③	100,000원	300,000원
④	0원	400,000원

【 9 】 다음 중 ㈜삼일의 재고자산과 관련된 재무제표의 주석에 대한 설명으로 가장 올바르지 않은 것은?

재무제표에 대한 주석

제 2기 : 20X2년 12월 31일 현재
제 1기 : 20X1년 12월 31일 현재

㈜삼일

10. 재고자산

보고기간종료일 현재 재고자산의 내역은 다음과 같습니다.

(단위 : 원)

구분	평가전 금액	평가충당금	장부금액
제품	1,200,000	(80,000)	1,120,000
재공품	2,200,000	(250,000)	1,950,000
원재료	1,750,000	(150,000)	1,600,000
저장품	150,000	-	150,000
계	5,300,000	(480,000)	4,820,000

---

① ㈜삼일의 보고기간종료일 현재 재무상태표에 계상되는 재고자산 순액은 4,820,000원이다.

② ㈜삼일이 보고기간종료일 현재 소모품, 수선용 부분품 등으로 보유한 재고자산의 금액은 150,000원이다.

③ ㈜삼일이 보고기간종료일 현재 보유한 모든 재고자산의 취득원가는 5,300,000원이다.

④ ㈜삼일이 보고기간종료일 현재 보유한 재고자산의 시가가 차기 이후에 회복되더라도 재고자산평가손실충당금은 환입될 수 없다.

【 10 】 당기 상품 매출원가가 300,000원이고, 당기 중 상품 매입액이 400,000원인 경우 기말상품재고액은 기초상품재고액에 비하여 어떻게 변화하였는가?

① 기말상품재고액은 기초에 비하여 100,000원 증가하였다.

② 기말상품재고액은 기초에 비하여 100,000원 감소하였다.

③ 기말상품재고액은 기초에 비하여 700,000원 증가하였다.

④ 기말상품재고액은 기초와 동일하다.

【 11 】 다음은 ㈜삼일의 매출채권에 대한 대손충당금 설정자료이다. 12월 31일 회계처리로 가장 옳은 것은?(단, 기존의 대손충당금은 없다고 가정한다)

> • 결산일에 외상매출금(1개월 이내) 5,000,000원의 1 % 를 대손충당금으로 설정하였다.
> • 결산일에 받을어음(3개월 이내) 2,000,000원의 3 % 를 대손충당금으로 설정하였다.

① (차) 대손충당금   50,000원   (대) 매출채권   50,000원
② (차) 매출채권   50,000원   (대) 대손충당금   50,000원
③ (차) 대손상각비   110,000원   (대) 대손충당금 110,000원
④ (차) 대손충당금   110,000원   (대) 매출채권   110,000원

【 12 】 다음은 감가상각방법에 따른 감가상각비를 나타낸 것이다. (가), (나)와 관련된 설명으로 옳은 것을 모두 고른 것은?

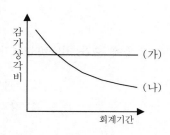

> ㄱ. (가)의 감가상각비는 감가상각대상금액을 매기 균등하게 상각하여 계산한다.
> ㄴ. (가)의 감가상각비는 매기 기초장부금액에 상각률을 곱하여 계산한다.
> ㄷ. (나)의 감가상각비는 매기 균등하게 계산된다.

① ㄱ   ② ㄱ,ㄴ
③ ㄱ,ㄷ   ④ ㄴ,ㄷ

【 13 】 다음은 (주)삼일의 재고와 관련된 자료이다. 총평균법에 의해 재고단가를 결정하는 경우 매출원가와 기말재고금액은 각각 얼마인가?(단, 기말시점에 계속기록법에 의한 재고수량과 실지재고조사법에 의한 재고수량은 일치한다)

	수량	매입단가	금액
기초 재고	100개	10원	1,000원
3. 1 매입	150개	12원	1,800원
5. 8 판매	(100개)	–	–
6.30 매입	200개	13원	2,600원
7. 2 판매	(250개)	–	–
8.27 매입	100개	12원	1,200원

	매출원가	기말재고		매출원가	기말재고
①	2,000원	4,600원	②	2,400원	4,200원
③	4,100원	2,500원	④	4,200원	2,400원

【 14 】 다음 중 일반기업회계기준에 따라 기타비유동자산 항목으로 분류되는 것은?

① 영업권
② 지분법적용투자주식
③ 임대보증금
④ 장기미수금

【 15 】 다음 중 유동부채로 계상할 수 없는 것은?

① 임직원이 퇴사할 경우를 대비해 설정해 놓은 퇴직급여충당부채
② 단기차입금
③ 상품을 구입하면서 당기에 교부한 3개월 만기의 어음 금액
④ 종업원에게 급여지급 시 총급여에서 공제한 소득세, 국민연금, 건강보험료 중 회사가 해당기관에 아직 납부하지 않은 금액

【 16 】 (주)삼일이 20X1년 12월 1일 상품을 판매하면서 5,500,000원(부가가치세 500,000원 포함)을 현금으로 수령하였을 때 (주)삼일이 동 일자에 해야 할 회계처리로 가장 옳은 것은?

① (차) 현금 5,500,000원 　(대) 매출 5,500,000원

② (차) 현금 5,500,000원 　(대) 매출 5,000,000원
　　　　　　　　　　　　　　　　 예수금 500,000원

③ (차) 현금 5,000,000원 　(대) 매출 5,000,000원
　　　 예수금 500,000원 　　　 미지급비용 500,000원

④ (차) 현금 5,000,000원 　(대) 매출 5,500,000원
　　　 예수금 500,000원

【 17 】 다음 중 부채계정으로만 짝지어진 것으로 옳은 것은?

① 선급금, 선수금 　　　② 미지급금, 미수금
③ 선급금, 미수금 　　　④ 선수금, 미지급금

【 18 】 퇴직급여충당부채에 관한 자료가 다음과 같을 때 기말에 추가로 설정하여야 할 퇴직급여충당부채는 얼마인가?

　ㄱ. 기말 현재 퇴직급여충당부채로 계상하여야 할 금액은 10,200,000원이다.
　ㄴ. 퇴직급여충당부채 기초잔액은 7,500,000원이다.
　ㄷ. 기중 퇴직자에게 지급한 퇴직금은 3,600,000원이다.
　　(퇴직금지급액은 모두 퇴직급여충당부채와 상계하였다)

① 6,300,000원 　　　② 7,500,000원
③ 10,200,000원 　　　④ 13,800,000원

【 19 】 다음은 (주)삼일의 20X1년 7월 1일에 발생한 차입금 관련 자료이다. 날짜별 회계처리 중 가장 올바르지 않는 것은?

> ㄱ. 차입금: 23,000,000원
> ㄴ. 만 기: 3년(원금 만기 일시 상환조건)
> ㄷ. 이자율: 12%(*), 매년 6월 30일 이자지급조건
>   (*)시장이자율과 액면이자율은 동일하다고 가정한다.

① 20X1년 7월 1일
   (차) 현금　　　23,000,000원　　(대) 장기차입금　23,000,000원
② 20X1년 12월 31일
   (차) 이자비용　1,380,000원　　(대) 미지급비용　1,380,000원
③ 20X2년 6월 30일
   (차) 이자비용　2,760,000원　　(대) 현금　　　　2,760,000원
④ 20X2년 12월 31일
   (차) 이자비용　1,380,000원　　(대) 미지급비용　1,380,000원

【 20 】 다음 중 퇴직연금제도에 관한 설명으로 가장 올바르지 않은 것은?

① 확정기여형 퇴직연금제도에서는 종업원이 받는 연금 수령액이 확정적이다.
② 확정급여형 퇴직연금제도는 퇴직연금 운용에 따른 위험과 효익을 회사가 부담한다.
③ 확정기여형 퇴직연금제도에서 회사는 금융기관에 정해진 부담금을 입금하는 것으로 의무가 종결된다.
④ 퇴직연금제도란 회사가 근로자의 퇴직급여를 금융기관에 맡겨 운용한 뒤 근로자가 퇴직할 때 연금이나 일시금으로 주는 제도이다.

【 21 】 다음 거래가 재무상태표의 자본항목에 미치는 영향을 바르게 나타낸 것은?

> ㄱ. 보통주 100주(1주당 액면금액 5,000원)를 1주당 6,000원에 할증발행하였다.
> ㄴ. 당기 중 매도가능증권의 평가이익이 100,000원 발생하였다.

	자본금	주식발행초과금	매도가능증권평가이익
①	600,000원 증가	100,000원 증가	변동 없음
②	500,000원 증가	변동 없음	변동 없음
③	500,000원 증가	100,000원 증가	100,000원 증가
④	600,000원 증가	변동 없음	200,000원 증가

【 22 】 다음 자본계정 중 그 분류가 다른 하나는 무엇인가?

① 주식발행초과금   ② 감자차익
③ 자기주식처분이익   ④ 주식할인발행차금

【 23 】 12월말 결산법인인 (주)삼일은 20X1년 11월 1일에 건물을 임대하고 1년분에 대한 임대료 600,000원을 미리 수령하였다. (주)삼일이 20X1년과 20X2년에 수익으로 인식할 금액은 각각 얼마인가?

	20×1년	20×2년
①	600,000원	0원
②	100,000원	500,000원
③	0원	600,000원
④	300,000원	300,000원

【 24 】 다음 중 수익의 측정기준에 관한 설명으로 가장 올바르지 않은 것은?

① 대가를 현금으로 받은 경우 받은 현금액을 수익으로 인식한다.
② 대가를 현금 이외의 자산으로 받은 경우에는 판매한 자산의 장부가액을 수익으로 인식한다.
③ 대가를 현금 이외의 자산으로 받은 경우에는 취득한 자산의 공정가치를 수익으로 인식한다.
④ 상품이나 제품을 판매한 후 에누리나 반품 또는 매출할인이 발생한 경우에는 이를 차감하고 수익을 인식한다.

【 25 】 도매업을 영위하는 ㈜삼일은 20X1년 12월 5일 상품 100개를 구입하였고, 20X1년 12월 12일 상품 100 개 전량을 거래처에 납품하였다. 판매대금은 20X2년 3월 5일에 수령하기로 하였다. 동 매출의 수익인식에 대해 회계부서의 네 사람은 서로 다른 주장을 하며 논쟁을 하였다. 다음 중 기업회계기준에 따라 가장 옳은 주장을 하는 사람은 누구인가?

> 철수 : 상품을 구입한 20X1년 12월 5일에 100개의 매출을 인식해야 합니다.
> 영희 : 상품이 판매된 시점인 20X1년 12월 12일에 100개의 매출을 인식해야 합니다.
> 영수 : 실질적으로 대금이 회수되는 20X2 년에 매출을 인식해야 합니다.
> 진희 : 20X1년에 납품이 일어나고 20X2년에 대금이 회수되었으므로 각각 50 % 씩 매출을 인식해야 합니다.

① 철수   ② 영희
③ 영수   ④ 진희

【 26 】 다음은 컴퓨터부품제조업을 영위하는 ㈜삼일의 20X1년 중 지출내역을 요약한 것이다. ㈜삼일의 20X1년 손익계산서상 판매비와관리비를 계산하면 얼마인가?(단, 주어진 항목 중 매출원가에 포함된 비용은 없다)

ㄱ. 판매직사원 급여	1,000,000원
ㄴ. 판매직사원 퇴직급여	1,500,000원
ㄷ. 이자비용	350,000원
ㄹ. 접대비	140,000원
ㅁ. 토지취득과 관련된 취득세	320,000원
ㅂ. 본사건물 감가상각비	360,000원
ㅅ. 임차료	500,000원

① 2,860,000원   ② 3,000,000원

③ 3,360,000원   ④ 3,500,000원

【 27 】 다음 중 법인세비용에 관한 설명으로 가장 올바르지 않은 것은?

① 기업회계와 세무회계가 일치하지 않으므로 회계상 이익은 세무상 소득과 차이가 있다.

② 당기법인세부채를 계상할 때 선급법인세를 고려한다.

③ 법인세는 실제로 납부하는 시점에 회계처리하므로 결산일에는 회계처리가 발생하지 않는다.

④ 기업은 일반적으로 중간예납기간에 직전년도 산출세액의 일부를 미리 납부한다.

【 28 】 다음 중 결산수정분개에 관한 설명으로 가장 올바르지 않은 것은?

① 편의상 현금주의회계로 처리했던 회계처리가 있다면 발생주의회계로 전환해야
하므로 결산수정분개는 필수적이다.
② 가지급금이나 가수금 등의 미결산항목들은 그 사용내역에 따라 본계정으로 대
체해야 한다.
③ 유가증권을 평가해야 할 경우 평가손익은 모두 당기손익에 반영한다.
④ 유·무형자산에 대한 감가상각비 계상 및 퇴직급여충당부채의 설정은 결산수정
분개시 이루어지는 것이 일반적이다.

【 29 】 다음 중 시산표에서 발견할 수 없는 오류를 모두 고른 것은?

> ㄱ. 거래 전체를 누락한 경우
> ㄴ. 금액은 같지만 계정과목을 잘못 분류한 경우
> ㄷ. 차변·대변 중 한쪽의 금액을 누락한 경우
> ㄹ. 차변과 대변에 같은 금액의 오류가 포함된 경우

① ㄱ, ㄴ   ② ㄱ, ㄴ, ㄹ
③ ㄱ, ㄴ, ㄷ   ④ ㄱ, ㄴ, ㄷ, ㄹ

【 30 】 (주)삼일의 시산표가 다음과 같은 경우 자본금은 얼마인가?

(단위: 원)

차 변	계정과목	대 변
	< 자 산 >	
600,000	현금및현금성자산	
1,000,000	매출채권	
450,000	재고자산	
550,000	토 지	
400,000	건 물	
	< 부 채 >	
	매입채무	800,000
	차 입 금	1,000,000
	< 자 본 >	
	자 본 금	( )
	전기이월이익잉여금	200,000
	매 출	2,500,000
2,000,000	매출원가	
200,000	판매관리비	
	이자수익	100,000
200,000	법인세비용	
5,400,000	합 계	XXXXXXX

① 200,000원   ② 300,000원

③ 500,000원   ④ 800,000원

【 31 】 (주)삼일은 아직 현금을 받지 못하였으나 기간의 경과로 수익의 획득과정이 완료된 미수임대료를 수익으로 인식하였다. 이는 다음 중 어디에 근거한 것인가?

① 총액주의   ② 보수주의

③ 중요성   ④ 발생주의

【 32 】 다음 중 수익의 이연과 관련 있는 계정과목으로 가장 적절한 것은?

① 선수임대료   ② 선급금
③ 미수금   ④ 선급보험료

【 33 】 다음은 최근 한 신문기사 내용의 일부이다.

> 재무제표에 딸린 주석(註釋)이 '투자정보 창고'
>
> IFRS 시대에선 주석의 위상이 달라진다. 재무제표 본문에 표시되지 않은 대부분의 정보가 주석에 담기기 때문이다. 한국거래소 관계자는 "IFRS를 적용한 재무제표의 수치들은 경영진의 판단과 추정에 영향을 받을 수밖에 없다" 며 "주석은 한마디로 정보의 보고(寶庫)" 라고 설명했다.(중략)

이 신문기사에 대해 회계전문가가 다음과 같은 논평을 하였다. 가장 타당하지 않은 부분은 무엇인가?

① 주석은 비교적 설명이 길거나 동일한 내용으로 둘 이상의 계정과목에 대하여 설명을 하게 되는 경우에 사용된다.
② 최근 기업회계는 주석공시를 강화하는 방향으로 발전해 가고 있다.
③ 주석은 해당 재무제표상 관련과목 옆에 주석번호를 표시한 후 별지에 주석번호 순서대로 필요한 설명을 한다.
④ 주석은 재무제표에 포함되지는 않지만 많은 정보를 제공하기 때문에 그 중요성이 강조되고 있다.

【 34 】 다음의 자료에 기초하여 ㈜삼일이 당기 중 현금으로 지급한 보험료를 계산하면 얼마인가?

> ㄱ. ㈜삼일의 기초와 기말의 재무상태표에서 추출한 자료이다.
>
> | | 기 초 | 기 말 |
> |---|---|---|
> | 선급보험료 | 300,000원 | 250,000원 |
>
> ㄴ. 당기 손익계산서에서 추출된 자료는 다음과 같다.
> 보험료   450,000원

① 150,000원   ② 300,000원
③ 400,000원   ④ 550,000원

【 35 】 감사보고서에서 회사의 외부감사인은 재무제표에 대한 의견을 표명하게 되는데 이를 감사의견이라고 한다. 다음 감사의견의 종류로 가장 옳은 것은?

> 우리는 위의 근거문단에서 기술된 사항의 유의성으로 인하여 감사의견의 근거가 되는 충분하고 적합한 감사증거를 입수할 수 없었습니다. 따라서 우리는 회사의 재무제표에 대하여 의견을 표명하지 않습니다.

① 적정의견   ② 한정의견
③ 부적정의견   ④ 의견거절

【 36 】 다음 자료를 이용하여 (주)삼일의 매출채권회전율을 계산하면?

ㄱ. 평균매출채권	10,000,000원
ㄴ. 매출액	40,000,000원
ㄷ. 평균재고자산	20,000,000원

① 3회   ② 4회

③ 2회   ④ 1회

【 37 】 다음 신문기사의 빈칸에 들어갈 용어 중 가장 옳은 것은?

> 올해 3분기 국내 상장사들의 단기채무지급능력이 지난해 말보다 소폭 개선된 것으로 나타났다. 특히 (주)삼일의 ( )이 급증하며 상장사 중 가장 높게 나왔다. 10일 한국거래소와 한국상장회사협의회가 발표한 자료에 따르면 지난 3분기 말 기준 상장사들의 ( )은 지난해 말보다 1.25% 포인트 증가한 115.92%를 기록했다.
>
> 유동자산은 439조 1,045억 원으로 전년말 대비 4.44% 증가했고, 유동부채는 378조 7,971억 원으로 3.31% 늘었다.
>
> ( )은 유동자산을 유동부채로 나눈 후 100을 곱해 산출하는 것으로 단기채무지급능력을 파악하는 데 사용되는 지표다. ( )이 높을수록 재무 유동성이 건전하다는 의미다.

① 당좌비율   ② 총자산회전율

③ 부채비율   ④ 유동비율

【 38 】 다음 자료에 의하여 당기의 매출액을 계산하면 얼마인가(단, 영업외수익은 없으며 매출총이익을 매출액으로 나눈 수치인 매출총이익률은 50 %이다)?

ㄱ. 판매비와관리비	600,000원
ㄴ. 영업외비용	400,000원
ㄷ. 법인세비용차감전순이익	1,000,000원

① 4,000,000원   ② 5,000,000원

③ 5,600,000원   ④ 6,000,000원

【 39 】 다음 자료를 이용하여 주당순이익(EPS)을 구하면 얼마인가?

ㄱ. 당기순이익	60,000,000원
ㄴ. 보통주 주식수	6,000주
ㄷ. 보통주 1 주당 시가	10,000원

① 6,000원   ② 10,000원

③ 1,5000원   ④ 20,000원

【 40 】 다음 중 손익계산서 분석을 통해서 파악할 수 있는 내용으로 옳지 않은 것은?

① 유동자산과 유동부채의 비교를 통해 회사의 단기적인 지급능력을 파악해 볼 수 있다.

② 매출액증가율을 통해 회사의 영업활동이 전년도에 비해 얼마나 활발하게 이루어 졌는지 알아 볼 수 있다.

③ 판매비와관리비를 전기와 비교해 봄으로써 증감내역을 통해 회사 판매비와관리 비의 추이에 대해 분석해 볼 수 있다.

④ 매출에서 발생된 수익과 단계별 비용을 비교해 봄으로써 각 단계별 회사의 활동 에 따른 이익을 비교해 볼 수 있다.

1 ② 재무회계가 주로 회사 외부의 이해관계자들에게 재무정보를 제공하는 것을 목적으로 하고, 관리회계는 주로 경영진과 같은 내부 정보이용자들에게 경영활동을 계획하거나 통제하는데 유용한 정보를 제공하는 것을 목적으로 한다.

2 ③ 자산과 부채는 유동성이 높은 것부터 먼저 표시한다.

3 ④ 수익의 증가는 대변에, 비용의 증가는 차변에 기록한다.

4 ④ ① 재무상태표에만 영향을 미치는 거래이다.
        ② 회계상 거래에 해당하지 않는다.
        ③ 회계상 거래에 해당하지 않는다.

5 ② (차) 현금　　　　　　　2,200원　　(대) 단기대여금　　　　　　　　2,200원
        (ㄷ) 단기대여금 2,200원을 회수하였다.

6 ② 제1기 기초자본=기초자산−기초부채=700원−300원=400원
        제1기 기말자본=기초자본+당기순이익=400원+200원=600원
        제2기 기말자본=기초자본+당기순이익=600원+300원=900원

7 ④ 재고자산은 유동자산으로 분류한다.

8 ④ 지분법적용투자주식은 비유동자산에 해당한다.

9 ④ 통보받은 비용 금액(100,000원+150,000원+70,000원+20,000원=340,000원)을 소액현금 계정으로 차변에 처리한다.

10 ② 회계상 현금에는 통화대용증권도 포함된다.

11 ④ 900,000원−1,000,000원=단기매매증권평가손실 100,000원

12 ② (차) 상품　　　　15,000,000원　　(대) 당좌예금　　　　　10,000,000원
        　　　　　　　　　　　　　　　　　당좌차월(단기차입금)　5,000,000원

13 ① 비유동자산은 투자자산, 유형자산, 무형자산, 기타비유동자산으로 구분되며, 투자자산에는 장기금융상품, 장기투자증권, 투자부동산 등이 포함된다.

14 ④ 무형자산이 사용 가능한 시점부터 합리적인 기간 동안 상각하도록 하고 있다. 다만, 독점적 · 배타적인 권리를 부여하고 있는 관계법령이나 계약에 의하여 정해진 경우를 제외하고는 상각기간은 20년을 초과하지 못하도록 규정하고 있다.

15 ② 영업권=50,000,000원-(40,000,000원-10,000,000원)=20,000,000원
20X1년 영업권의 감가상각비=20,000,000원/10년=2,000,000원

16 ③ 매입채무 1,000원+미지급금 1,500원+예수금 1,500원+선수수익 1,000원+
선수금 1,500원=3=6,500원

17 ③ 예수금 계정에 대한 설명이다.

18 ③ 9월 1일

(차) 현금	240,000원	(대) 이자수익		240,000원

12월 31일

(차) 이자수익	160,000원	(대) 선수이자		160,000원

19 ① 현금(유동자산) 과소계상되고 단기차입금(유동부채) 과소계상 된다.

20 ① 퇴직급여충당부채에 대한 설명이다.

21 ④ 주식 발행 시 발행가액이 액면금액보다 낮을 경우 그 차이금액은 주식할인발행차금으로 처리한다.

22 ② 자본잉여금에 대한 설명이다.

23 ② (200개-15개)×120,000원-5개×50,000원=21,950,000원

24 ④ 미수이자는 실현주의에 따라 당기 수익으로 인식하여야 한다.

25 ① 부동산임대업을 주된 영업으로 영위하는 회사의 임대료수익은 매출액으로 인식한다.

26 ② 매출원가=100,000원+200,000원-120,000원=180,000원
매출총이익=300,000원-180,000원=120,000원

27 ④ 재해손실은 영업외비용으로 분류한다.

| 28 | ④ | 상대방에게 무상으로 제품을 제공한 경우 업무와 관련이 있다면 접대비로, 관련이 없다면 기부금으로 구분한다. |

28　④　상대방에게 무상으로 제품을 제공한 경우 업무와 관련이 있다면 접대비로, 관련이 없다면 기부금으로 구분한다.

29　③　결산절차에 대한 설명이다.

30　④　시산표는 외부에 공시할 의무가 없다.

31　②　외화부채의 경우 환율이 내릴수록 원화표시 부채가 감소하므로 이익이 발생한다.

32　②　10,000,000원-4,500,000원*+300,000원=5,800,000원
　　　　* 건물 감가상각비=(50,000,000원-5,000,000원)/10년=4,500,000원

33　④　대손충당금환입에 대한 설명이다.

34　③　적정의견은 회사의 경영성과와 재무상태가 양호하다는 것을 의미하는 것은 아니다.

35　②　당좌비율이 급감하였는데 유동비율이 증가한 것은 재고자산이 증가한 것이므로 회사의 지급능력이 개선되었다고 볼 수는 없다.

36　③　손익계산서에서는 미처분이익잉여금을 확인할 수 없다.

37　③　유동비율=(30,000,000원+15,000,000원)/15,000,000원=300

38　③　매출채권회전율=150,000,000원/30,000,000원=5회
　　　　평균회수기간=365일/5회=73일

39　④　주당순이익이 높고 주당배당금지급액이 낮다는 것은 당기 중 사외에 유출되는 당기순이익이 상대적으로 작아진 것을 의미한다.

40　③　당기순이익=6,000,000원-3,600,000원-900,000원+300,000원
　　　　-500,000원-100,000원=1,200,000원
　　　　당기순이익률=1,200,000원/6,000,000원=20%

국가공인 회계관리2급 | 모의고사 2회

1 ③　원재료 구입에 대한 계약은 재산변동이 없으므로 거래에 해당하지 않는다.

2 ④　280백만 원−200백만 원=80백만 원

3 ①　② 건물은 보유목적에 따라 유형자산, 재고자산, 투자부동산 등으로 분류된다.
　　③ 재무상태표의 자산과 부채는 유동성 순서대로 배열한다.
　　④ 손익거래에서 발생한 잉여금은 이익잉여금으로 대체된다.

4 ④　1월25일 은행으로부터 차입한 2,500,000원을 상환하였다.
　　(차) 차입금　　　2,500,000원　(대) 현금　　　　　　　　2,500,000원

5 ②　전표 작성(분개)가 가장 먼저 수행되는 과정이다.

6 ①　(차) 상품　　　　　300,000원　(대) 현금　　　　　　　100,000원
　　　　　　　　　　　　　　　　　　　매입채무　　　　　200,000원
　　자산, 부채가 각각 200,000원씩 증가한다.

7 ④　원재료를 외상으로 구입하였으나 아직 지급하지 않은 구입대금은 매입채무의 계정과목으로 하여 부채로 계상한다.

8 ③　현금시재액 120,000원+D상사 발행수표 200,000원=320,000원

9 ③　150,000원+700,000원−250,000원=600,000원

10 ②　(차) 매출채권　××××　(대) 대손충당금 ×××××의 회계처리가 누락되어 자산이 과대계상되어 있다.

11 ③　매도가능증권처분손실=(1,000주×4,800원)−(1,000주×5,000원)
　　　　　　　　　　　　　=200,000원

12 ③　기말재고 수량 200개(3월 1일 매입분 100개, 8월 1일 매입분 100개)
　　기말 재고자산금액=100개×140원+100개×160원=30,000원

13 ②　토지, 단기매매증권, 건설중인 자산은 감가상각하지 않는다.

14 ④ 정률법에 대한 설명이다.

15 ② 무형자산에 대해 반드시 문서의 형태를 요구하는 것은 아니다.

16 ② 기초 잔액 3,000,000원+당기 입금액 2,000,000원−당기 지급액 7,000,000원
        = −2,000,000원(당좌차월 잔액)

17 ① 자산=200,000원+350,000원+100,000원+150,000원=800,000원
        부채=100,000원+단기미지급금+200,000원+100,000원=500,000원
        자본=300,000원
        따라서 단기미지급금은 100,000원이다.
        유동부채=선수금 100,000원+단기미지급금 100,000원+단기차입금 200,000원
                =400,000원

18 ③ 부동산 매각 계약금 3,000,000원은 선수금(유동부채)으로 구분하고 5개월 뒤에
        상환하기로 한 차입금 300,000원은 단기차입금(유동부채)으로 구분한다.

19 ③ (가) 사무실에서 사용할 컴퓨터 구입은 유형자산 구입으로 미지급금으로 계상한다.
        (나) 컴퓨터 판매회사에서 컴퓨터 판매는 영업활동으로 매출채권을 계상한다.

20 ② 사채의 액면이자율이 시장이자율보다 높으므로 사채가 할증발행 된다. 이 경우 차변
        에는 발행금액이 현금계정으로 기재되고 대변에는 사채 계정과 사채할증발행차금 계
        정이 기재된다.

21 ③ 자기주식은 자본조정에 해당한다.

22 ② 주주총회에서 이익잉여금을 처분을 확정한 일자에 이익준비금과 현금배당액을 합쳐
        미처분이익잉여금으로 처분한다.

23 ① 당기 인식 매출액(ㄱ+ㄴ+ㄷ)=24,500,000원
        ㄱ. 20,000,000원−5,000,000원=15,000,000원
        ㄴ. 9,000,000원−2,500,000원= 6,500,000원
        ㄷ. 4,500,000원−1,500,000원= 3,000,000원

24 ④ 건설공사는 진행기준으로 수익을 인식하므로
        공사수익=총계약금액(90,000,000×진행률(1/3))=30,000,000원이 된다.

25 ④ 자산계정-미수금, 영업권, 미수수익
영업외수익계정-이자수익, 잡이익, 배당금수익, 자산수증이익, 채무면제이익
자본계정-자본잉여금, 이익잉여금

26 ② 급여, 복리후생비는 판매비와 관리비 계정으로 차감되어 영업이익에 영향을 미친다.

27 ① 환율 상승시 외화부채를 보유하거나, 환율 하락시 외화자산을 보유한 경우 외화환산손실이 발생한다.

28 ② 비용인식의 기본 원칙은 수익·비용대응의 원칙이다.

29 ② 수정전시산표에 대한 설명이다.

30 ② 차변 합계와 대변합계 금액이 동일해야 한다.

31 ② 미수수익에 대한 설명이다.

32 ① (차) 대손상각비 ×× (대) 대손충당금 ××의 회계처리가 발생하므로 재무상태표의 자산은 감소, 손익계산서 비용은 증가한다.

33 ③ 매출로 인한 현금 유입액=1,000,000+50,000(매출채권 감소)=1,050,000원

34 ① 매출채권을 현금으로 회수한 경우 자산 계정간 변동만 발생하므로 부채비율에는 영향이 없다.

35 ④ 회사에 가공의 재고자산을 만들어 이익을 부풀리는 방법인, 비용을 과대계상하여 이익을 증가시키는 방법을 사용하였다.

36 ① 적정의견에 대한 설명이다.

37 ④ 재고자산회전율=80,000,000원/평균재고자산=10회
평균재고자산=8,000,000원=(4,000,000원+재고자산기말잔액)/2
재고자산기말잔액=12,000,000원

38 ② 부채비율이 증가할수록 장기적 안정성이 낮다는 의미이다.

39	④	재무상태표를 통해서 이익잉여금이 마이너스(−)를 나타내고 있다는 것을 파악할 수 있으나, 올해의 당기순이익이 높다는 정보는 확인할 수 없다.
40	①	(주)월드의 영업이익은 120,000원, (주)세계의 영업이익은 100,000원으로 (주)월드의 영업성과가 더 좋은 것으로 판단된다.

1 ③ 총계정원장은 재무제표에 해당하지 아니한다.

2 ② 관리회계는 주로 경영진과 같은 회사 내부 정보이용자들에게 경영활동을 계획하거나
통제하는데 유용한 정보를 제공하는 것을 목적으로 한다.

3 ② 대출상담을 받은 것은 재산변동이 없으므로 거래에 해당하지 않는다.

4 ② 비용은 발생하였으나 아직 대금을 지급하지 않은 경우 (차) 비용 (대)미지급금(부채)
로 회계처리 된다.

5 ② (ㄱ) 1,800−1,000=800
(ㄹ) 1,300+600=1,900
(ㄷ) 1,000+300=1,300
(ㄴ) 600+300=900

6 ③ (차) 유형자산   70,000원   (대) 미지급금   70,000원

7 ③ 현금및현금성자산=현금시재액   200,000원+자기앞수표   500,000원+당좌예금
1,000,000원=1,700,000원
단기금융상품=양도성예금증서 1,500,000원(만기 20X2년 4월 30일)
(만기가 20X3년 4월 30일인 정기예금은 장기금융상품으로 분류)

8 ③ 채무증권은 만기까지 보유할 의도와 능력이 있으므로 만기보유증권으로 분류하고,
지분증권은 단기매매증권에 해당하지 아니하므로 매도가능증권으로 분류한다.

9 ④ 보고기간종료일 현재 보유한 재고자산의 시가가 차기 이후에 회복되는 경우 재고자
산평가손실충당금은 환입 가능하다.

10 ① 매출원가(300,000원)=기초 재고+상품 매입(400,000원)−기말 재고 기말상품재고
액은 기초에 비하여 100,000원 증가하였다.

11 ③ 대손충당금 기말잔액=5,000,000원×1%+2,000,000원×3%=110,000원
설정 전 잔액=0원
설정금액=기말잔액−설정 전 잔액=110,000원
(차) 대손상각비   110,000원   (대) 대손충당금   110,000원

12 ① (가)는 매기 동일한 감가상각비를 인식하는 정액법에 대한 그래프이다. (나)는 매기 기초장부금액에 일정 상각율을 곱하여 인식하는 정률법에 대한 그래프이다.

13 ④ 총매입액=(1,000+1,800+2,600+1,200=6,600) 총 매입수량은 550개이므로 평균재고단가는 12원(=6,600/550)이므로 매출원가는 350개×12=4,200원이고, 재고자산은 200개×122,400원이다.

14 ④ 일반기업회계기준에 따라 기타비유동자산 항목으로 분류되는 항목에는 임차보증금, 이연법인세자산, 장기매출채권 및 장기미수금 등이 있다.

15 ① 퇴직급여충당부채는 퇴직일을 정확히 추정할 수가 없는 비유동부채이다.

16 ② 판매대금 중 부가가치세 부분을 제외한 부분만을 손익계산서의 매출로 인식하고 부가가치에 해당하는 금액은 예수금으로 부채로 인식한다. 한편 판매로 인하여 총 수령한 금액은 5,500,000원, 현금으로 기록한다.

17 ④ 선급금과 미수금은 자산계정에 해당한다.

18 ① 결산전 퇴직급여충당부채 잔액 3,900,000원(=7,500,000-3,600,000)
기말 퇴직급여충당부채으로 설정할 급액은 10,200,000원이므로
추가로 6,300,000원(10,200,000-3,900,000)을 설정하여야 한다.

19 ③ 20X2년 6월 30일
(차) 이자비용   1,380,000원   (대) 현금   2,760,000원
    미지급비용   1,380,000원

20 ① 확정기여형퇴직연금제도는 기업이 연금자산에 불입할 금액(기여분)이 확정되어 있는 것으로 종업원이 수령할 금액은 연금자산의 수익률에 따라 달라진다.

21 ③ ㄱ.은 주식의 할증발행으로 자본금이 100×5,000원=500,000원 증가하고
주식발행초과금은 100주×(6,000-5,000)=100,000원 증가한다.
ㄴ.은 매도가능증권에서 평가이익이 발생한 것으로 이는 기타포괄손익으로 100,000원이 증가하게 된다.

22 ④ 주식발행초과금, 감자차익, 자기주식처분이익은 자본잉여금으로 분류되나, 주식할인발행차금은 자본조정으로 분류된다.

23 ② 11월 1일 1년치 임대료를 현금으로 받은 경우 600,000원 중 2개월분만 당기에 수익으로 인식하고 10개월분에 대해서는 다음 년도에 수익으로 인식한다.

24 ② 대가를 현금 외 자산으로 수령한 경우 수령한 자산의 공정가치를 수익금액으로 인식한다.

25 ② 상품의 판매는 실현주의에 따라 원칙적으로 인도기준으로 수익을 인식한다. 따라서 상품을 인도한 20×1년 12월 12일에 수익을 인식해야 한다.

26 ④ 판매비와관리비=판매직사원 급여 1,000,000원+판매직사원 퇴직급여 1,500,000원 +접대비 140,000원+본사건물 감가상각비 360,000원+임차료 500,000원 =3,500,000원

27 ③ 법인세는 결산 종료 후 3개월 내에 납부하는 것이지만 결산과정에서 발생한 이익에 대해서 부과되는 것으로 수익비용대응원칙에 따라 회계처리는 결산일에 하게 된다.

28 ③ 유가증권평가손익 중 매도가능증권에 대한 평가손익은 기타포괄손익으로 인식한다.

29 ② 시산표를 통해 계정과목선택오류나 차변과 대변 동시에 오류가 발생한 것을 발견할 수 없지만 어느 한쪽의 금액을 잘못 기재한 것은 쉽게 발견할 수 있다.

30 ④ 시산표상 차변합계와 대변합계가 같아야 하므로 자본금은 800,000원 (=5,400,000-800,000-1,000,000-200,000-2,500,000-100,000)이 되어야 한다.

31 ④ 미수임대료를 현금 수령 전에 수익으로 인식하는 것은 발생주의에 의한 것이다.

32 ① 선수임대료는 현금으로 수령한 금액을 다음 연도로 이연해서 수익을 인식하는 계정이다.

33 ④ 주석도 재무제표에 포함된다.

34 ③ 선급보험료 기초잔액+현금지급액=보험료 비용인식액+선급보험료 기말잔액
따라서, 현금지급액=보험료 비용인식액+선급보험료 기말잔액−선급보험료 기초잔액
　　　　　　　　450,000원　　　250,000원　　　300,000원
　　　　　=400,000원

35 ④ 의견거절에 대한 설명이다.

36 ② 매출채권 회전율=매출액 40,000,000원/평균매출채권 10,000,000원=4회

37 ④ 유동자산을 유동부채로 나눈 것을 유동비율이라고 한다.

38 ① 매출액을 x라 하면 매출총이익률이 50% 이므로 매출총이익은 $0.5x$가 된다.
매출총이익 $0.5x$-판매비와관리비 600,000원 - 영업외비용 400,000
=법인세비용차감전순이익 1,000,000원
x=4,000,000원

39 ② 주당순이익=당기순이익 60,000,000/주식수 6,000주=10,000원

40 ① 유동비율 등 유동자산과 유동부채의 비교를 통해 회사의 단기적인 지급능력을 파악할 수 있는 재무제표는 재무상태표이다.

국가공인 회계관리2급 자격검정시험 답안지

성별
- 남 ○
- 여 ○

생년월일
(1)
(2)

성 명
(왼쪽부터 차례로 기재하십시오)
(1)
(2)

수험번호
(1)
(2)

최종학력
- 대학원졸
- 대학재학
- 전문대재
- 고졸
- 대학졸
- 전문대졸
- 고졸
- 기타

직업
- 학생
- 취업준비생
- 직장인
- 기타

자격취득목적
- 취업시 우대(회사명)
- 인사고가(회사명)
- 학점인정(대학명)
- 졸업요건(대학명)
- 자기개발( )
- 기타( )

답안표기란

회계원리

1	① ② ③ ④	21	① ② ③ ④
2	① ② ③ ④	22	① ② ③ ④
3	① ② ③ ④	23	① ② ③ ④
4	① ② ③ ④	24	① ② ③ ④
5	① ② ③ ④	25	① ② ③ ④
6	① ② ③ ④	26	① ② ③ ④
7	① ② ③ ④	27	① ② ③ ④
8	① ② ③ ④	28	① ② ③ ④
9	① ② ③ ④	29	① ② ③ ④
10	① ② ③ ④	30	① ② ③ ④
11	① ② ③ ④	31	① ② ③ ④
12	① ② ③ ④	32	① ② ③ ④
13	① ② ③ ④	33	① ② ③ ④
14	① ② ③ ④	34	① ② ③ ④
15	① ② ③ ④	35	① ② ③ ④
16	① ② ③ ④	36	① ② ③ ④
17	① ② ③ ④	37	① ② ③ ④
18	① ② ③ ④	38	① ② ③ ④
19	① ② ③ ④	39	① ② ③ ④
20	① ② ③ ④	40	① ② ③ ④

국가공인 회계관리2급 자격검정시험 답안지

※ 답안카드 작성요령
뒷면의 답안카드 작성요령과 주의사항을 꼭 읽고 답안을 작성하십시오.

답안 표기란

회계원리

번호	1	2	3	4	번호	1	2	3	4
1	①	②	③	④	21	①	②	③	④
2	①	②	③	④	22	①	②	③	④
3	①	②	③	④	23	①	②	③	④
4	①	②	③	④	24	①	②	③	④
5	①	②	③	④	25	①	②	③	④
6	①	②	③	④	26	①	②	③	④
7	①	②	③	④	27	①	②	③	④
8	①	②	③	④	28	①	②	③	④
9	①	②	③	④	29	①	②	③	④
10	①	②	③	④	30	①	②	③	④
11	①	②	③	④	31	①	②	③	④
12	①	②	③	④	32	①	②	③	④
13	①	②	③	④	33	①	②	③	④
14	①	②	③	④	34	①	②	③	④
15	①	②	③	④	35	①	②	③	④
16	①	②	③	④	36	①	②	③	④
17	①	②	③	④	37	①	②	③	④
18	①	②	③	④	38	①	②	③	④
19	①	②	③	④	39	①	②	③	④
20	①	②	③	④	40	①	②	③	④

성별
남 ○
여 ○

생년월일
(1) / (2)

성 명
(왼쪽부터 차례로 기재하십시오)
(1) 한글
(2) 성 명

수험번호
(1) / (2)

최종학력
- 대학원졸
- 대학원재학
- 전문대재학
- 고졸
- 대학졸
- 전문대졸
- 고졸
- 기타

직업
- 학생
- 취업준비생
- 직장인
- 기타

자격취득목적
- 취업시 우대( )
- 인사고가( )
- 학점인정( )
- 졸업요건( )
- 자기개발( )
- 기타( )
- 회사명( )
- 회사명( )
- 대학명( )
- 대학명( )

※ 감독위원 날인이 없으면 무효처리됨.

감독위원확인
(인)

국가공인 회계관리2급 자격검정시험 답안지

답안 표기 란

회계원리

번호					번호				
1	①	②	③	④	21	①	②	③	④
2	①	②	③	④	22	①	②	③	④
3	①	②	③	④	23	①	②	③	④
4	①	②	③	④	24	①	②	③	④
5	①	②	③	④	25	①	②	③	④
6	①	②	③	④	26	①	②	③	④
7	①	②	③	④	27	①	②	③	④
8	①	②	③	④	28	①	②	③	④
9	①	②	③	④	29	①	②	③	④
10	①	②	③	④	30	①	②	③	④
11	①	②	③	④	31	①	②	③	④
12	①	②	③	④	32	①	②	③	④
13	①	②	③	④	33	①	②	③	④
14	①	②	③	④	34	①	②	③	④
15	①	②	③	④	35	①	②	③	④
16	①	②	③	④	36	①	②	③	④
17	①	②	③	④	37	①	②	③	④
18	①	②	③	④	38	①	②	③	④
19	①	②	③	④	39	①	②	③	④
20	①	②	③	④	40	①	②	③	④

※ 답안카드 작성요령
뒷면의 답안카드 작성요령과 주의사항을 꼭 읽고 답안을 작성하십시오.

성별: 남 ○ 여 ○

생년월일

수험번호

성명 (왼쪽부터 차례로 기재하십시오)

최종학력
- 대학원졸
- 대학원재학
- 전문대재
- 고재
- 대학원졸
- 전문대졸
- 고졸
- 기재

직업
- 학생
- 취업준비생
- 직장인
- 기타

자격취득목적
- 취업시 우대( )
- 인사고가( )
- 학점인정( )
- 졸업요건( )
- 자기개발( )
- 기타( )
- 회사명( )
- 회사명( )
- 대학명( )
- 대학명( )

※ 감독위원 날인이 없으면 무효처리됨

감독위원 확인 ※ (인)

회계관리2급 대비 회계원리

2025년 2월 3일 개정23판 발행

저 자 **삼일회계법인**
발행인 이　　　희　　　태
발행처 **삼일피더블유씨솔루션**

저 자 와
협의하에
인지생략

서울특별시 용산구 한강대로 273 용산빌딩 4층
등록 : 1995. 6. 26 제3 – 633호
TEL : (02) 3489 – 3100
FAX : (02) 3489 – 3141

ISBN　979 – 11 – 6784 – 330 – 2　13320

정가　27,000원